손가락 하나 까딱하지 않는

주식 거래 시스템 구축

파이썬을 이용한 데이터 수집과 차트 분석, 매매 자동화까지

【예제 파일 다운로드】

· https://wikibook.co.kr/pystock/

· https://github.com/programgarden/

손가락 하나 까딱하지 않는

주식 거래 시스템 구축

파이썬을 이용한 데이터 수집과 차트 분석, 매매 자동화까지

지은이 **장용준**

펴낸이 **박찬규**　엮은이 **윤가희**　디자인 **북누리**　표지디자인 **Arowa & Arowana**

펴낸곳 **위키북스**　전화 **031-955-3658, 3659**　팩스 **031-955-3660**
주소 경기도 파주시 문발로 115, 311호 (파주출판도시, 세종출판벤처타운)

가격 **27,000**　페이지 **348**　책규격 **188 x 240mm**

1쇄 발행 **2020년 04월 27일**
2쇄 발행 **2020년 06월 24일**
3쇄 발행 **2021년 01월 15일**
4쇄 발행 **2021년 12월 15일**
ISBN **979-11-5839-202-4 (93000)**

등록번호 **제406-2006-000036호**　등록일자 **2006년 05월 19일**
홈페이지 **wikibook.co.kr**　전자우편 **wikibook@wikibook.co.kr**

이 도서의 국립중앙도서관 출판시도서목록(CIP)은
서지정보유통지원시스템 홈페이지(http://seoji.nl.go.kr)와
국가자료공동목록시스템(http://www.nl.go.kr/kolisnet)에서 이용하실 수 있습니다.
CIP제어번호 CIP2020015321

손가락 하나 까딱하지 않는

주식 거래 시스템 구축

파이썬을 이용한 데이터 수집과 차트 분석, 매매 자동화까지

장용준 지음

위키북스

과거에는 증권 수치를 접하기가 쉽지 않아서 증권사 전광판이나 뉴스 및 신문에 작성된 증시 현황을 보고 투자를 했습니다. 그러다가 기술의 발전으로 증권사의 HTS를 이용해 주가 흐름을 세밀하게 판단할 수 있게 됐습니다. 오늘날에는 많은 투자자가 HTS를 보면서 투자를 하고 있습니다. 하지만 아직도 우리의 많은 시간이 증권 정보를 보는 데 쓰이고 있습니다. 인생은 한 번뿐이고 지나간 시간은 주워 담을 수 없습니다. 만약 증권 분석과 투자를 누군가가 대신 해주고 그 시간 동안 가족 또는 친구들과 함께 보낸다면 좀 더 유익하게 그리고 효율적으로 시간을 활용할 수 있을 것입니다.

놀랍게도 우리는 불가능할 것 같은 이 일을 실현할 수 있는 시대에 살고 있습니다. 인터넷에는 수많은 정보가 있고 이를 잘 활용만 한다면 컴퓨터가 우리 대신 일을 하도록 만들 수도 있습니다. 시간을 할애하면서 투자하던 시대를 넘어서 컴퓨터에 자동화 시스템을 구축하여 시간을 벌 수 있는 놀라운 시대입니다.

하지만 많은 사람이 성공의 문턱에서 좌절하는 이유는 자동 투자 시스템을 구축하는 것이 쉽지 않기 때문입니다. 인터넷에 정보는 많지만, 프로그램을 접해본 적이 없다면 모든 것을 수년간 공부했다고 하더라도 시스템을 구축하는 작업은 결코 만만치 않을 것입니다. 그리고 IT 업계에 종사하고 있는 종사자도 프로그램에 최적화된 금융 지식을 공부하고 알고리즘을 구축해 나가는 데에는 정말 오랜 시간이 걸립니다.

이 책의 집필을 통해 필자는 시대를 앞서가는 프로그래머가 되기 위해서 금융 자동화 프로그램에 도전하는 많은 분께 도움이 되고자 주식 자동화 알고리즘을 공개했습니다. 만약 직접 공부해서 구현한다면 프로그램과 주식 이론을 공부하고 자동화에 최적화된 알고리즘을 정립해서 코드로 구축하고 테스트를 하기까지 수년이 걸릴 것입니다. 테스트에서도 수많은 시행 착오를 겪게 될 것이고 모든 것을 완벽하게 구현하기까지 쉽지 않은 여정일 것입니다. 그래서 저자는 모든 과정이 단축되길 바라는 마음으로 이 책을 작성하였습니다.

이 책은 실전에 사용되는 알고리즘을 기반으로 작성한, 주식 자동화 알고리즘을 구축하는 서적이며 초보부터 현업 개발자까지 모두가 배울 수 있도록 편찬했습니다. 그러므로 많은 분들의 소중한 시간을 더 행복하게 만들어 주는 뜻깊은 교육 서적이 되길 소망합니다.

마지막으로 좋은 생각과 훌륭한 지식들을 배울 수 있도록 도와주신 가족과 친구 그리고 많은 지인 분들에게 감사의 말씀을 올립니다.

예제 파일
내려받기

이 책에서 진행하는 예제 파일은 https://github.com/programgarden/ 주소에서
내려받을 수 있습니다.

다음 페이지에서 book 리포지터리를 선택합니다.

예제 파일을 내려받을 수 있는 페이지에 접속하면 다음과 같은 화면을 볼 수 있습니다.
[Code] 버튼을 클릭한 다음 [Download ZIP] 버튼을 누르면 예제 파일을 내려받을 수
있습니다.

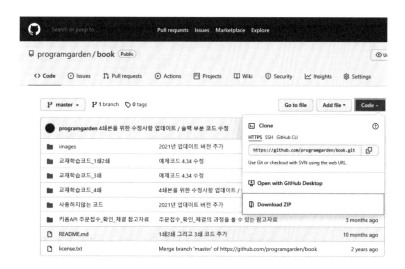

내려받은 예제 파일의 압축을 해제하면 다음과 같이 예제 파일이 정리돼 있습니다. [교재학습코드_3쇄] 아래에 있는 파일을 이용해 실습합니다.

- chapter02: 2장에서 다루는 파이썬 기초 예제 코드입니다.
- chapter06: 6장의 샘플 데이터입니다.
- condition_sample: 9장에서 조건검색식을 추가한 예제 코드입니다.
- example: 예제 번호별로 예제 코드가 준비돼 있습니다.

유튜브
동영상 강의

이 책에서 진행하는 모든 내용은 유튜브 – 프로그램 동산(http://bit.ly/pystock_youtube)에서도 확인할 수 있습니다.

- 1강~28강: 2장에서 다루는 파이썬 기초를 다룹니다.
- 29강~74강: 24시간 주식 자동 거래 시스템을 개발하는 과정을 다룹니다.

00

시작하기 전에

0.1 프로젝트 소개	2
0.2 프로젝트의 목표	3
0.3 프로그램 진행에 필요한 사항	4
0.4 책의 구성	4
0.5 책에서 다루지 않는 내용	5

01

개발 환경 구성

1.1 아나콘다 설치 및 가상환경 설정	6
1.1.1. 64비트 버전의 아나콘다에서 32비트 가상환경 설정하기	7
1.2 파이참 설치 및 설정	15
1.2.1. 파이참 설치	15
1.2.2. 파이참과 아나콘다 연동	26

02

파이썬 기초 배우기

2.1 파이참에서 폴더와 파일 생성하기	30
2.2 데이터 출력, 변수와 포맷, 산수 익히기	34
2.2.1. print로 데이터 출력하기	34
2.2.2. 변수	38
2.2.3. 산술 연산	41
2.2.4. 연습 문제	43

2.3 제어문   44

    2.3.1. if 조건문   44

    2.3.2. for 반복문   48

    2.3.3. while 반복문   51

    2.3.4. 연습 문제   53

2.4 여러 개의 데이터를 리스트로 관리하기   54

    2.4.1. 튜플   54

    2.4.2. 리스트   56

    2.4.3. 딕셔너리   60

    2.4.4. 연습 문제   64

2.5 클래스와 함수   65

    2.5.1. 함수(define)   65

    2.5.2. 클래스(Class)   70

    2.5.3. 연습 문제   77

2.6 프로젝트 관리   78

    2.6.1. 프로젝트 생성 및 폴더 관리   78

03

키움 API

3.1 키움 API 설치   82

3.2 API를 이용하는 데 필요한 PyQt5   84

    3.2.1. PyQt5를 왜 사용할까?   85

    3.2.2. 이벤트 루프가 만들어진 개념   85

    3.2.3. 싱글 쓰레드의 이벤트 루프란?   87

    3.2.4. PyQt5를 사용한 코드 구성 및 키움 API 사용하기   93

    3.2.5. 24시간 자동화 시스템의 동작 원리   99

04

계좌 정보 가져오기

4.1 키움 API로 키움증권에 로그인하기   101

4.2 계좌번호 가져오기   111

4.3 예수금 정보 가져오기   114
     4.3.1. KOA에서 예수금 싱글데이터 확인하기   115
     4.3.2. 예수금 정보 가져오기   117

4.4 계좌에서 계좌평가잔고내역 가져오기   126
     4.4.1. 싱글데이터로 정보 처리하기   127
     4.4.2. 멀티데이터로 보유 종목 정보 처리하기   133

4.5 계좌에서 미체결 종목 가져오기   149
     4.5.1. 미체결 종목 가져오기   149
     4.5.2. 시간 간격 주기   156

05

API를 이용해
투자 방식에 맞는
종목 분석하기

5.1 코스닥 종목 가져오기   159

5.2 일봉데이터 정보 가져오기   161
     5.2.1. 이벤트 루프의 시간 간격 체크   162
     5.2.2. 각 종목의 전체 정보 가져오기   167

5.3 포트폴리오로 종목 분석   171
     5.3.1. 그랜빌의 매수신호 제4법칙으로 종목 분석   171
     5.3.2. 조건을 통과한 종목을 파일로 저장   190

06

보유한 종목, 미체결 종목,
분석된 종목 합치기

6.1 분석한 종목 가져오기   192

6.2 보유 종목, 미체결 종목, 분석된 종목을 하나의 딕셔너리로 구성   195

    6.2.1. 하나의 딕셔너리에 모든 종목 합치기   195

    6.2.2. 종목별로 스크린 번호 할당하기   198

07

실시간 종목
분석 및 매매

7.1 자동으로 주식 시장의 시작과 종료 확인   206

    7.1.1. 장 시간을 체크하기 위한 이벤트 등록   206

    7.1.2. 장 시작과 종료 체크하기   209

    7.1.3. 스크린 번호의 상세 원리   219

7.2 종목들을 실시간 등록할 때 스크린 번호 사용하기   221

7.3 종목정보 실시간 체크   223

    7.3.1. 실시간 정보 데이터 가져오기   223

7.4 실시간 매매조건 구성   230

    7.4.1. 지정가로 종목 매수하기   230

    7.4.2. 미체결 수량 매수 취소하기   236

    7.4.3. 시장가로 종목 매도하기   241

7.5 종목 주문 후에 체결상태 구성하기   248

    7.5.1. 실시간 체결정보를 확인하기 위한 이벤트 등록   248

    7.5.2. 체결정보 데이터 받기   250

    7.5.3. 변경된 잔고내역 데이터 받기   259

    7.5.4. 서버에서 메시지 받기   263

7.6 장 종료 후의 처리 구성하기   265

　　7.6.1. 실시간 연결 모두 끊기   265

　　7.6.2. 다음 날을 위한 종목 분석 들어가기   265

　　7.6.3. 프로그램 종료하기   267

08

문제해결 및
시스템 자동화

8.1 로깅   269

　　8.1.1. 로그의 기본 개념   269

　　8.1.2. 커스텀 로그(Custom Log) 설정하기   270

8.2 프로그램 운영 상황을 슬랙 메시지로 받기   274

8.3 프로그램 실행 파일 만들기   289

　　8.3.1. 파이썬 프로그램의 배치 파일 생성   290

　　8.3.2. 배치 파일이 자동으로 실행되게 만들기   291

8.4 프로그램 자동 실행 설정   292

8.5 컴퓨터가 자동으로 켜지게 만들기   297

09

조건검색 활용과
알고리즘 흐름도

9.1 파이썬에서 조건검색 활용하기   301

9.1.1. 조건검색에 필요한 함수 확인하기   301

9.1.2. 조건식을 위한 이벤트 모음   303

9.1.3. 조건검색 단일 조회 요청하기   309

9.1.4. 조건검색 실시간으로 사용하기   311

9.2 알고리즘 흐름도의 전체 모습 확인   314

9.2.1. 구간별 함수 흐름도 파악하기   314

9.2.2. 전체 도면 확인   317

10

연습 문제 풀이

연습 문제 풀이   319

시작하기 전에

이 책은 저자가 실제로 사용 중인 자동화 알고리즘의 기반을 만들어보는 학습 교재로, 주식과 프로그램을 배운 적 없는 일반인부터 IT에 종사하는 전문가들까지 자동화 시스템을 다룰 수 있도록 구성한 알고리즘 프로그램 교재다.

주식과 자동화는 현대 사회에서 필수적인 요소로 자리 잡았고, 인터넷에도 이와 관련된 정보가 많다. 하지만 프로그램과 주식을 다뤄본 경험이 있는 경력자가 아니면 일반인이 접근하기에는 다소 쉽지 않은 분야인 것이 사실이다. 그래서 이 책에서는 일반인들도 주식과 자동화를 쉽게 배울 수 있도록 안내하고 관련 알고리즘을 코딩하는 방법 또한 설명한다.

이 책에서 설명하는 주식 자동화만으로도 주식을 분석하며 허비하는 시간을 대폭 줄일 수 있다. 통상 주식 시장이 6시간 30분 동안 열려 있다면 5일 동안에 대략 32시간 30분을 절약할 수 있게 된다. 그리고 더 많은 데이터를 더 빠르게 처리함으로써 투자에 우선순위를 선점할 수 있다. 또한 특정 기업이나 전문가만이 주식의 자동화 시스템을 선점하고 이용하면 많은 투자자들이 피해를 볼 수 있으므로 정보 공유를 통해 이러한 피해를 줄이고자 한다.

이 책은 24시간 운영되는 주식 투자 자동화 시스템을 구축하는 학습 교재이다. 가장 기초적인 프로그램 언어부터 다루며 각 장의 학습을 거듭할수록 프로그램이 조금씩 완성된다. 그리고 장마다 프로그램을 실행해 볼 수 있으며, 마지막 장에서는 실전에서 사용할 수 있는 프로그램이 완성된다.

그리고 이전에 HTS를 통해서 주식을 이용해본 경험이 있는 독자라면 '조건검색' 부분을 활용했을 가능성이 높다. 그래서 9장에서는 조건검색을 이용한 프로그램의 구축 방법도 설명한다.

그러므로 이 책은 자동화 구축에 필요한 거의 모든 것을 포함했다고 할 수 있다. 만약 이 책을 모두 습득했고 선물 및 옵션에도 투자하고 싶은 독자라면 스스로 추가 구성을 할 수 있을 정도의 학습력을 지니게 될 것이다.

이 책에는 다음과 같은 4가지 특징이 있다.

첫째, 쉽게 쓰인 문서도 일반인이 모두 이해하고 학습하기는 힘들다. 그래서 병행 학습이 가능하도록 저자의 개인 유튜브 채널인 '프로그램 동산'[1]에서 이 책에서 다루는 진행 과정을 영상으로 확인할 수 있다.

둘째, 파이썬을 처음 접하는 초보자를 위해 2장에서는 이 책에서 다루는 프로그램을 학습하는 데 꼭 필요한 파이썬의 기초를 학습한다. 그리고 저자의 유튜브 채널에 있는 재생 목록(제목: 24시간 주식매매 자동화 구축하기[2])에서 파이썬 기초 과정을 영상으로도 학습할 수 있다. 파이썬 기초 과정은 재생 목록(제목: 24시간 주식매매 자동화 구축하기)에서 #1 ~ #36까지이고, 증권사 프로그램을 구축하는 내용은 #37~부터 시작한다. 그래서 이 책의 내용을 진행하는 데 필요한 핵심적인 기초를 영상과 병행하여 쉽게 습득할 수 있다.

셋째, 파이썬 기초 코드와 자동화 알고리즘 전체 코드를 제공한다. 각 장에서 설명하는 내용을 습득하고 코드로 확인하고 싶을 때는 제공되는 샘플 코드를 참고한다.[3]

넷째, 이 책의 내용을 모두 마치고 나면 실제로 거래 가능한 24시간 자동화 분석/매매 시스템을 볼 수 있다. 주의할 점은 주식 시장은 넓고 다양한 분석 방법이 있으므로 이 책의 내용만으로 실전에서 바로

---

1 프로그램 동산 유튜브 주소 : https://www.youtube.com/channel/UCq7fsrxP6oi6vnYgPkw92jg
2 24시간 주식매매 자동화 구축하기 재생 목록 : https://www.youtube.com/watch?v=K9x3HDSdrjo&list=PLDtzZPtOGenaSknTbsb6x6L39V0VPz_rS
3 예제 코드 주소 : https://github.com/programgarden/

사용하면 손실을 볼 가능성이 있다는 것이다. 그러므로 증권적인 접근에서 개인의 투자 방법을 추가로 코딩하여 사용하길 추천한다.

이러한 특징을 통해 여러분은 자동화의 개념을 충분히 이해하고, 실습해 봄으로써 실력을 다질 수 있으며, 나아가 자신만의 주식 자동화 프로그램을 만들 수 있을 것이다.

0.2 프로젝트의 목표

프로그램을 단순하게 문서를 보고 코드를 타이핑하고 결과를 보는 과정만 반복한다면 아무리 흥미를 느끼고 시작하더라도 결국에는 흥미를 잃게 된다. 그러므로 배울수록 재밌고 다음 내용이 궁금해지는 프로그램 학습이 되도록 여러 가지 목표를 가지고 진행한다.

파이썬 기초를 다루는 2장에서는 중간중간 연습 문제가 있다. 문제를 풀기 위해 충분히 고민하면서 답을 찾는 과정을 익히고, 정상적으로 동작하는 코드를 완성했을 때의 성취감을 느껴보기 바란다.

그리고 주식의 용어를 모르더라도 각 장마다 프로그램에 필요한 주식 이론과 용어들을 설명하기 때문에 두 가지를 동시에 학습할 수 있다. 증권사의 HTS를 활용해 직접 모의투자도 하면서 프로그램에 적용되는 방식을 익혀보자.

또한, 이 책에서는 눈으로 볼 수 있는 화면(디자인)을 만들지는 않는다. 화면을 만들기 위해 학습하고 구축하는 데 오랜 시간이 걸리고, 기본적으로 필요한 디자인 대부분은 교재에서 이용하는 증권사의 앱과 HTS에서 제공된다. 그러므로 모든 데이터를 컴퓨터가 처리하고 필요한 정보만 우리에게 메시지로 보내도록 구성한다. 추가로 원하는 정보를 파일로 저장하도록 구성해서 필요할 때 열어보도록 한다.

최종적인 목표는 컴퓨터가 24시간 자동으로 여러 가지 작업을 다중처리하게 만드는 것이다. 그리고 실시간으로 수십~수천 개의 주식 종목을 분석할 수 있도록 구성한다. 그 의미는 이 책을 마스터하면 여러 명의 인력을 고용한 것과 같은 효과이거나 그 이상이 된다는 뜻이다. 그러므로 교재에서 설명하는 방식대로 알고리즘을 완벽하게 학습하는 것을 목표로 한다.

0.3 프로그램 진행에 필요한 사항

이 책에서는 프로그램의 기초부터 중고급까지 설명한다. 그러므로 필요한 사항은 교재를 학습하면서 자연스럽게 습득할 수 있다. 다만 논리적인 사고를 중요시하는 프로그램을 배우다 보면 프로그래밍을 처음 접하는 독자는 흥미를 잃을 가능성이 있다. 이때 필요한 요소는 교재의 내용으로 학습 중인 독자들과의 소통이다. 이 책을 학습하는 다른 독자들과 소통하면 더 폭넓은 생각으로 프로그램을 배울 수 있고, 학습에 부족한 부분이 있었는지 자체적으로 피드백이 가능하다.

그리고 이러한 환경은 저자의 유튜브 토론이나 영상의 댓글에서 이뤄진다. 만약 학습 중에 궁금한 부분이 생긴다면 유튜브에 남겨주길 바란다. 그러면 같이 학습 중인 구독자 및 저자가 댓글로 피드백을 줄 것이다.

이러한 방식으로 저자 그리고 다른 독자들과 소통하면서 교재를 학습하면 더 유익하고 재미있게 프로그램을 학습할 수 있다.

0.4 책의 구성

1장에서는 프로젝트를 진행하는 데 필요한 프로그램들을 익히고 개발 환경을 설정한다. 2장에서는 자동화 시스템을 구축하는 데 필요한 프로그램 언어의 기초를 학습한다. 그리고 단순 기초 학습이 아니라 프로젝트 구축에 필요한 내용들로 확장할 수 있도록 연습 문제가 준비돼 있다. 문제의 해답은 10장에서 설명한다.

3장부터는 자동화 프로그램의 실전 코딩에 필요한 증권사 API와 라이브러리에 관해 배운다. 그리고 프로젝트의 전체적인 알고리즘을 파악한다. 4장에서는 증권사에 자동 로그인이 되도록 코드를 구성하고 계좌번호, 예수금, 보유 주식 종목 등을 가져오는 알고리즘을 학습한다. 추가로 프로그램을 더 정교하게 만드는 각종 코드 스킬도 배운다.

5장부터는 주식을 분석하는 방법 중에서 그랜빌의 매수신호 제4법칙을 코드로 구성하는 방법을 배운다. 5장에서 중요한 부분은 코스닥 종목 약 1,300개를 분석하고 저장하는 부분이다. 어떻게 하면 코드적인 오류 없이 정교하게 분석할 수 있는지 배운다. 6장에서는 실시간 거래에 들어가기에 앞서 복잡한 데이터를 다루기 쉽게 만드는 방법을 학습한다. 7장부터는 실시간으로 주식 장이 열려 있는 시간대인지 확인하고 약 1,300개의 종목 데이터를 분석하고 거래하도록 구성한다. 그러면 주식 거래 자동화 시스템에 중요한 코드는 모두 완성된다.

8장부터는 완벽한 자동화를 위한 메시지 받기, 데이터 정보 저장하기, 자동으로 프로그램을 실행하는 방법 등을 학습한다.

9장에서는 HTS의 조건검색식을 프로그램과 같이 사용하는 방법을 설명한 학습 코드와 프로젝트의 전체 흐름도를 설명하는 도면과 설명서를 포함한다. 10장은 2장에서 다룬 연습 문제의 해답 풀이를 포함한다.

0.5 책에서 다루지 않는 내용

이 책은 24시간 운영되는 주식 자동화 매매 시스템을 구축하는 데 기반이 되는 알고리즘만 학습하도록 설명한다. 예를 들어, 건물을 지을 때 기반을 다지고 층들을 쌓아 올리는 것처럼 이 책에서도 건물의 기반을 다지고 개인의 투자 방식으로 층을 쌓는다.

그러므로 책에서 설명하는 '그랜빌의 매수신호 제4법칙'의 투자 방식에 대한 수익률은 다루지 않으며, 교재에서 샘플로 다루는 투자 방식으로 실전 투자에 들어가지 않기를 바란다.

하지만 건물의 기반을 다지므로 이 책을 따라 학습하다 보면 확장성에 대해서도 자연스럽게 학습하게 된다. 그리고 유튜브에서 저자, 그리고 다른 독자와 소통하면서 더 다양한 확장성을 길러보자.

개발 환경 구성

이 장에서는 증권사 API를 이용한 프로그램을 만드는 데 필요한 프로그램과 모듈들을 설치한다.

1.1 아나콘다 설치 및 가상환경 설정

파이썬 언어를 사용하려면 운영체제에 파이썬을 설치해야 한다. 문제는 파이썬을 설치하더라도 코딩에 필요한 다른 패키지들도 운영체제에 추가해야 하는 번거로움이 있고, 나중에 삭제해야 할 때도 직접 찾아서 지워야 한다는 점이다. 특히 소프트웨어를 개발할 때는 이러한 점이 매우 중요한데, 그 이유는 라이브러리의 버전을 관리하거나 불필요한 데이터를 삭제할 때 완벽하게 삭제했다고 하더라도 불필요한 데이터가 남는 경우가 많기 때문이다.

따라서 이러한 문제들을 해결하기 위한 최선의 방법은 가상환경이라는 가상의 공간을 만들어서 각기 따로 관리하는 것이다. 박스 하나를 만들어서 필요한 내용들을 박스 안에 모두 담아놓는다고 생각하면 되고 박스를 통째로 삭제하면 불필요한 파일이 남지 않고 깔끔하게 지워진다. 그리고 이러한 환경을 손쉽게 관리할 수 있게 만들어주는 것이 그림 1.1의 아나콘다[1]라는 오픈소스 플랫폼이다.

---

1 아나콘다(Anaconda): 전 세계적으로 1,300만 명 이상이 사용 중인 플랫폼으로, 윈도우, macOS, 리눅스를 모두 지원한다.

그림 1.1은 컴퓨터에서 작업하는 데이터를 효율적으로 관리해주는 O/S (Operating System)라는 운영 시스템 환경과 아나콘다 환경을 나타낸 그림이다. 만약 파이썬과 관련된 패키지들을 설치할 때 가상환경을 사용하지 않는다면 데이터들이 하드웨어에 직접 저장된다. 반면 가상환경은 운영 시스템 위에 새로운 공간을 하나 만들어서 데이터를 관리하는 형식이다. 아나콘다라고 명시된 공간에 가상환경을 만들고, 그 안에 파이썬 모듈을 설치한다. 나중에 버전을 업그레이드하거나 삭제하고 싶다면

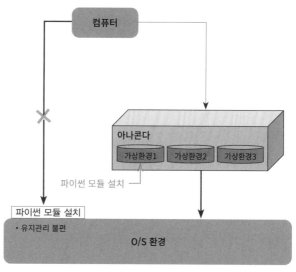

그림 1.1 아나콘다의 운영 방식

해당 가상환경만 업데이트하거나 지우면 된다. 그러면 운영 시스템 환경을 직접 수정하지 않는 안정성과 편리함을 누릴 수 있다.

1.1.1. 64비트 버전의 아나콘다에서 32비트 가상환경 설정하기

운영체제에는 64비트 운영체제와 32비트 운영체제가 있다. 32비트는 2의 32승 = 4,294,967,296의 크기를 가지고 64비트는 2의 64승 = 18,446,744,073,709,551,616 만큼의 크기를 가진다. 그래서 64비트가 더 많은 데이터를 처리할 수 있지만, 키움증권을 이용한 시스템 개발은 32비트 운영체제에서 해야 한다. 그 이유는 키움증권의 시스템 모듈이 만들어진 당시에는 윈도우 7 32비트가 최신 운영체제였고, 아직까지 해당 운영체제에 최적화돼 있기 때문이다. 그렇다면 '컴퓨터의 사양을 바꿔야 하나?'라고 생각할 수 있지만 개발 언어만 32비트를 지원하게 만들면 된다. 즉, 32비트 버전의 파이썬을 이용하면 된다.

그리고 앞서 소개한 아나콘다에는 파이썬도 내장돼 있다. 아나콘다 플랫폼도 64비트 버전과 32비트 버전이 있으며, 32비트 버전의 아나콘다를 설치하면 32비트 파이썬을 이용할 수 있다. 하지만 프로그램을 개발하다 보면 64비트만 지원하는 라이브러리를 사용해야 할 때도 있다. 그때를 대비하기 위해 이 책에서는 64비트 버전의 아나콘다를 설치하고 아나콘다 안에서 32비트 파이썬 가상환경을 만들어 사용하겠다.

주의해야 할 점은 뒤에서 이용할 키움증권의 API는 윈도우 환경을 기반으로 만들어졌다. 그래서 macOS 또는 리눅스와 같은 다른 운영체제를 이용하면 에러가 발생한다. 따라서 반드시 윈도우 환경에서 작업해야 하며, 이 책을 실습하는 데 사용한 컴퓨터의 사양은 다음과 같다.

- **CPU:** AMD Ryzen 7의 8코어

- **메모리(RAM):** 16GB

- **인터넷:** 5G 광랜

메모리는 8GB여도 연산하는 데에는 충분하다. 하지만 수많은 종목의 데이터를 송수신하고 연산하려면 메모리의 사양이 좋을수록 빠르다. 사양은 이보다 낮아도 되지만 CPU는 최소 2코어 이상, 메모리는 4GB 이상, 인터넷은 2G 속도 이상을 탑재한 와이파이 및 광랜을 이용해야 한다.

이제 이 책을 개발하는 데 필요한 아나콘다를 설치해보자.

우선 아나콘다의 공식 홈페이지[2]로 이동한다. 그 다음 상단에 있는 [Windows]를 클릭하고, Python 3.7 version에서 64−Bit Graphical Intstaller를 클릭해 설치 파일을 내려받는다. 앞서 말했지만, 키움증권의 API는 윈도우 환경에서만 개발할 수 있다. 그러므로 macOS와 리눅스 환경에서는 작업이 불가능하다.

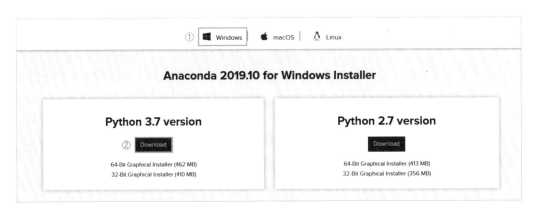

그림 1.2 아나콘다 내려받기

---

2 아나콘다 공식 홈페이지 : https://www.anaconda.com/distribution/

내려받은 아나콘다 설치 파일을 실행한 다음 아나콘다 인스톨러 창이 열리면 [Next] 버튼을 누른다.

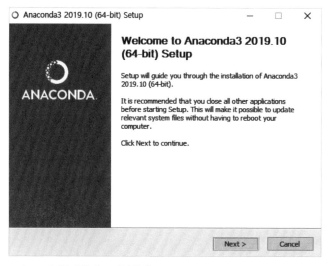

그림 1.3 아나콘다 설치 – 메인 화면

이용 약관이 나오면 [I Agree] 버튼을 클릭해 넘어간다.

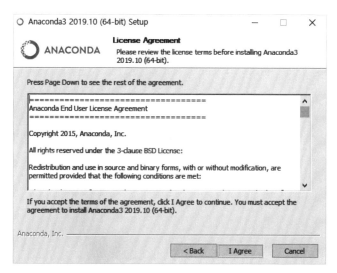

그림 1.4 아나콘다 설치 – 이용 약관

이어서 다음과 같이 관리 계정을 선택하는 화면이 나온다. [Just Me]는 현재 운영체제에 로그인된 계정에서만 이용한다는 뜻이고, [All Users]는 모든 사용자가 이용할 수 있게 설치하는 것이다. 여기서는 [Just Me]를 선택하고 [Next] 버튼을 클릭한다.

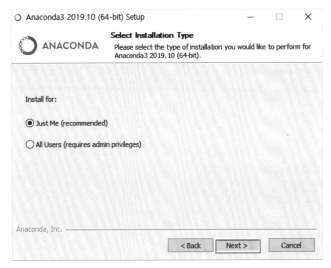

그림 1.5 아나콘다 설치 – 관리 계정 선택

이어서 아나콘다를 설치할 경로가 나온다. 앞서 관리 계정을 Just Me로 선택했다면 설치 경로는 C:\Users\[본인의 윈도우 계정]\Anaconda3으로 설정돼 있을 것이다. 원하는 설치 경로를 선택하고 [Next] 버튼을 클릭한다.

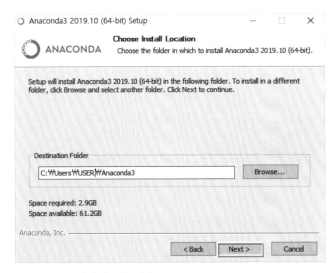

그림 1.6 아나콘다 설치 – 경로 선택

이어서 설치 옵션을 선택하는 화면이 나오면 [Add Anaconda to my PATH environment variable][3] 옵션에 체크한다. 이 옵션을 선택하면 설치 후에 아나콘다에서 제공하는 명령어를 사용하기 위해 추가로 설정해야 하는 과정을 생략할 수 있다. 그리고 [Install] 버튼을 클릭하면 그림 1.8처럼 아나콘다가 설치되기 시작한다.

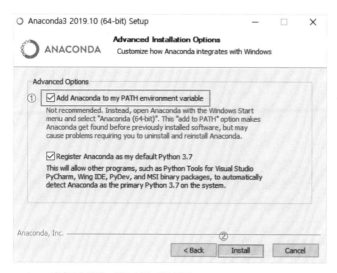

그림 1.7 아나콘다 설치 – 경로 설정 자동 등록

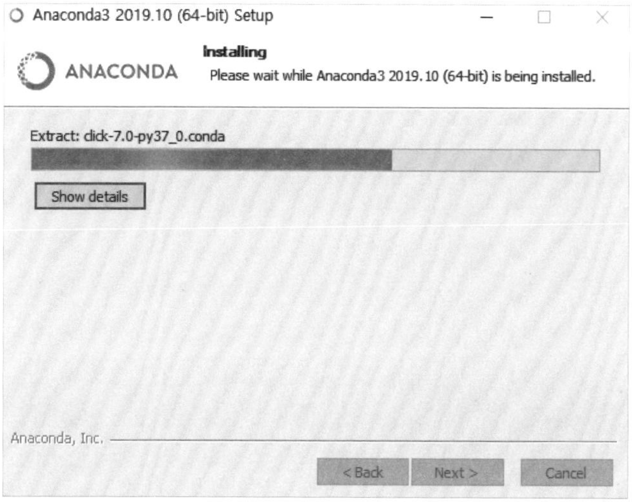

그림 1.8 아나콘다 설치 중

3 PATH: 운영체제에 등록해놓는 폴더 경로다. 즉, 프로그래밍할 때 사용하는 명령어가 있는데 PATH가 등록돼 있지 않다면 C:₩Program File₩... 형식으로 해당 명령어가 들어 있는 폴더 경로를 매번 적어야 하는 번거로움이 생긴다.

설치가 완료되면 [Next >] 버튼을 클릭한다.

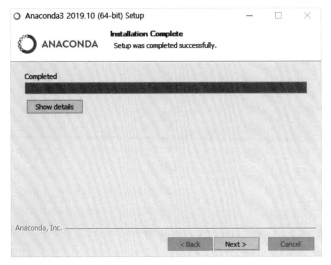

그림 1.9 아나콘다 설치 완료

마지막으로 [Finish] 버튼을 클릭해 설치를 마무리한다.

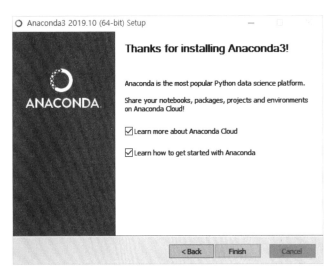

그림 1.10 아나콘다 설치완료

손가락 하나 까딱하지 않는 주식 거래 시스템 구축

설치를 완료하고 그림 1.6에서 설정한 경로로 이동해 보면 설치된 아나콘다 폴더를 볼 수 있다.

그림 1.11 아나콘다 폴더

여기까지 아나콘다 설치 과정을 진행했다. 이어서 32비트 가상환경을 만들어 보자.

다음과 같이 윈도우 화면의 왼쪽 아래에 있는 검색에 'cmd'를 입력하면 '명령 프롬프트'가 검색된다(또는 단축키 윈도우 키 + S를 누르고 검색 창에서 '명령 프롬프트'를 검색한다). 명령 프롬프트를 마우스 오른쪽 버튼으로 클릭한 다음 '관리자 권한으로 실행'을 선택해 실행한다.

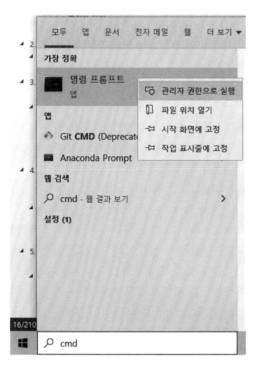

그림 1.12 관리자 권한으로 명령 프롬프트 실행

그러고 나서 다음 과정을 따라서 확인한다. 우선 명령 프롬프트에서 다음과 같이 입력해 아나콘다가 정상적으로 설치됐는지 확인한다.

```
> conda --version
```

그림 1.13 아나콘다 버전 확인

명령어를 입력한 결과가 다음 그림과 같이 나오는지 확인한다. 그림 1.14에 표시된 4.6.11은 아나콘다의 버전이며, 아나콘다가 업데이트될 경우 다른 숫자가 나올 수 있다. 이어서 다음 문장을 추가로 입력한다.

```
> set CONDA_FORCE_32BIT=1
> conda create -n py37_32 python=3.7 anaconda
```

```
C:\Users\USER>conda --version
conda 4.6.11

C:\Users\USER>set CONDA_FORCE_32BIT=1

C:\Users\USER>conda create -n py37_32 python=3.7 anaconda
```

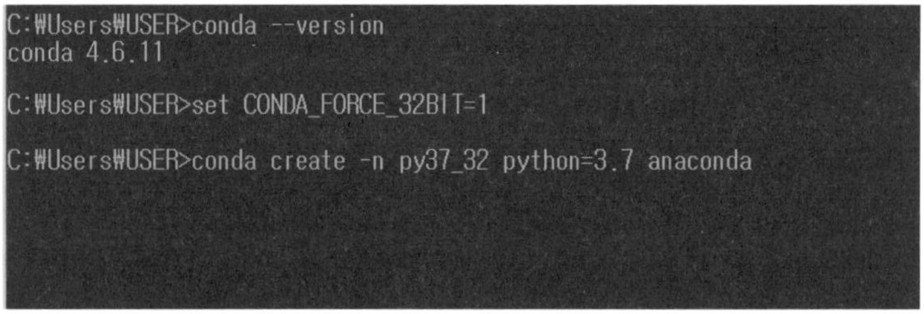

그림 1.14 아나콘다 32비트 설정 및 가상환경 만들기

'>set CONDA_FORCE_32BIT=1'은 64비트의 아나콘다를 32비트로 일시적으로 변경하는 명령어다. 반대로 '>set CONDA_FORCE_32BIT=0'은 32비트를 64비트로 변경한다.

그리고 'conda create -n py37_32 python=3.7 anaconda'는 아나콘다 가상환경을 만드는 명령어다. 이때 -n은 가상환경의 폴더명을 설정하는 옵션이다. '-n py37_32'로 입력하면 폴더명이

py37_32인 가상환경이 생성된다. 'python=3.7'은 파이썬 버전을 지정하고 anaconda에 설치한다는 의미이다. 줄여서 보면 conda create −n [가상환경 이름] python=[파이썬 버전] anaconda 형태다. 명령어를 입력하고 엔터키를 누르면 가상환경이 생성된다. 가상환경을 생성하는 데에는 다소 시간이 걸리므로 느긋하게 기다린다.

몇 분 후에 'done'이라는 문구가 나오면 가상환경 생성이 완료된 것이다.

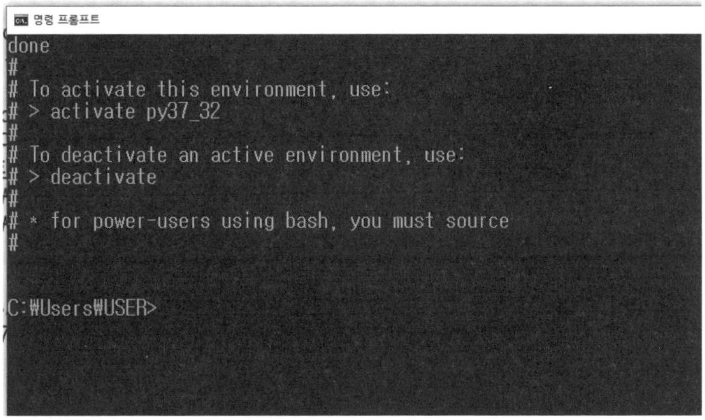

그림 1.15 가상환경 생성 완료

1.2 파이참 설치 및 설정

앞서 1.1절에서는 아나콘다를 설치하고 가상환경을 생성해서 프로그램을 편리하게 관리할 수 있는 환경을 만들었다. 프로그램을 만들려면 파이썬으로 코드를 입력해야 한다. 따라서 코드를 직관적으로 구분해서 볼 수 있고, 편리하게 관리할 수 있도록 여러 가지 기능을 제공하는 개발 도구가 필요하다. 이 책에서는 전 세계적으로 가장 많이 쓰이는 젯브레인(JetBrains) 사에서 무료로 배포하는 파이참 (PyCharm)을 사용한다.

1.2.1. 파이참 설치

다음 과정을 따라 파이참을 설치한다. 먼저 파이참을 내려받을 수 있는 다운로드 페이지[4]로 이동한다.

---

4   파이참 내려받기 : https://www.jetbrains.com/pycharm/download/#section=windows

다운로드 페이지에 접속하면 다음 그림과 같은 화면을 볼 수 있다. Professional 버전은 전문가용으로 파이썬 외에 다양한 언어를 지원하며, 체험판과 유료 버전이 있다. Community 버전은 무료 버전이며 순수하게 파이썬 코딩에만 최적화된 편집툴이다. 이 책에서는 무료 버전인 Community 버전으로 내려받는다.

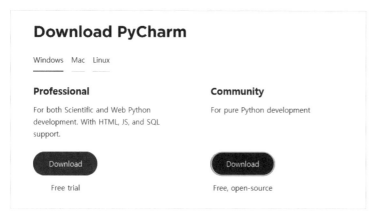

그림 1.16 파이참 설치 파일 내려받기

설치 파일을 실행하면 파이참 인스톨러의 초기 화면이 나온다. [Next >] 버튼을 클릭해 다음 단계로 진행한다.

그림 1.17 파이참 설치 초기 화면

다음과 같이 설치 경로를 설정하는 화면이 나온다. 설치 경로는 변경하지 않고 [Next >] 버튼을 누른다.

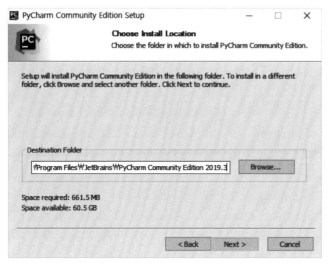

그림 1.18 파이참 설치 경로 설정

이어서 파이참을 설치할 때 설정할 수 있는 옵션이 나온다.

'64-bit launcher' 옵션은 64비트용이라는 표시인데 아나콘다에서 파이썬을 32비트로 설정했었다. 하지만 64비트 파이참에서도 32비트 파이썬이 정상적으로 구동되므로 '64-bit launcher' 옵션을 선택한다.

'Add launchers dir to the PATH'는 파이참을 설치할 때 파이참 실행에 관여하는 bin 폴더의 경로를 환경 변수에 추가하는 옵션이다. 환경변수는 실행하려는 프로그램의 폴더 경로를 설정해놓는 공간이다. 그림 1.14에서 본 'set', 'conda'와 같은 명령어를 사용할 수 있던 이유도 아나콘다를 설치하면서 명령어들을 포함하는 프로그램의 경로가 환경변수에 자동으로 등록됐기 때문이다. 그래서 파이참과 관련된 각종 모듈들이 포함된 bin 폴더를 환경변수에 등록하는 것이다. 만약 체크하지 않으면 필요에 따라서 직접 설정해야 하는 번거로움이 있다.

'Add "Open Folder as Project"' 옵션은 파이썬 프로젝트 폴더 및 파일들을 저장하는 폴더를 자동생성해서 추가한다. 우리는 직접 프로젝트 폴더를 만들어서 셋팅할 것이므로 선택하지 않고 넘어간다.

마지막으로 '.py'옵션을 선택해서 파이썬 파일(.py)을 열 때 기본 편집툴로 파이참이 실행되게 설정한다. 이어서 [Next >] 버튼을 클릭해 설치를 진행한다.

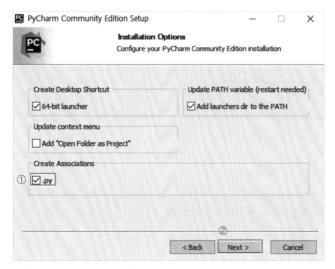

그림 1.19 파이참 설치 옵션 선택

이어서 시작 메뉴의 폴더 이름을 정한다. 기본적으로 C드라이브의 Program Files에 설치된다. 그리고 [Install] 버튼을 클릭하면 설치가 진행된다.

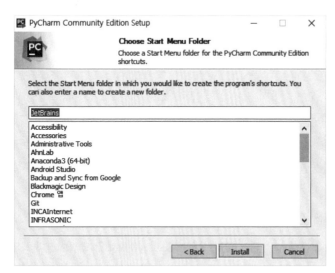

그림 1.20 파이참 설치 경로

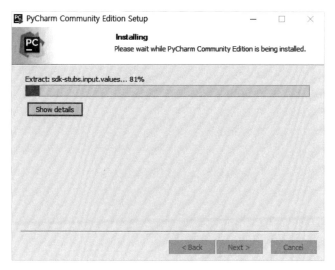

그림 1.21 파이참 설치 중

설치를 마치고 파이참을 설치한 경로로 이동해 보면 다음과 같이 파이참이 설치된 모습을 볼 수 있다.

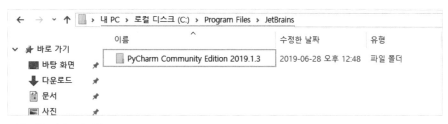

그림 1.22 설치된 파이참 경로

파이참이 설치된 폴더인 PyCharm Community Edition 2019.1.3으로 이동한 다음 bin 폴더로 이동하면 'pycharm64.exe'라는 실행 파일이 보인다.

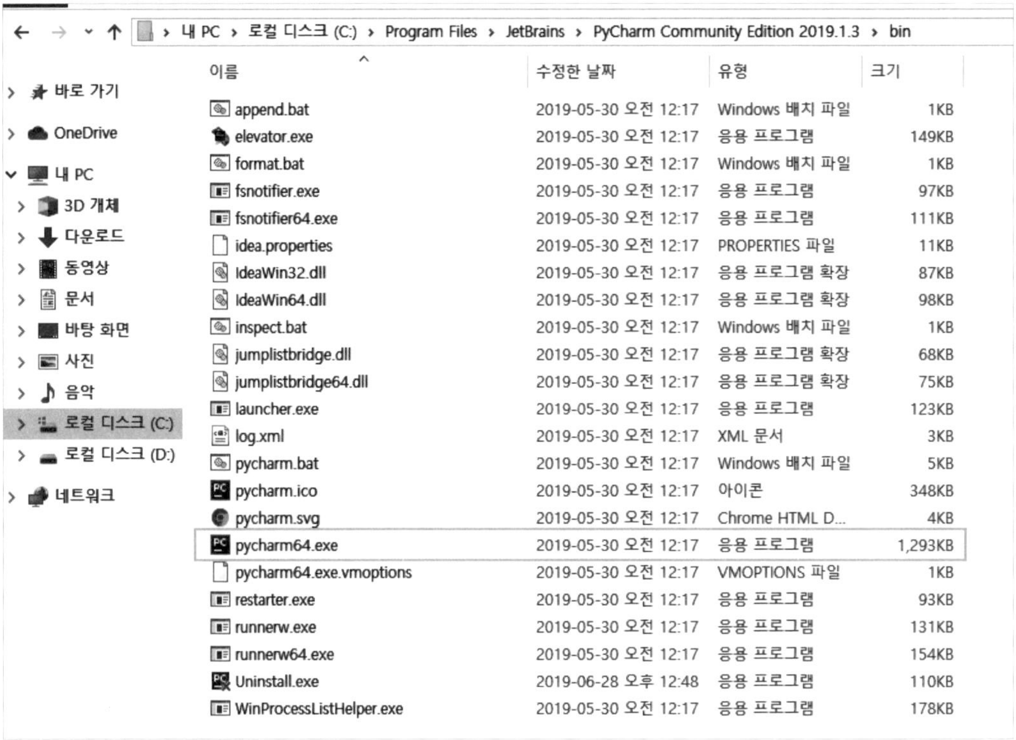

그림 1.23 파이참 실행 파일이 위치한 경로

다음 그림과 같이 파이참 실행 파일인 pycharm64.exe를 마우스 오른쪽 버튼으로 클릭하고 [관리자 권한으로 실행]을 클릭한다. 프로그램을 실행하면 보안에 관한 확인창이 뜨는 경우가 많다. 관리자 권한으로 실행 시 보안은 자동으로 허가되고 실행된다. 그리고 프로그램을 진행하면서 컴퓨터의 최상위 관리자만 실행할 수 있는 경우가 있다. 예를 들면 프로그램으로 증권사에 로그인하는 경우다.

그림 1.24 관리자 권한으로 실행

파이참을 실행하면 다음과 같이 'Import PyCharm Settings From…' 창이 나온다.

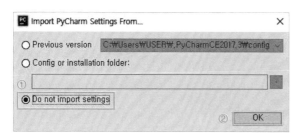

그림 1.25 파이참 설정 가져오기 창

3개의 선택 옵션이 있는데, 'Previous version'은 이전 버전의 파이참 설정을 가져온다. 'Config or installation folder'는 이전에 설정했던 설정 폴더를 가져온다. 마지막으로 'Do not import settings'는 아무것도 가져오지 않고 새로 진행한다. 'Do not import settings'를 선택하고 [OK] 버튼을 클릭한다.

이어서 'JetBrains Privacy Policy'라는 제목의 문서가 나타나는데 파이참을 개발한 JetBrains 사의 이용 약관이다. 문서를 읽어보고 'I confirm that I have read and accept the terms of this User Agreement'에 체크한 다음 [Continue] 버튼을 클릭한다.

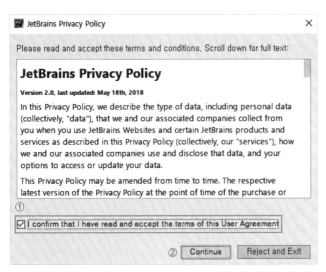

그림 1.26 파이참 이용 약관

'Data Sharing'은 프로그램에서 업데이트되거나 문제 되는 데이터를 공유하겠냐는 동의서이다.

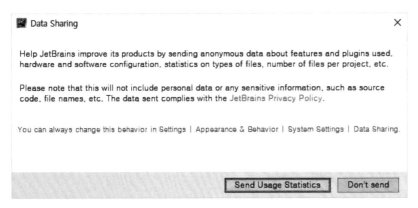

그림 1.27 파이참 개선에 참여 여부

[Send Usage Statistics] 버튼은 참여한다는 뜻이고, [Dont send] 버튼은 참여하지 않는다는 뜻이다. 원하는 버튼을 선택한다.

'Customize PyCharm'은 템플릿을 선택하는 화면이다.

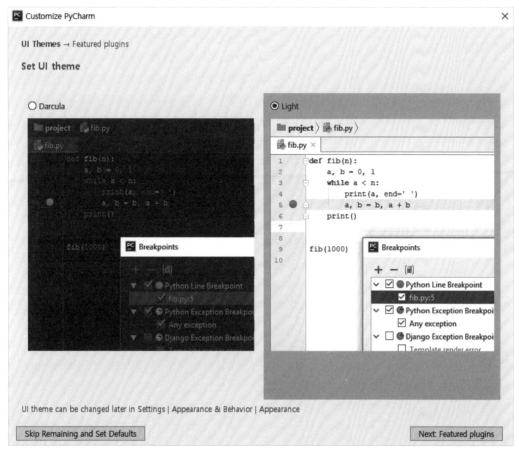

그림 1.28 파이참 템플릿 선택

왼쪽은 배경이 검은색 스타일이고, 오른쪽은 배경이 흰색 스타일이다. 원하는 테마를 선택하고 [Next]
버튼을 클릭한다. 참고로 이 책과 유튜브 동영상 강의는 하얀 템플릿으로 진행한다.

다음과 같이 플러그인(Plugins) 설치 목록이 나오는 Customize Pycharm 창이 나오면 무시한다. 파이참의 편집 스타일을 설정하고, 언어 편집을 위한 툴을 설치하는 작업인데 우리는 사용하지 않을 것이다. 최종적으로 [Start using Pycharm] 버튼을 선택해 파이참을 실행한다. 그러면 그림 1.30과 같이 프로젝트 생성 창이 나온다.

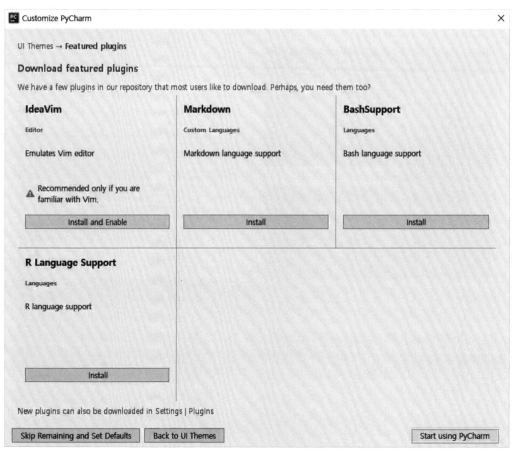

그림 1.29 파이참 플러그인 선택

프로젝트 생성 창이 나오면 선택할 수 있는 버튼 중에 [Create New Project] 버튼을 클릭한다.

그림 1.30 파이참 프로젝트 생성

다음과 같이 프로젝트명의 초깃값이 untitled로 설정돼 있다. untitled를 원하는 폴더명으로 변경한다. 예를 들어 폴더명을 week1으로 정하면 프로젝트 폴더가 생성되는 경로는 'C:\Users\USER\PycharmProjects\week1'이 된다. [Create] 버튼을 클릭하면 해당 경로에 폴더가 생성된다.

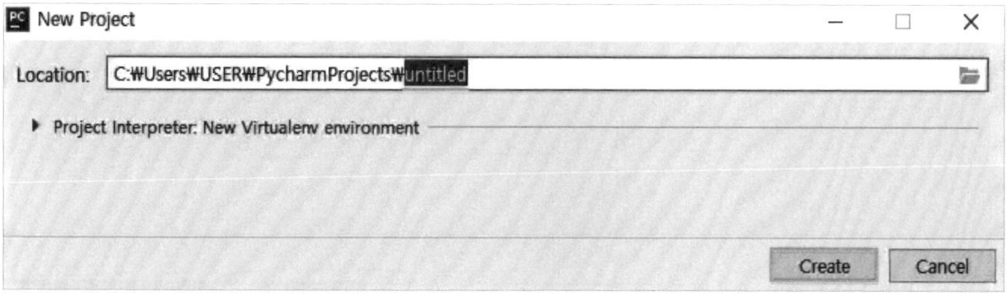

그림 1.31 프로젝트 폴더명 설정

앞으로 코딩에 관한 모든 파일은 week1에 저장하고 사용한다.

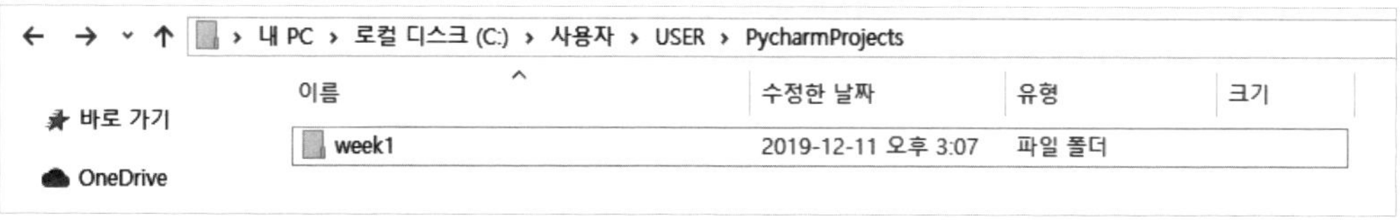

그림 1.32 생성된 프로젝트 폴더

1.2.2. 파이참과 아나콘다 연동

파이참은 편집기라고 생각하면 된다. 작성하는 코드를 눈으로 파악하기 쉽게 각종 모듈을 제공하는 편집툴이다. 그래서 이전 과정에서 설치한 버전의 파이썬을 파이참과 연결하지 않는다면 파이참에서는 파이썬과 관련된 코딩을 할 수 없다. 따라서 파이참과 가상환경의 파이썬을 연결해보자.

주메뉴의 [File] 메뉴를 클릭하고 중간에 있는 [Settings..]를 선택하면 Settings 창이 나온다. Settings 창에서는 파이참과 관련된 각종 설정들을 할 수 있는데 예로 들면 폰트 크기, 파이참과 파이썬 연동하기, 프로그램에 필요한 패키지 관리 등이 있다.

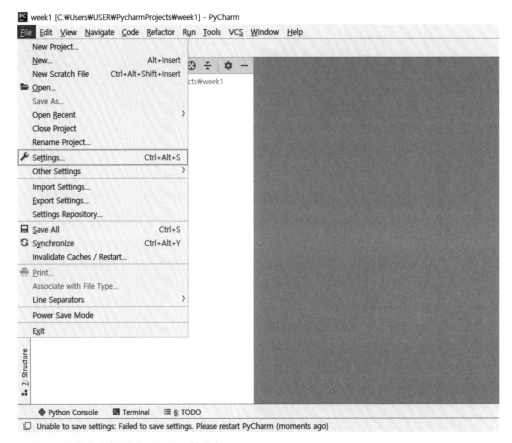

그림 1.33 파이참에 파이썬 연결 – Settings 창 열기

Settings 창이 나오면 왼쪽 메뉴에 'Project: week1'과 같이 프로젝트 폴더명이 보인다. 프로젝트명 왼쪽에 있는 > 모양 아이콘을 클릭해 드롭다운을 열고 [Project Interpreter]를 클릭하면 Nothing to show라고 표시된 빈 화면이 나온다. 여기서 파이참과 연결해줄 파이썬을 선택하자.

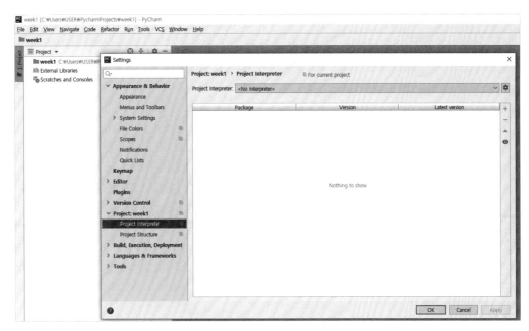

그림 1.34 파이참에 파이썬 연결 – Project Interpreter 메뉴로 이동

오른쪽 위에 있는 톱니바퀴 모양 아이콘을 클릭하고 [Add] 버튼을 클릭한다.

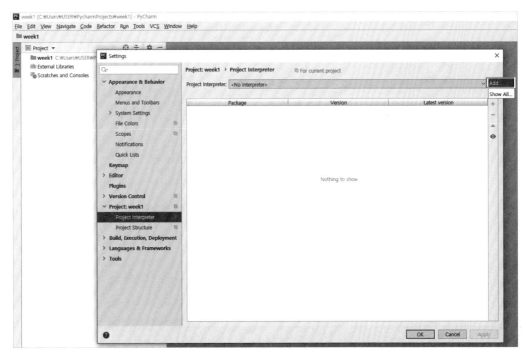

그림 1.35 파이참에서 파이썬 연결 – 파이썬 연결창 열기

다음과 같은 설정창이 나온다. 'New environment using'은 파이참의 새로운 환경설정을 만드는 옵션이고, 'Existing interpreter'는 이미 존재하는 프로그램 언어 환경에 연결하는 옵션이다. 앞서 설치한 파이썬과 연결할 것이므로 'Existing interpreter'를 선택하고 Interpreter 오른쪽에 있는 [...] 버튼을 클릭한다.

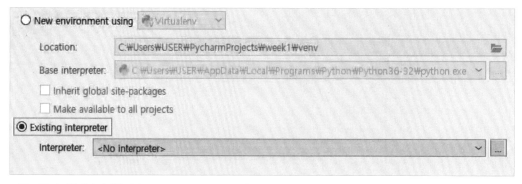

그림 1.36 파이참에서 파이썬 연결 – Existing Interpreter 선택 창

Select Python Interpreter 창이 나오면 앞서 생성했던 가상환경에 설치된 파이썬을 선택해 연결한다. 경로는 C:₩Users₩USER₩Anaconda3₩envs₩py37_32₩python.exe다. 이제 파이참을 실행하면 선택한 파이썬이 자동으로 실행되고 프로그램이 동작한다. 참고로 envs 폴더는 가상환경을 만들면 자동으로 생성되는 폴더로, 만들어진 가상환경들을 포함한다.

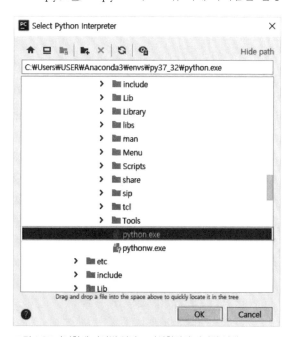

그림 1.37 파이참에 파이썬 연결 – 가상환경의 파이썬 선택

[OK] 버튼을 선택하면 다음과 같이 가상환경의 파이썬이 연결된 것을 볼 수 있다. [Create] 버튼을 클릭하고 [OK] 버튼을 클릭하면 연결된 파이썬 환경의 설정을 파이참에 셋팅하느라 시간이 다소 걸린다.

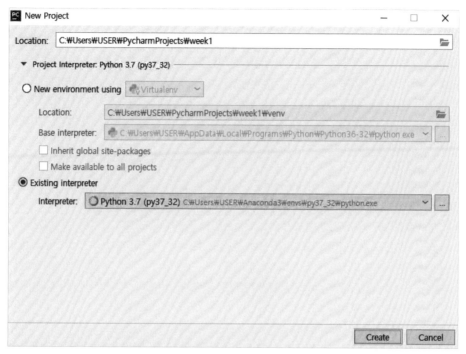

그림 1.38 파이참에 앞서 생성한 가상 환경의 파이썬 연결

지금까지 개발하기 위한 환경을 구축했다. 이어서 다음 장에서는 프로그램 언어의 기초를 배워보자.

파이썬 기초 배우기

이번 장에서는 프로젝트를 진행하는 데 필요한 파이썬 기초를 배운다. 이 책에서 진행하는 프로젝트를 따라 하는데 필요한 기초만 다루며, 이번 장에서 설명하는 파이썬 기초만 학습해도 교재의 내용을 충분히 따라 할 수 있다.

2.1 파이참에서 폴더와 파일 생성하기

1장에서는 파이참을 설치하고 가상환경의 파이썬과 연결했다. 그리고 파이참을 실행하면 다음 그림과 같은 화면이 나온다.

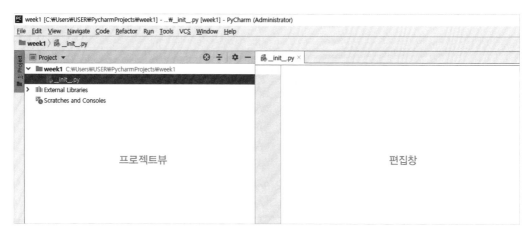

그림 2.1 프로젝트 뷰와 편집창

그림 2.1에서 파이참의 왼쪽에 있는 프로젝트 뷰는 폴더와 파일을 관리하는 공간이다. 그리고 오른쪽 영역은 코드를 타이핑하고 편집하는 공간이다.

먼저 새로운 파이썬 패키지를 생성해보자. 프로젝트 뷰에서 week1 폴더를 마우스 오른쪽 버튼으로 클릭하고 [New] – [Python Package]를 선택한다. 참고로 패키지 폴더를 가리키는 [Python Package]와 일반 폴더를 가리키는 [Directory]의 차이점은 [Python Package]로 생성하면 __init__.py 파일이 자동으로 생성된다. 그래서 [Directory]를 선택해 폴더를 만든 다음 폴더 안에 파이썬 파일을 만들면 [Python Package]가 되는 것이다. 따라서 폴더와 파이썬 패키지 중에서 아무거나 선택해도 된다.

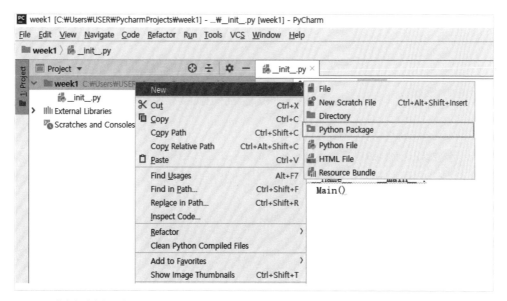

그림 2.2 파이썬 패키지 생성하기

'New Package' 창이 나오면 생성할 파이썬 패키지의 이름을 입력하고 [OK] 버튼을 클릭한다. 이 책에서는 파이썬 패키지의 이름을 'basic_1week'로 정했다.

그림 2.3 파이썬 패키지의 이름 입력

다음과 같이 week1 아래에 basic_1week 패키지가 생성된 모습을 볼 수 있다. 그리고 파이썬 패키지를 생성했기 때문에 해당 폴더가 패키지임을 의미하는 __init__.py 파일이 자동으로 생성된다.

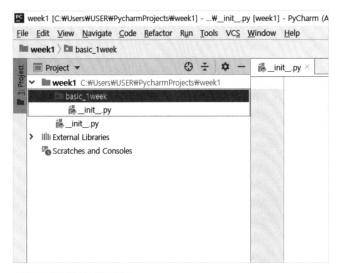

그림 2.4 생성된 파이썬 패키지

파이썬 파일을 만드는 방법은 앞서 폴더를 만든 방법과 똑같다. 이번에는 방금 생성한 파이썬 패키지 아래에 파이썬 파일을 생성해보자. 'basic_1week'을 마우스 오른쪽 버튼으로 클릭한 다음 [New] – [Python File]을 선택한다. 파일 이름은 'basic_v1'으로 지정한다. 그러면 다음 그림과 같이 파이썬 파일이 생성된 모습을 볼 수 있다.

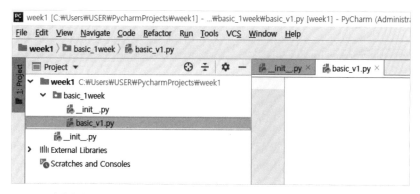

그림 2.5 파이썬 파일 만들기

폴더나 파일을 삭제하고 싶다면 프로젝트 뷰에서 삭제하고자 하는 대상을 마우스 오른쪽 버튼으로 클릭한 다음 [Delete...]를 선택하면 된다. 그림 2.4에서 파이썬 패키지 폴더를 만들면서 자동으로 생성된 __init__.py 파일을 삭제해보자.

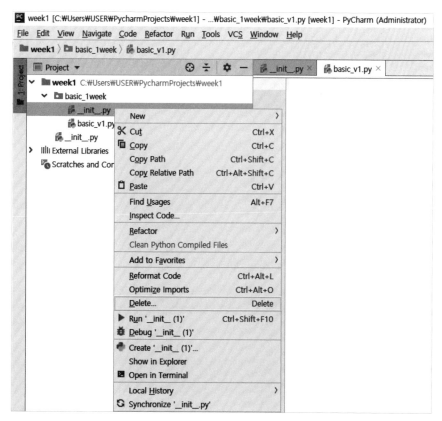

그림 2.6 파일 삭제

다음과 같이 파일이 삭제되고 basic_v1.py 파일만 남은 모습을 볼 수 있다.

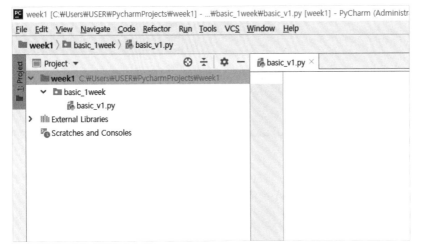

그림 2.7 삭제된 __init__.py

데이터 출력, 변수와 포맷, 산수 익히기

이번 절에서는 데이터를 출력해서 결과를 보는 방법과 데이터에 어떤 형태가 있는지 살펴보고, 간단한 연산을 해보자.

2.2.1. print로 데이터 출력하기

앞서 생성한 basic_v1.py를 더블클릭해 열고, 편집창에서 다음과 같이 입력한다.

예제 2.1 데이터를 입력하고 결과 출력하기   basic_v1.py

```
print("Hello world")
```

입력한 코드를 실행해보자. 프로젝트 뷰에서 실행할 파일인 'basic_v1.py'을 마우스 오른쪽 버튼으로 클릭한 다음 [Run 'basic_v1']을 클릭한다.

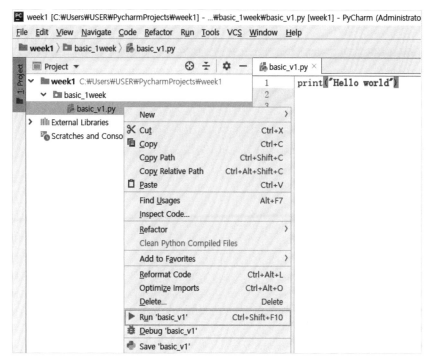

그림 2.8 입력한 코드 실행하기

[Run 'basic_v1']을 클릭해 파일을 실행하면 파이참 화면 아래쪽에 있는 콘솔(Console)창에 결과가 출력된다. 다음 그림과 같이 Hello world 문구가 출력된 모습을 볼 수 있다.

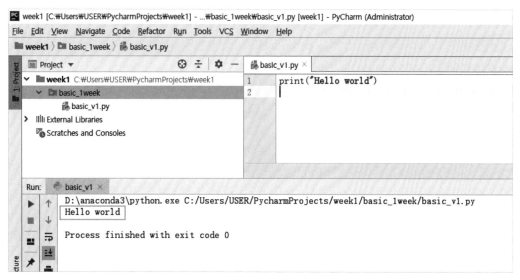

그림 2.9 콘솔창에서 출력 결과 보기

이처럼 print는 출력하고자 할 때 사용한다. print를 조금 더 파헤쳐보자.

예제 2.2부터 예제 2.6은 print 함수를 이용해 출력하는 다양한 방법이다. 아직 파이썬에서 문자와 숫자를 어떻게 다루는지, 함수가 무엇인지 배우지 않았으므로 우선은 따라서 입력만 해보자. 문자와 숫자, 함수에 관한 내용은 뒤에서 살펴보겠다.

print("Hello world") 아래에 있는 #으로 시작하는 #Hello world는 주석이라는 뜻이다. 주석은 프로그램을 실행하는 데 영향을 주지 않으며, 코드를 설명하는 용도로 사용한다. 여기서는 print의 결괏값을 보여주는 용도로 사용했다.

예제 2.2 **프로그램에 영향을 주지 않는 주석** basic_v1.py

```
print("Hello world")
#Hello world
```

다음은 두 개의 문자열을 이어서 출력하는 예제다. 두 개의 문자열을 이어서 출력할 때는 + 기호를 사용한다.

예제 2.3 **문자 이어서 출력하기** basic_v1.py

```
print("Hello world" + " Thank you")
#Hello world Thank you
```

다음은 숫자를 출력하는 예제다. 코드에서 숫자와 문자의 차이점은 큰따옴표로 감쌌는지 아닌지이다. 예를 들어 문자는 "900629" 형태로 문자의 양옆을 큰따옴표로 감싼다. 그런데 큰따옴표를 지우면 900629 형태로 숫자가 된다.

예제 2.4 **숫자 출력하기** basic_v1.py

```
print(900629)
#900629
```

지금까지 간단하게 문자와 숫자를 출력해봤다. 이번에는 좀 더 다양한 출력 방법을 보자.

다음 예제는 이 프로그램에서 가장 많이 사용하는 출력 형태다. %s는 데이터를 출력할 자리를 지정하는 것이고, 중간에 있는 % 기호를 기준으로 오른쪽에 입력하는 데이터가 출력할 때 %s 자리로 들어간다.

```python
print("%s 입니다." % "홍길동")
#홍길동 입니다.

print("%s 입니다." % "이순신")
#이순신 입니다.

print("%s원 입니다." % 5000)
#5000원 입니다.
```

주의해야 할 점은 % 왼쪽에 있는 %s의 개수와 % 오른쪽에 나오는 데이터의 수가 일치해야 한다는 것이다. 만약 왼쪽에 %s가 2개 있다면 %의 오른쪽에도 2개의 데이터가 있어야 한다. 다음 예제를 살펴보자.

예제 2.6 **%s를 이용해 두 개의 문자열 포매팅**   basic_v1.py

```python
print("이름은 %s 이고 %s에 삽니다." % ("홍길동", "서울"))
#이름은 홍길동 이고 서울에 삽니다.
```

%를 기준으로 왼쪽에는 2개의 %s가 있고, 오른쪽에는 괄호 안에 쉼표로 구분된 2개의 문자열 "홍길동"과 "서울"이 있다. 이를 실행해보면 주석에 나와 있는 것처럼 "이름은 홍길동 이고 서울에 삽니다."라고 출력된다.

지금까지 살펴본 코드를 모아서 실행한 결과는 다음과 같다.

그림 2.10 지금까지 살펴본 예제의 출력 결과

출력되는 모든 결과는 콘솔창에서 확인할 수 있다. 이 책에서는 출력 결과를 다음과 같이 보여주겠다.

```
Hello world
Hello world Thank you
900629
홍길동 입니다.
이순신 입니다.
5000원 입니다.
이름은 홍길동 이고 서울에 삽니다.
```

2.2.2. 변수

변수란 특정 데이터를 인식하기 쉽게 값을 저장하는 공간에 이름을 붙여주는 것을 말한다. 그리고 변수에 저장하는 값의 종류에 따라 여러 형태의 데이터 타입이 있는데, 파이썬에는 정수를 저장하는 integer 타입, 소수점을 가진 실수를 저장하는 float 타입, 문자열을 저장하는 string 타입, 참인지 거짓인지를 저장하는 Boolean 타입이 있다.

이번 절에서는 이러한 변수를 만들고, 변수의 타입을 확인하는 방법을 살펴보자.

다음은 stock_price라는 변수를 만들고, stock_price에 정수 3900을 저장하는 예제다. 그리고 stock_price 변수의 타입을 출력해보자.

예제 2.7 정수를 저장하는 int(=integer) 타입   basic_v1.py

```python
#int 변수, 최대값 : 9223372036854775807
stock_price = 3900
print(stock_price)
stock_price = 4500
print(stock_price)
stock_price_type = type(stock_price) # <class 'int'>
print(stock_price_type)
```

정수를 저장하는 int 타입 실행 결과 (콘솔창)

```
3900
4500
<class 'int'>
```

변수를 선언할 때는 = 기호를 기준으로 왼쪽에는 변수 이름을, 오른쪽에는 값을 적는다. 변수 이름(변수명)에는 문자나 숫자, _ 기호를 사용할 수 있지만, 숫자로 시작하는 이름은 사용할 수 없다. 문자는 대문자와 소문자를 구분해서 써야 하며, 일부 예약어(and, for, return)는 변수명으로 사용할 수 없다.

= 기호 오른쪽에 있는 3900은 숫자를 의미한다. 따라서 다음 문장은 변수 이름이 stock_price인 변수를 생성하고, 변수에 3900이라는 숫자를 저장한 것이다. print 함수로 stock_price를 출력해보면 3900이라는 숫자가 출력될 것이다.

```
stock_price = 3900
```

만약에 변수가 어떤 타입인지 확인하고 싶다면 type( ) 함수를 이용한다. 다음과 같이 변수를 type( )으로 감싸면 int라는 데이터 타입을 반환해주는데, int는 Integer의 약자로 정수를 의미한다.

```
stock_price_type = type(stock_price)
```

그리고 똑같은 형태의 변수명이 나오면 가장 마지막의 데이터로 덮어쓰게 된다. 그리고 코드의 흐름은 위에서 아래로 흐른다고 생각하면 편하다. 예제 2.7에서 처음에는 stock_price 변수에 3900이라는 값을 저장했지만, 다음 줄에서 같은 변수에 4500이라는 숫자를 할당했다. 그러므로 기존의 3900이라는 데이터를 4500으로 덮어쓰기 한 것이다. 따라서 stock_price는 마지막에 저장한 값을 가진다.

```
stock_price = 3900
print(stock_price)        -->출력 : 3900
stock_price = 4500
print(stock_price)        -->출력 : 4500
```

이번에는 변수에 소수점을 가진 실수를 저장해보자. 예제 2.8과 같은 방식으로 =을 기준으로 왼쪽에는 변수 이름을 지정하고 오른쪽에는 실수 형태의 값을 지정하면 된다. 실수는 주식에서 수익률 등을 표시하는 용도로 사용한다. 그리고 실수라는 포맷의 이름은 float이고 파이썬에서 자동으로 포맷 형태를 정해준다.

예제 2.8 **실수를 저장하는 float 타입**   basic_v1.py

```
#float 변수
stock_percent = 3.8 # 3.8
print(stock_percent)
stock_percent_type = type(stock_percent) #<class 'float'>
print(stock_percent_type)
```

```
3.8
<class 'float'>
```

이어서 변수에 문자열을 저장해보자. 문자열은 이름 그대로 문자이다. 파이썬에서는 숫자가 들어가든 문자가 들어가든 ""(큰따옴표)로 감싸면 문자열로 인식한다. 이 책에서는 문자와 관련된 모든 것을 표시할 때 문자열 타입을 사용한다.

예제 2.9 문자열을 저장하는 str 타입 basic_v1.py

```
#string 변수
stock_name = "홀딩스" # 홀딩스
print(stock_name)
stock_name_type = type(stock_name) #<class 'str'>
print(stock_name_type)


stock_name = "3900" # 3900
print(stock_name)
stock_name_type = type(stock_name) #<class 'str'>
print(stock_name_type)
```

문자열을 저장하는 str 타입 실행 결과 (콘솔창)

```
홀딩스
<class 'str'>
3900
<class 'str'>
```

마지막으로 살펴볼 타입은 bool 타입이다. 불리언(Boolean)은 참과 거짓을 저장하는 타입으로 값으로 True 또는 False 2개의 데이터만 저장할 수 있다. 만약에 주식에서 현재가가 3000원 이상인 종목만 매수하겠다고 설정했다면 먼저 3000원 이상인지 확인해야 하는데, 이럴 때 bool 타입을 사용해 3000원 이상이면 True로 통과시킨다. 이 외에도 다양한 용도로 사용되지만, 자세한 내용은 프로그램을 진행하면서 살펴보자.

```
#bool 변수
stock_buy = False
print(stock_buy)
stock_buy_type = type(stock_buy) #<class 'bool'>
print(stock_buy_type)
```

참과 거짓을 저장하는 bool 타입 실행 결과 (콘솔창)

```
False
<class 'bool'>
```

2.2.3. 산술 연산

파이썬으로 기본적인 산술 연산을 해보자. 이 책에서 사용하는 산술 연산에는 덧셈, 뺄셈, 나눗셈, 곱셈 그리고 나눗셈의 나머지가 있다.

다음은 두 개의 변수를 만들고, 두 변수의 값을 더하는 예제다.

예제 2.11 산술 연산 – 덧셈   basic_v1.py

```
stock_price = 2000
stock_price2 = 2500
stock_result = stock_price + stock_price2
print(stock_result) # 4500
```

산술 연산 – 덧셈 실행 결과 (콘솔창)

```
4500
```

stock_price 변수에는 2000을 저장하고, stock_price2 변수에는 2500을 저장했다. 그리고 두 변수의 값을 더해서 stock_result 변수에 저장했다. 파이썬에서 덧셈을 할 때 사용하는 기호는 '+'이다. 마지막으로 print 함수를 이용해 출력 결과를 보면 4500이 출력된다.

이어서 뺄셈을 살펴보자. 앞서 살펴본 덧셈 예제에서 기호만 변경했다.

예제 2.12 산술 연산 – 뺄셈   basic_v1.py

```
stock_price = 2000
stock_price2 = 1000
stock_result= stock_price - stock_price2
print(stock_result) # 1000
```

산술 연산 – 뺄셈 실행 결과 (콘솔창)

```
1000
```

파이썬에서 뺄셈을 할 때 사용하는 기호는 '–'이다. 산수에서 사용하는 뺄셈 기호를 그대로 사용하며, 결과는 1000이 출력된다. 만약 stock_price2 – stock_price로 계산한다면 결과는 –1000이 출력될 것이다.

다음은 곱셈 예제다. 파이썬에서 곱셈을 할 때는 '*' 기호를 사용한다.

예제 2.13 산술 연산 – 곱셈   basic_v1.py

```
stock_price = 1000
stock_price2 = 1200
stock_result = stock_price * stock_price2
print(stock_result) # 1200000
```

산술 연산 – 곱셈 실행 결과 (콘솔창)

```
1200000
```

덧셈, 뺄셈처럼 두 변수를 곱하면 1200000이라는 결과를 얻는다.

다음은 나눗셈 예제다. 파이썬에서 나눗셈을 할 때는 '/' 기호를 사용한다.

예제 2.14 산술 연산 – 나눗셈   basic_v1.py

```
stock_price = 2000
stock_price2 = 2200
stock_result = stock_price / stock_price2
print(stock_result) # 0.9090909090909091
stock_result = stock_price // stock_price2
print(stock_result) # 0
```

```
0.9090909090909091
0
```

stock_price를 stock_price2로 나눈 결과를 stock_plus 변수에 저장했다. 결과는 0.9090... 형태의 실숫값(float 타입)이 출력된다. 정수를 정수로 나눈 나눗셈의 출력 결과는 항상 실수형이다. 하지만 '/' 기호 대신 '//' 기호(/가 2개)를 사용하면 결괏값이 0으로 출력된다. 이는 '//' 기호가 나눗셈의 몫에서 소수점은 모두 버리고 정수형인 int 타입으로 반환하기 때문이다.

마지막으로 살펴볼 산술 연산 예제는 나눗셈의 나머지 값을 구하는 예제다. 나머지를 구할 때는 '%' 기호를 사용한다. 다음 예제에서는 나머지 연산의 결괏값으로 100이 출력된다.

예제 2.15 산술 연산 – 나눗셈의 나머지   basic_v1.py

```
stock_price = 1000
stock_price2 = 900
stock_result = stock_price % stock_price2
print(stock_result) # 100
```

산술 연산 – 나눗셈의 나머지 실행 결과 (콘솔창)

```
100
```

이 프로젝트에서는 나머지 연산을 다양하게 활용한다. 나머지가 0이라는 것은 나눗셈이 맞아떨어졌다는 의미로, 예를 들어 주식에서 거래한 내역이 100개일 때마다 알람을 주고 싶다면 거래 내역을 100으로 나눈 나머지가 0일 때마다 알람을 보내는 형식으로 활용할 수 있다. 물론 그 외에도 다양한 용도로 사용한다.

2.2.4. 연습 문제

지금까지 배운 내용을 토대로 다음 문제를 풀어보자. 참고로 답은 정해져 있지 않다. 그래서 문제를 해결할 때까지 구글과 같은 검색 엔진에서 검색해보는 방법을 추천하며, 최종적인 답을 얻었거나 한참 동안 문제가 풀리지 않았을 때만 해답을 보길 권한다. 실전에서는 더 복잡한 형태의 문제를 만나기도 하며, 연습 돼 있지 않다면 쉽게 접근하지 못할 가능성이 크다. 그러므로 최대한 혼자서 연습해보길 바라며 출력 결과를 똑같이 구하는 것을 목표로 문제를 풀어보자. 해답과 풀이는 10장에 나와 있다.

주식 이름 : 키움증권, 가격 : 3900원, 등락률 : 3.8을 변수로 만들어서 출력해라.

실전에서는 위와 같은 형태로 출력하는 경우가 대부분이다. 그래서 출력을 하기 위한 연습이다.

문제 2) **문자로 된 % 출력하기**

등락률 : 3.8% 출력하기

문제 2의 핵심은 숫자 뒤에 '%'를 붙여서 출력하는 것이다.

2.3 제어문

제어문에는 조건문과 반복문이 있다.

조건문은 사용자가 원하는 형태로 시스템이 동작하게 만드는 가장 중요한 기능 중 하나다. 조건문을 이용하면 원하는 종목을 매매하거나 메시지로 중요한 사항을 걸러서 받을 수 있다.

그리고 프로그램은 위에서 아래로 순서대로 흐르면서 동작하는데, 흐르는 과정 중에 특정 구간에 머물면서 반복적으로 하나 이상의 데이터를 처리해야 하는 경우가 있다. 그 구간을 만드는 게 반복문이다.

조건문과 반복문을 적절하게 혼합해서 시스템이 동작할 수 있도록 만드는 게 가장 중요한 문법 요소 중하나이다. 이번 절에서는 이러한 조건문과 반복문을 이용해 프로그램의 실행 순서를 제어하는 방법을 살펴보자.

2.3.1. if 조건문

조건문은 특정 조건을 만족했을 때만 코드를 실행시키는 역할을 한다. 대표적인 조건문으로는 if 문이 있다. 예를 들어 주식 종목의 가격이 3000원 이상일 때에만 매수한다거나 수익률이 −5% 이하로 떨어지면 매도하고 싶을 때에도 조건문이 필요하다.

먼저 가장 기본적인 형태의 if 문을 살펴보자. 다음 예제는 stock_name 변수의 값이 "키움증권"이라면 if 문을 실행하여 "통과!"를 출력하는 예제다.

```
stock_name = "키움증권"
if stock_name == "키움증권":
    print("통과!")
```

가장 기본적인 형태의 if 문 실행 결과 (콘솔창)

```
통과!
```

먼저 if 문이 있는 줄에서 부등호 기호 '=='를 사용해 stock_name 변수의 값이 "키움증권"과 같은지 확인한다. if 문이 있는 줄의 맨 끝에서는 ':'을 사용해 조건문의 끝이라는 것을 명시해준다. 그러고 나서 다음 줄로 넘어간다.

```
if stock_name == "키움증권":
```

다음 줄에서는 print 함수로 "통과!"를 출력하고 있는데 앞부분에 공백이 있다. 이 공백을 파이썬에서는 들여쓰기라고 부르며, if 문의 조건이 성립했을 때 실행해야 하는 문장을 구분하는 역할을 한다. 즉, if 문의 조건이 성립하면 들여쓰기로 들여 쓴 코드들이 실행된다.

들여쓰기는 키보드의 탭(TAB) 키를 누른 것과 같다. 그래서 파이썬 코드를 작성할 때는 항상 TAB 키를 이용해 들여쓰기한다.

```
if stock_name == "키움증권":
    print("통과!")
```

앞서 살펴본 예제에서 기호 '=='은 같다는 의미였고, 다른 기호가 있다는 것을 눈치챘을 것이다. 다음 예제에서 부등호를 사용한 조건문을 확인해보자.

예제 2.17 조건식에 부등호를 사용한 if 문   basic_v2.py

```
stock_price = 3000
if stock_price > 3000:
    print("통과!1")
elif stock_price >= 3000:
    print("통과!2")
elif stock_price <= 3000:
```

```
    print("통과!3")
else:
    print("조건에 해당하는 게 없음!")
```

조건식에 부등호를 사용한 if 문 실행 결과 (콘솔창)

```
통과!2
```

앞서 살펴본 예제보다 코드가 길어져서 당황했을 것이다. 하지만 걱정할 필요 없다. 하나씩 차근차근 살펴보면 충분히 이해할 수 있을 것이다.

우선 stock_price 변수에 3000을 저장하고, 첫 번째 if 문을 확인해보자.

```
if stock_price > 3000:
    print("통과!1")
```

'>' 기호는 A > B 형태로 사용하며, A가 B보다 크다는 의미다. 즉, A가 B보다 작거나 같으면 if 문이 성립하지 않는다. 예제에서는 stock_price 변수의 값이 3000이므로 조건식이 성립하지 않는다. 따라서 print("통과!1")를 실행하지 않고 다음 문장으로 넘어간다.

다음 조건문에서는 if가 아닌 elif를 사용했다. elif는 else if의 줄임말로 '다른 if 문'이라는 의미다. 첫 번째 조건문인 if 문이 성립하지 않으면 다른 if 문인 elif 문의 조건을 비교한다.

```
elif stock_price >= 3000:
    print("통과!2")
```

'>=' 기호는 A >= B 형태로 사용하며, A가 B보다 크거나 같을 때 성립한다는 의미다. 예제에서는 stock_price 변수의 값이 3000이므로 조건식이 성립하고, "통과!2"가 출력된다. 만약 해당 elif 문도 성립하지 않으면 그다음 elif를 또 비교하게 된다.

마지막으로 else 문이 있다.

```
else:
    print("조건에 해당하는 게 없음!")
```

else 문은 앞에 나온 if 문과 elif 문이 모두 성립하지 않았을 때 무조건 실행되는 문장이다. 따라서 앞에 나온 조건들이 모두 성립하지 않으면 else: 문에 뒤에 오는 문장이 출력된다.

앞서 살펴본 예제에서는 if 문마다 비교하는 조건식이 하나씩만 있었다. 만약에 여러 개의 조건을 한꺼번에 비교하려면 어떻게 해야 할까?

다음 예제는 두 개의 조건을 동시에 비교하는 형태다.

예제 2.18 두 개의 조건을 동시에 비교하기 위한 or 연산자   basic_v2.py

```
stock_price = 3000
if stock_price < 3000 or stock_price >= 3000:
    print("둘 중 아무거나 맞으면 출력")
```

두 개의 조건을 동시에 비교하기 위한 or 연산자 실행 결과 (콘솔창)

```
둘 중 아무거나 맞으면 출력
```

'or' 연산자는 A or B 형태로 사용하며, A의 조건이 성립하거나 B의 조건이 성립하거나 둘 중 하나의 조건만 만족해도 조건문이 성립한다는 의미다. 예제에서는 stock_price 변수의 값이 3000이고, 조건식 중에서 'stock_price >= 3000'이 성립하므로 "둘 중 아무거나 맞으면 출력"이 출력된다.

이번에는 조금 더 복잡한 예제를 살펴보자.

예제 2.19 두 개의 조건을 동시에 비교하기 위한 and 연산자와 조건문   basic_v2.py

```
stock_price = 3000
if stock_price > 2000 or stock_price < 2500:
    print("2000~2500 사이")
elif stock_price >= 2500 and stock_price <= 3000:
    print("2500~3000 사이")
```

두 개의 조건을 동시에 비교하기 위한 and 연산자와 조건문 실행 결과 (콘솔창)

```
2000~2500 사이
```

if 문에서 조건식도 많아졌고, elif 문도 있어서 복잡해 보일 것이다. 하지만 예제 2.18과 예제 2.19에서 살펴본 내용을 이어붙인 형태라서 단순하다.

```
if stock_price > 2000 or stock_price < 2500:
```

stock_price가 3000이므로 해당 조건문에 있는 출력문이 출력될 것이다. 그리고 두 번째 조건문에는 and 연산자가 있다.

```
elif stock_price >= 2500 and stock_price <= 3000:
    print("2500~3000 사이")
```

'and' 연산자는 A and B에서 A 조건이 성립하고, B 조건도 성립해야 한다. 즉 and 연산자를 기준으로 양옆의 조건이 모두 성립해야 조건문이 성립한다. 이 책의 프로그램에서도 종목에 대한 조건 여부를 판단할 때 여러 개의 조건을 동시에 비교하는 부분에서 이와 같은 형태의 조건문을 계속 사용한다. 그러므로 and 연산자와 or 연산자 두 가지 연산자로 충분한 연습을 해보자.

2.3.2. for 반복문

반복문은 같은 코드를 여러 번 반복해서 실행하는 역할을 한다. 대표적인 반복문에는 for 문이 있다. 여러 개의 데이터가 주어졌을 때, 반복적으로 데이터를 하나씩 조회하는 용도로 사용하며, 이 책의 프로그램에서는 수천 개의 종목을 하나씩 확인해서 매매할 때 사용하기도 한다.

그러면 for 문의 형태를 살펴보자.

예제 2.20 for 문의 기본 형태   basic_v2.py

```
for i in range(5, 100):
    print(i)
```

in을 기준으로 왼쪽에는 'i'라는 변수가 있고 오른쪽에는 range(5, 100)라는 함수가 있다. 우선 range(5, 100)은 5부터 99까지의 숫자를 나열하는 함수다(함수는 뒤에서 자세히 배운다). 그리고 'i'는 range 함수에서 받은 숫자를 하나씩 담아주는 변수다. 그래서 이름을 i가 아닌 다른 문자로 만들어도 상관없다. 그러므로 for 문은 항상 in과 같이 다녀야 한다. 형태를 그대로 읽어보면 'range(5, 100)에 안에 있는 숫자를 하나씩 꺼내서 i에 담아주라.'는 의미다. 참고로 함수라는 용어는 뒤에서 자세히 배울 예정이다. 우선 지금은 코드를 실행해서 콘솔창에 출력되는 결과를 보자.

for 문의 기본 형태 실행 결과 (콘솔창)

```
5
6
7
```

```
8
… 생략 …
97
98
99
```

콘솔창에 5부터 99까지 출력되는 모습을 볼 수 있다. range(5, 100) 함수가 5 이상 100 미만인 숫자 범위를 만들고, 반복문이 이 범위만큼 반복하기 때문이다.

그리고 for 문 안에는 다양한 형태의 코드를 추가할 수 있다. 다음 코드처럼 if 문을 추가해보자.

예제 2.21 if와 break 문을 포함한 for 문   basic_v2.py

```python
for i in range(5, 100):
    print(i)

    if i == 50:
        break
```

if 문에서는 i의 값이 50과 같을 때 break 문을 실행하라고 돼 있다. 그리고 break 문은 반복문에서 반복하는 동작을 그만하라는 신호다. 예제에서는 i가 50이 되면 break 문을 만나게 되고, 그래서 반복문이 그만 동작하고 끝나는 것이다. 다시 실행하면 출력 결과는 다음과 같다.

if와 break 문을 포함한 for 문 실행 결과 (콘솔창)

```
5
6
7
… 생략 …
48
49
50
```

이전과 다르게 숫자가 50에서 끝난다. 그 이유는 if 문에서 i가 50일 경우에 break 문을 실행하고, for 문의 반복적인 동작을 끝내기 때문이다.

이처럼 반복문 안에는 원하는 형태의 코드를 자유롭게 작성하면 된다. 그래서 다음 예제와 같이 for 문 안에 또다시 for 문을 넣어도 상관없다.

```
for i in range(0, 10):
    for k in range(0, 5):
        print("for 문 안에 for 문 %s" % k)
```

우선 바깥쪽에 있는 for 문에서 range 함수로 0부터 9까지 반복하겠다고 명시하고 for 문으로 반복한다.

```
for i in range(0, 10):
```

range 함수로 나열된 숫자를 반복하는데 for 문 안에 for 문이 또 나온다.

```
for k in range(0, 5):
    print("for 문 안에 for 문 %s" % k)
```

그래서 안쪽에 있는 for 문이 동작하며 출력 결과는 다음과 같다.

for 문을 포함한 for 문 실행 결과 (콘솔창)

```
for 문 안에 for 문 0
for 문 안에 for 문 1
for 문 안에 for 문 2
for 문 안에 for 문 3
for 문 안에 for 문 4        ← for 문 안에 for 문 반복 끝
for 문 안에 for 문 0
for 문 안에 for 문 1
for 문 안에 for 문 2
for 문 안에 for 문 3
for 문 안에 for 문 4        ← for 문 안에 for 문 반복 끝

… 생략 …

for 문 안에 for 문 1
for 문 안에 for 문 2
for 문 안에 for 문 3
for 문 안에 for 문 4        ← for 문 안에 for 문 반복 끝
```

for 문 안에 다양한 형태의 코드를 추가하는 것은 쉽지 않은 과정이다. 그래서 반복적인 연습으로 충분한 학습이 이뤄진다면 실전 코드도 쉽게 이해할 수 있을 것이다. 이어서 또 다른 반복문인 while 문을 보자.

2.3.3. while 반복문

while 문은 for 문처럼 같은 코드를 여러 번 반복해서 실행하는 역할을 한다. 쓰임새는 for 문과 비슷하지만 몇 가지 다른 부분이 있다. for 문은 시작할 때 몇 번을 반복할 것인지 데이터를 미리 지정했다. 이와 달리 while 문은 무한으로 반복하게 만들고 조건에 맞으면 반복문을 벗어나게 만든다. 예제 코드로 확인해보자.

예제 2.23 while 문   basic_v2.py

```
stock_buy = True
count = 0
while stock_buy:
    count = count + 1

    if count == 10:
        break

    print(count)
```

먼저 두 개의 변수를 만들었다. stock_buy는 bool 타입의 변수이고, count 변수는 0으로 설정한다.

```
stock buy = True
count = 0
```

while 반복문은 오른쪽에 나온 조건식이 True이면 계속해서 반복한다. 다음 코드는 while True:와 같은 형태여서 끊임없이 count = count + 1 형태로 count 값이 증가할 것이다.

```
while stock_buy:
    count = count + 1
```

코드를 실행한 결과를 살펴보자.

while 문 실행 결과 (콘솔창)

```
1
2
3
4
5
6
7
8
9
```

count가 1씩 증가하면서 1부터 9까지 출력됐다. 무한으로 반복하지 않고 9까지만 출력된 이유는 무엇일까?

바로 반복문 중간에 if 문이 있기 때문이다. for 문에서 사용했던 break 문은 while 문에서도 똑같이 사용할 수 있다. 예제에서는 count가 10일 때 break 문을 만나서 while 문을 빠져나온다.

```
if count == 10:
    break
```

while 문은 다음과 같은 방법으로도 빠져나올 수 있다.

예제 2.24 while 문을 벗어나는 또 다른 형태   basic_v2.py

```
stock_buy = True
count = 0
while stock_buy:
    count = count + 1

    if count == 10:
        # break
        stock_buy = False

    print(count)
```

이번에는 break 문을 사용하지 않고, count가 10일 때 stock_buy 변수의 값을 False로 변경했다. 그러면 while 문이 다음번 반복을 할 때 stock_buy가 False이므로 반복문을 빠져나오게 된다. 따라서 실행 결과는 다음과 같다.

while 문의 벗어나는 또 다른 형태 실행 결과 (콘솔창)

```
1
2
3
4
5
6
7
8
9
10
```

예제 2.22와 달리 10까지 출력됐다. 예제 2.22에서는 break 문을 만나는 즉시 반복문을 벗어나서 9까지만 출력된 것이고, 예제 2.24에서는 기존에 실행하던 반복문을 우선 끝까지 실행하고, 다음번 반복문을 다시 반복할 때 stock_buy를 확인했기 때문이다.

2.3.4. 연습 문제

조건문까지 배웠다면 주식에서 종목을 매수하거나 매도할 때 투자 방식에 부합하는지 확인하는 코드를 구성할 수 있다. 다음 문제를 풀어보자.

문제 3) **3일 후의 주가 비교하기**

> 카카오증권의 현재가는 1000원이며 3일 동안 500원씩 연달아 올랐다. 키움증권의 현재가는 500원이며 3일 동안 1000원씩 연달아 올랐다. 3일 후의 현재가는 누가 더 높은가?
>
> 출력 문구) 키움이 더 높다

문제의 답을 맞히는 게 목적이 아니며 출력 문구와 동일하게 나오도록 조건문을 구성하는 게 목적이다.

다음과 같은 형식으로 구구단을 출력하라 (30분)

```
1 x 1 = 1
1 x 2 = 2
… 생략 …
9 x 7 = 63
9 x 8 = 72
9 x 9 = 81
```

이 문제는 for 문을 익히기에 가장 좋은 문제다. for 문을 두 번 사용하여 구구단을 출력하면 된다.

2.4 여러 개의 데이터를 리스트로 관리하기

이 책의 주식 프로그램은 수천 개의 종목을 다루며, 종목별로 수십 개의 데이터를 동시에 관리한다. 이러한 데이터를 데이터별로 관리하면 유지보수가 어렵고 메모리를 낭비하게 된다. 그래서 이번 절에서는 연관성 있는 데이터들을 모아서 관리하는 3가지 자료형인 튜플(Tuple), 리스트(List), 딕셔너리(Dictionary)에 대해서 배워보자.

2.4.1. 튜플

데이터를 담을 수 있는 자료형 중 하나로 튜플이 있다. 튜플은 데이터를 저장하는 자료형 중에서 데이터를 처리하는 속도가 가장 빠르며, 미리 정해놓은 데이터만 관리할 때 사용한다.

다음 예제는 튜플을 생성하고, 생성한 튜플에 접근하는 과정을 보여준다.

예제 2.25 **튜플의 생성과 접근**   basic_v3.py

```python
a_list = ("키움", "카카오", "대신")
for val in a_list:
    print(val)
```

변수를 생성할 때와 똑같이 왼쪽에서는 변수 이름을 a_list로 지었고, 오른쪽에서는 튜플의 형태로 데이터를 나열했다. 튜플은 데이터를 소괄호 '('와 ')'로 감싸서 표현한다. 그리고 소괄호 안에 쉼표 ','를 기준으로 데이터를 차례대로 넣으면 된다. 예제에서는 "키움", "카카오", "대신" 3개의 데이터가 들어가 있다.

```
a_list = ("키움", "카카오", "대신")
```

튜플에 있는 데이터는 for 문을 이용해 하나씩 꺼내 볼 수 있다.

```
for val in a_list:
    print(val)
```

2.3.2절에서 살펴본 for 문이다. 이전에는 숫자를 꺼내서 반복하는 용도로만 학습했는데, 여기에서는 데이터를 꺼내오는 용도로 사용한다. for … in 문의 형태를 풀어서 쓰면 다음과 같다.

```
for val in ("키움", "카카오", "대신"):
```

튜플은 in을 기준으로 오른쪽에 작성한다. 첫 번째 반복에서는 키움 데이터가 출력되고, 두 번째 반복에서는 카카오, 그리고 마지막 반복에서는 대신이 출력된다. 결과는 다음과 같다.

튜플의 생성과 접근 실행 결과 (콘솔창)

```
키움
카카오
대신
```

튜플을 사용할 때는 몇 가지 주의할 점이 있다. 튜플은 처음 생성할 때 어떤 데이터를 담을 것인지 ("키움", "카카오", "대신")처럼 미리 정해야 한다. 또한, 한 번 생성한 튜플은 절대 수정할 수 없다. 새로운 데이터를 넣거나 삭제하는 변경이 불가능하지만, 속도가 빠르다는 장점이 있다. 그래서 튜플은 변경되지 않을 데이터들을 관리하는 용도로 사용하면 좋다. 참고로 이 책의 주식 프로그램에서는 튜플 형태를 사용하지 않는다.

2.4.2. 리스트

리스트는 튜플과 다르게 데이터를 추가하거나 수정 및 삭제할 수 있는 자료형이다. 그리고 증권사 API로부터 데이터를 받을 때 여러 개의 데이터를 포함하는 요청 값은 리스트 형태로 나오는 경우가 많다. 그래서 리스트의 형태를 잘 다루는 것이 중요하다.

다음 예제는 리스트를 생성하고, 리스트에 접근하는 과정을 보여준다.

예제 2.26 리스트의 생성과 접근   basic_v3.py

```
a_list = ["키움", "카카오", "네이버"]
for val in a_list:
    print(val)
```

리스트는 데이터를 대괄호 '['와 ']'로 감싸서 표현한다. 그리고 각각의 데이터는 튜플처럼 쉼표 ','로 구분해서 넣으면 된다.

```
a_list = ["키움", "카카오", "네이버"]
```

리스트를 for 문으로 반복하면서 리스트에 있는 데이터에 접근해보자.

```
for val in a_list:
    print(val)
```

리스트를 for 문으로 반복하면 다음과 같이 리스트에 남긴 데이터가 차례로 출력된다.

리스트의 생성과 접근 실행 결과 (콘솔창)

```
키움
카카오
네이버
```

리스트는 튜플과 달리 데이터를 추가할 수 있다. 리스트에 데이터를 추가해보자.

예제 2.27 리스트에 데이터 추가   basic_v3.py

```
a_list = ["키움", "카카오", "네이버"]
a_list.append("대신증권")
```

```
for val in a_list:
    print(val)
```

예제 2.26과 달리 중간에 append( ) 함수가 보인다.

```
a_list.append("대신증권")
```

리스트.append(데이터) 형식으로 새로운 데이터를 넣고 있다. 이렇게 하면 리스트의 가장 뒤에 새로 추가한 데이터가 들어간다. 기존에 있던 ["키움", "카카오", "네이버"] 리스트에 a_list.append("대신증권")를 이용해 "대신증권"을 추가했고, 리스트는 ["키움", "카카오", "네이버", "대신증권"]이 된다.

다시 for 문을 이용해 리스트에 있는 데이터를 출력해보자.

리스트에 데이터 추가 실행 결과 (콘솔창)

```
키움
카카오
네이버
대신증권
```

마지막에 대신증권이 출력된 모습을 확인할 수 있다.

지금까지 리스트를 다루는 기초적인 방법을 살펴봤다. 그런데 리스트는 데이터가 담긴 순서대로 인덱스(Index)라는 것이 부여된다. 즉, 인덱스는 데이터의 순서이다. 예를 들면 다음과 같다.

```
리스트 : ["키움", "카카오", "네이버"]

인덱스 :   0       1        2
```

위 예제에서 "키움"의 인덱스 번호는 0이고, "카카오"는 인덱스 번호 1, "네이버"는 인덱스 번호 2이다. 주의할 점은 프로그램에서 리스트의 인덱스는 항상 0부터 시작한다는 것이다. 그리고 인덱스로 불리는 이러한 순서가 존재하는 이유는 어떤 데이터가 어느 위치에 있는지 파악하기 위해서다. 만약 찾고자 하는 데이터의 위치를 모른다면 첫 번째 순서부터 차례대로 찾아야 하는 번거로움이 있다. 그래서 이번에는 인덱스 번호를 이용해 리스트의 데이터에 접근하는 방법을 살펴보자.

```
print(a_list[0])
```

인덱스 번호를 이용해 리스트의 데이터에 접근하기 실행 결과 (콘솔창)

```
키움
```

예제 2.28에서는 대괄호 '['와 ']' 안에 숫자 0을 지정했다. 이는 리스트의 첫 번째 데이터에 접근하겠다는 의미다. 즉, 결과로는 "키움"이 출력된다.

또한, 데이터를 수정하거나 삭제할 때도 인덱스 번호가 사용된다. 리스트에서 데이터를 수정하거나 삭제하는 방법을 살펴보자.

예제 2.29 리스트의 데이터 수정 및 삭제   basic_v3.py

```
a_list = ["키움", "카카오", "네이버"] #list
print(a_list)

a_list[2] = "다음" #수정하기
print(a_list)

del a_list[1] #삭제하기
print(a_list)
```

리스트의 데이터 수정 및 삭제 실행 결과 (콘솔창)

```
['키움', '카카오', '네이버']
['키움', '카카오', '다음']
['키움', '다음']
```

데이터를 수정할 때는 인덱스 번호를 지정하고, 새로운 값으로 데이터를 바꿔주면 된다.

```
a_list[2] = "다음" #수정하기
```

위 코드에서 a_list[2]는 리스트의 세 번째 데이터인 "네이버"를 가리키며, "네이버"를 "다음"으로 바꾼다는 의미다. 따라서 리스트는 ["키움", "카카오", "다음"]으로 바뀐다.

마지막으로 데이터를 삭제할 때는 del 뒤에 삭제할 데이터를 작성한다.

```
del a_list[1] #삭제하기
```

위 코드는 리스트의 인덱스 번호 1번에 해당하는 데이터를 지우겠다는 의미다. 그러면 두 번째 데이터 인 "카카오"가 지워지므로 리스트는 ["키움", "다음"]이 된다.

리스트는 추가로 for 문을 이용해 인덱스 번호와 데이터에 동시에 접근하는 방법도 있다. 다음 예제를 살펴보자.

예제 2.30 인덱스 번호와 데이터에 동시에 접근하기   basic_v3.py

```
a_list = ["키움", "카카오", "네이버"]
for idx, val in enumerate(a_list):
    print("인덱스: %s, 값: %s" % (idx, val))
```

예제 2.30의 for 문을 보면 리스트를 enumerate( )로 감싸고 있다. 그리고 for 문에서는 idx라는 인덱스의 약어를 변수명으로 썼고 쉼표를 기준으로 오른쪽에는 val이라는 데이터를 받기 위한 변수명을 지정했다.

```
for idx, val in enumerate(a_list):
    print("인덱스: %s, 값: %s" % (idx, val))
```

그리고 idx와 val을 print( ) 함수로 출력해보면 결과는 다음과 같다.

인덱스 번호와 데이터에 동시에 접근하기 실행 결과 (콘솔창)

```
인덱스: 0, 값: 키움
인덱스: 1, 값: 카카오
인덱스: 2, 값: 네이버
```

왜 이처럼 인덱스와 데이터에 동시에 접근할 수 있게 해놓았을까? 기존 방법에서는 리스트에 있는 데이터에 접근할 때나 어떤 데이터가 들어있는지 찾을 때 무조건 for 문을 반복하면서 데이터를 하나씩 확인했다. 그리고 나서 나중에 같은 데이터에 또다시 접근하더라도 또다시 for 문을 반복해야 하는 번거로움이 있다. 하지만 enumerate( )를 이용해서 인덱스와 데이터에 동시에 접근하는 방법에서는 인덱스를 기억함으로써 이러한 번거로움을 해결할 수 있다. enumerate( )는 이 책에서 다루는 프로그램에는 사용하지 않지만, 유용하게 사용할 수 있는 스킬로써 소개했다.

마지막으로 이 책에서 가장 많이 사용하는 자료형인 딕셔너리를 살펴보자.

2.4.3. 딕셔너리

튜플과 리스트와 달리 딕셔너리는 데이터가 담아지는 형태가 다르다. 튜플과 리스트는 데이터가 순서대로 담아졌지만 딕셔너리는 순서가 존재하지 않는다. 그 의미는 숫자 1, 2, 3을 순서대로 담아도 딕셔너리 안에서 그 위치가 랜덤으로 정해진다는 의미이다. 그래서 순서를 가지지 않는 단점이 있다.

하지만 장점도 존재한다. 순서가 없는 대신에 데이터를 가리키는 '키'를 지정할 수 있다. '키'는 열쇠의 키를 떠올리면 된다. '키'마다 연결된 자물쇠가 있을 것이다. 그게 바로 데이터이다. 그래서 딕셔너리는 '키'와 '데이터'를 가진다.

더 자세하게 이해해보자. 우선 리스트는 ['데이터1', '데이터2', '데이터3'] 형태의 순서를 가졌다. 그러나 딕셔너리는 {'키1':'데이터1', '키2':'데이터2', '키3':'데이터3'} 형태를 가진다. 딕셔너리의 괄호 형태는 { } 이고 '키1':'데이터1'이 한 덩어리이다. 그리고 ':'을 기준으로 왼쪽에는 '키'라는 데이터를 할당하고 오른쪽에는 넣고자 하는 데이터를 할당한다. 그리고 쉼표로 구분해서 두 번째 덩어리도 넣는다. 중요한 부분은 '키'에 들어가는 데이터명은 절대 중복되면 안 되고, 유일해야 한다. 그러므로 원하는 데이터를 가져오고 싶다면 키를 이용해 꺼내온다. 참고로 큰 따옴표, 작은 따옴표는 문자열을 표현하는 같은 의미로 쓰인다.

코드를 통해 딕셔너리를 자세히 살펴보자.

예제 2.31 딕셔너의 생성과 접근   basic_v3.py

```
a_dict = {"키움증권":1300, "카카오증권":1500, "네이버증권":1000}
print(a_dict.get("키움증권")) # 1300
print(a_dict['키움증권']) # 1300
```

딕셔너의 생성과 접근 실행 결과 (콘솔창)

```
1300
1300
```

우선 다음과 같이 키와 데이터를 이용해 딕셔너리를 생성한다.

```
a_dict = {"키움증권":1300, "카카오증권":1500, "네이버증권":1000}
```

예제에서는 주식 종목의 이름을 키로 정했고, 해당 종목의 현재가를 데이터로 넣었다. 그래서 키움증권의 현재가를 알고 싶다면 다음과 같이 키를 이용해 접근하면 된다.

```
a_dict.get("키움증권")
a_dict['키움증권'])
```

두 가지 형태로 데이터에 접근할 수 있는데, 첫 번째 방법은 딕셔너리.get(키) 형태로 get( ) 함수를 사용해서 데이터에 접근하는 방법이다. 두 번째 방법은 딕셔너리 변수의 오른쪽에 대괄호를 써서 직접 가져오는 방식이다.

그렇다면 왜 두 가지 방법이 있을까? 첫 번째 방법에서는 만약 해당하는 키가 없다면 None(=데이터가 없다는 의미)이라는 빈 값의 데이터가 반환된다. 하지만 두 번째 방법에서는 KeyError 에러가 발생한다.

다음 코드는 딕셔너리에 없는 키로 데이터에 접근하려는 모습이고, 옆에 주석으로 결괏값을 적어놨다.

```
print(a_dict.get("애플")) # None
print(a_dict['애플']) # KeyError 발생!
```

이번에는 딕셔너리의 데이터를 for 문을 이용해 가져와 보자.

예제 2.32 for 문으로 딕셔너리의 데이터 가져오기   basic_v3.py

```
for key in a_dict.keys():
    print(a_dict.get(key))
```

딕셔너리를 for 문으로 반복할 때는 먼저 키를 가져온 다음, 반복문에서 키를 이용해 접근해야 한다. 딕셔너리의 keys( ) 함수를 이용하면 딕셔너리에 있는 모든 키가 리스트로 반환된다.

```
a_dict.keys()
```

즉 a_dict.keys( )는 ["키움증권", "카카오증권", "네이버증권"]처럼 딕셔너리에 있는 키를 리스트로 반환하며, 이를 이용해 for 문을 반복할 수 있다. 최종적으로 a_dict.get(key)를 이용해 딕셔너리의 데이터에 접근하게 된다. 결과는 각 키의 데이터 값인 1300, 1500, 1000이 순서대로 출력된다.

딕셔너리는 리스트와 마찬가지로 키와 데이터에 동시에 접근할 수 있는 방법이 있다.

예제 2.33 키와 데이터에 동시에 접근하기   basic_v3.py

```
for key, value in a_dict.items():  #key와 value 값 모두 가져옴
    print("키값 : %s , value값 : %s" % (key, value))
```

딕셔너리의 items( ) 함수는 키와 데이터를 동시에 반환해준다.

```
for key, value in a_dict.items():
```

그래서 for 문 옆에서는 key, value 두 개의 변수를 지정했다. 최종적인 출력 결과는 다음과 같다.

키와 데이터에 동시에 접근하기 실행 결과 (콘솔창)

```
키값 : 키움증권  , value값 : 1300
키값 : 카카오증권 , value값 : 1500
키값 : 네이버증권 , value값 : 1000
```

마지막으로 딕셔너리에도 새로운 데이터를 추가할 수 있다.

예제 2.34 딕셔너리에 데이터 추가하기   basic_v3.py

```
a_dict = {"키움증권":1300, "카카오증권":1500, "네이버증권":1000}
a_dict["다음증권"] = 2500
print(a_dict)
```

키를 이용해 데이터에 접근할 때처럼 대괄호 안에 키 이름을 작성하고, 등호 '=' 오른쪽에는 값을 입력했다. 이렇게 하면 키가 "다음증권"인 데이터가 없기 때문에 새로운 키가 추가되고, 값으로는 2500이 들어간다.

출력 결과는 다음과 같다. 마지막에 다음증권이 추가된 모습을 볼 수 있다.

딕셔너리에 데이터 추가하기 실행 결과 (콘솔창)

```
{'키움증권': 1300, '카카오증권': 1500, '네이버증권': 1000, '다음증권': 2500}
```

딕셔너리에 데이터를 추가하는 또 다른 방법을 살펴보자.

예제 2.35 딕셔너리에 데이터를 추가하는 다른 방법   basic_v3.py

```
a_dict = {"키움증권":1300, "카카오증권":1500, "네이버증권":1000}
a_dict.update({"다음증권":2500})
print(a_dict)
```

예제 2.35에서는 update( ) 함수를 이용해서 키가 "다음증권"이고 값은 2000인 데이터를 추가했다. 결과는 다음과 같다.

딕셔너리에 데이터를 추가하는 다른 방법 실행 결과

```
{'키움증권': 1300, '카카오증권': 1500, '네이버증권': 1000, '다음증권': 2500}
```

두 가지 방법 모두 결과는 같지만, update( ) 함수를 이용하면 다양한 데이터를 더 쉽게 추가할 수 있다. 만약 추가해야 하는 데이터가 하나가 아닌 여러 개인 상황을 가정해보자.

예제 2.36 여러 데이터 추가하기   basic_v3.py

```
a_dict = {"키움증권":1300, "카카오증권":1500, "네이버증권":1000}

a_dict["다음증권"] = 2500
a_dict["애플"] = 152000
a_dict["삼성"] = 221500
a_dict["LG"] = 25800

print(a_dict)
```

예제 2.36의 방법으로는 데이터를 추가하고자 하는 개수만큼 데이터를 추가하는 코드를 작성해야 한다. 이번에는 update( ) 함수를 이용해 여러 데이터를 한 번에 추가하는 방법을 살펴보자.

예제 2.37 여러 데이터 한 번에 추가하기   basic_v3.py

```
a_dict = {"키움증권":1300, "카카오증권":1500, "네이버증권":1000}
a_dict.update({"다음증권":2000, "애플":152000, "삼성":221500, "LG":25800})
print(a_dict)
```

update( ) 함수를 이용한 방법에서는 코드 한 줄로 네 개의 데이터를 추가했다. 추가하고자 하는 데이터를 미리 딕셔너리 형태로 만든 다음 update( ) 함수를 이용해 데이터를 추가한다. 이 책에서는 두 가지 형식을 모두 사용하지만, update( ) 함수를 사용해서 추가하는 방식을 더 많이 사용할 것이다.

2.4.4. 연습 문제

지금까지 다양한 형태의 자료형을 살펴봤다. 실제 주식 프로그램에서도 리스트와 딕셔너리를 다양하게 활용하는데, 자료형을 어떻게 활용하는지 다음 문제들을 풀어보면서 활용성을 학습해보자.

문제 5) 딕셔너리에 있는 데이터의 총합 구하기

{'키움증권':5000, '카카오':3000, '네이버':2000}에서 3개 증권사 가격의 총합을 출력하라.

이 문제는 딕셔너리에 있는 주식 종목들의 현재가를 더한 값을 구하는 것이다.

문제 6) 나의 예수금으로 주식을 원하는 만큼 매수하고, 남은 금액을 확인해보기

{'키움증권':5000, '카카오':3000, '네이버':2000}과 예수금 111000원이 있다. 예수금을 가지고 증권사에서 원하는 만큼 사라. 그리고 남은 금액을 출력하라.
단! for 문과 if 문을 모두 활용하라.

예수금 111,000원을 가지고 원하는 만큼 매수하면 된다. 답은 정해져 있지 않으며 만들어보는 과정이 중요하다.

문제 7) 종목이 특정 가격이 됐을 때 다른 종목 추가하기

{'키움증권':5000, '카카오':3000, '네이버':2000}에서 키움증권의 가격이 매일 1000원씩 올랐다. 키움증권의 가격이 10000원이 됐을 때 종목 하나를 더 주시하기로 했다. 키움증권이 10000원이 됐을 때 딕셔너리에 이베스트증권의 현재가 5000원을 출력하고, 딕셔너리를 출력해라.

가지고 있던 종목이 특정 가격이 됐을 때 다른 종목을 하나 더 추가하는 문제다. 이 역시 과정이 중요하며 답은 달라도 된다.

파이썬은 객체지향언어(OOP, Object-Oriented Programming)라는 특징을 가지며 프로그램의 형태는 이 특징을 기반으로 구성된다. 객체 지향 언어는 캡슐화(Encapsulation), 상속(Inheritance), 추상화(Abstraction), 다형성(Polymorphism)이라는 네 가지 특징이 있는데, 이름만 봐서는 어떤 의미인지 알기 어렵다. 그리고 이러한 용어와 특징은 지금 바로 이해하지 않아도 된다. 코드를 진행하면서 자연스럽게 익히는 게 가장 좋은 방법이다. 그러므로 다음 설명으로 이론만 간단하게 알고 넘어간다.

객체 지향 언어는 클래스(Class)와 함수(Function) 두 가지를 가진다. 클래스는 가장 큰 그룹이고 함수는 큰 그룹 안에 속해있는 소그룹으로 보면 된다. 그리고 A그룹(=클래스)과 B그룹(=클래스)이 있다면 필요에 따라서 A그룹의 데이터를 B그룹에서 사용할 수 있도록 구성이 가능하고 반대로 B그룹의 데이터를 A그룹에서도 사용하게 구성할 수 있다. 구성하는 방식도 단순하고 쉽다. 그래서 이 부분이 객체 지향 언어의 장점 중 하나이고 가장 많이 활용된다. 이 정도만 숙지하고 코드를 진행해도 된다. 나머지 개념들은 코드를 배우다 보면 자연스럽게 습득할 수 있을 것이다.

이어서 소그룹을 의미하는 함수부터 살펴보자.

2.5.1. 함수(define)

함수는 변수를 포함하거나 역할에 맞는 알고리즘을 계산하는 작은 단위의 집합체를 말한다. 함수의 형태는 다음과 같다.

예제 2.38 **함수의 정의와 호출**   basic_v4.py

```python
def english():
    print("영어과입니다.")
english()
```

함수의 형식을 그림으로 나타내면 다음과 같다.

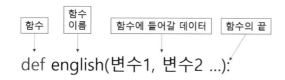

| 함수 | 함수 이름 | 함수에 들어갈 데이터 | 함수의 끝 |

```
def english(변수1, 변수2 ...):
```

그림 2.11 **함수의 형식**

먼저 함수를 정의할 때는 맨 앞에 'def'라는 키워드를 쓴다. 그리고 바로 뒤에 함수의 이름을 작성한다. 파이썬에서는 함수 이름을 지을 때 소문자로 시작하는 것이 암묵적인 규칙이다. 예제에서는 영어과를 표현하기 위해 함수 이름을 english라고 지었다.

그다음에 오는 소괄호 '( )'는 함수에 전달할 매개 변수인데, 매개 변수는 나중에 살펴보겠다. 맨 마지막에 있는 콜론 ':'은 함수를 정의하는 부분이 끝났음을 알려주고 있다. 콜론 다음 줄부터 함수의 영역은 들여쓰기로 작성해야 한다. 앞서 배운 조건문처럼 말이다.

예제 2.38에서는 "영어과입니다"를 출력하는 함수를 정의했다.

```
def english():
    print("영어과입니다.")
```

그리고 마지막 줄에 english( )만 작성한 부분은 함수를 호출하는 코드이다. 함수를 호출할 때는 함수 이름 뒤에 괄호( )만 붙여주면 함수 안의 내용이 동작한다.

```
english()
```

함수의 정의와 호출 실행 결과 (콘솔창)

```
영어과입니다.
```

이어서 함수의 매개 변수를 살펴보자. 함수는 호출할 때 데이터를 전달할 수 있다. 다음 예제를 살펴보자.

예제 2.39 매개 변수가 있는 함수 basic_v4.py

```
def math(student_name):
    print(student_name)
math("토마스")
```

매개 변수가 있는 함수 실행 결과 (콘솔창)

```
토마스
```

예제 2.39에서는 함수를 정의하는 부분에 student_name이라는 변수가 있다. 그리고 마지막 줄에서 함수를 호출할 때 괄호 안에 "토마스"를 작성해서 함수를 호출하고 있다. 이렇게 하면 최종적으로

print(student_name)은 "토마스"를 출력한다. 이처럼 함수를 호출할 때 변수를 통해 데이터를 전달할 수 있으며, 이러한 변수를 매개 변수라고 한다.

함수에서는 매개 변수를 2개 이상 사용할 수도 있다.

예제 2.40 매개 변수가 여러 개인 함수 basic_v4.py

```python
def academy(student_name1, student_name2, student_name3):
    print(student_name1)
    print(student_name2)
    print(student_name3)


academy("토마스", "에디슨", "빌리")
```

매개 변수가 여러 개인 함수 실행 결과 (콘솔창)

```
토마스
에디슨
빌리
```

예제 2.39와 다른 건 없다. 다만 쉼표로 구분한 매개 변수가 더 많아졌을 뿐이다. 그래서 예제 2.40을 실행하면 토마스, 에디슨, 빌리가 모두 출력된다.

그리고 함수에 전달하는 데이터는 어떤 타입이든 가능하다. 가령 함수에 함수를 전달할 수도 있다.

예제 2.41 함수에 함수 전달하기 basic_v4.py

```python
def english(help):
    help()


def help():
    print("도와주러 왔습니다.")
english(help)
```

앞서 예제 2.38에서 english( ) 함수를 만들었던 것처럼 똑같이 함수를 정의한다.

```python
def english(help):
    help()
```

그런데 이번에는 english 함수 안에 help( ) 함수가 들어 있다. 그래서 전달받는 데이터가 함수임을 알수 있다. 그리고 전달할 때는 괄호 없이 help만 전달했지만, 최종적으로 help 함수를 실행하려면 항상괄호 '( )'까지 작성해야 한다. 즉, help( ) 함수를 동작시킨 것이다.

그러면 help에 어떤 데이터를 전달했는지 다음 코드를 보자. help( ) 함수를 정의했고, english( ) 함수를 호출하면서 english( ) 함수에 help를 전달했다.

```
def help():
    print("도와주러 왔습니다.")
english(help)
```

english( ) 함수를 호출하면서 전달하는 데이터로 help( ) 함수의 이름인 help를 전달했다. 최종적으로 def english(help):로 전달된 help( ) 함수를 help라는 변수명으로 받고 있다.

예제 2.41을 실행하면 "도와주러 왔습니다."가 출력된다. 지금까지 함수를 정의하고 호출하는 방법과함수에 데이터를 전달하는 방법을 알아봤다. 마지막으로 함수로부터 데이터를 반환받는 방법을 살펴보자.

예제 2.42 함수에서 데이터 반환받기   basic_v4.py

```
def math():
    name = "광수"
    return name


who = math()
print(who)
```

함수에서 데이터 반환받기 실행 결과 (콘솔창)

```
광수
```

이번에는 함수 안에 return이라는 키워드가 보인다. return은 단어의 뜻 그대로 반환한다는 의미이며,함수 안에서 처리한 데이터의 결과를 돌려주고 싶을 때 사용한다. 그래서 'return 데이터' 형태로 쓰면된다.

```
return name
```

함수로부터 데이터를 반환받으려면 반환받은 데이터를 저장할 변수가 필요하다. 예제 2.42에서는 who라는 변수를 만들고, who 변수에 반환받은 데이터를 저장했다.

```
who = math()
```

반환받은 데이터, 즉 who를 출력해 보면 "광수"가 출력되는 모습을 볼 수 있다. 그리고 반환받을 데이터 역시 여러 개 지정할 수 있다.

예제 2.43 **함수에서 데이터 여러 개 반환받기**   basic_v4.py

```
def multi():
    return "a", "b"

a, b = multi()
result = multi()
print(result)
```

함수에서 데이터 여러 개 반환받기 실행 결과 (콘솔창)

```
('a', 'b')
```

함수의 return 부분에서 "a"와 "b" 두 개의 데이터를 반환했다.

```
return "a", "b"
```

그리고 반환받을 데이터를 저장하는 변수도 2개 지정했다. 그러면 순서에 맞게 a에는 "a"가 들어가고, b에는 "b"가 들어간다.

```
a, b = multi()
```

하지만 변수를 두 개로 지정하지 않고 다음과 같이 하나의 변수에 받아도 된다.

```
result = multi()
```

변수 result에 함수를 호출한 결과를 반환받고 있으며, result를 출력하면 ("a", "b")와 같이 튜플 형태로 출력된다.

잠깐! 여기서 한 가지 재밌는 사실을 발견했을 것이다. 앞서 리스트를 학습하면서 enumerate( )를 이용해 인덱스와 데이터에 동시에 접근했던 것을 기억하는가? 그게 바로 반환받을 데이터가 두 개라서 for 문의 오른쪽에 두 개의 변수를 지정했던 것이다. 이제 enumerate( )를 사용했던 예제를 조금 더 이해할 수 있을 것이다.

이어서 클래스를 학습해보자.

2.5.2. 클래스(Class)

클래스는 소그룹인 함수들을 포함하는 큰 집합체를 의미한다. 그러면 큰 그룹인 클래스에 대해서 살펴보자.

예제 2.44 클래스의 형식　　　　　　　　　　　　　　　　　　　　　　　　　　　　basic_v4.py

```python
class B_school():
    def __init__(self):
        print("b대학교 초기화")


B_school()
```

함수를 정의할 때는 def를 사용했는데, 클래스를 정의할 때는 class라고 쓴다. 함수의 이름을 소문자로 시작했던 것과 달리, 클래스의 이름은 대문자로 시작하는 것이 관례이다.

```python
class B_school():
```

위와 같이 클래스를 정의하고, 클래스 안에는 함수가 정의돼 있다.

```python
def __init__(self):
```

__init__이라는 이름을 가진 함수는 지정함수로, 사전에 정의된 파이썬 내장 함수이다. 따라서 역할이 정해져 있고, 양쪽에 언더바 2개가 붙어있다. init은 initilizer의 약어이며 '초기화'라고 불린다.

초기화란 클래스가 동작할 때 무조건 동작하는 함수를 말하며 클래스를 실행하는 순간에 설정해야 할 기본적인 데이터들을 init 함수에서 구성해 놓는다. 예제 2.44에서는 init 함수에 "b대학교 초기화"라고 출력하고 있다.

클래스를 사용하기 위한 방법은 함수를 실행했던 것처럼 맨 아래에 B_class( )라고 적어서 실행했다.

```
B_school()
```

그런데 이상한 부분이 있다. __init__(self)에서 self라는 변수가 보인다. self는 바구니와 같은 역할을 하는데 클래스 안에서는 자동으로 만들어진다. 그래서 여태까지 작성했던 변수명 앞에 'self.'를 붙이면 그 변수는 바구니에 담아서 어느 함수로 넘어가든 바구니로부터 꺼내서 쓸 수 있다. 다음 예제를 보자.

예제 2.45 클래스 안에 self 기능 알아보기   basic_v4.py

```
class A_school():
    def __init__(self):
        print("초기화, 생성자")
        self.student1_name = None
        self.student2_name = None

        print(dir(self))

A_school()
```

__init__ 함수에 student1_name과 student2_name이라는 변수를 만들었다. 그런데 앞에 self.를 붙여서 바구니에 담아놓는다. 그리고 self 안의 내용물을 다음과 같이 확인한다.

```
print(dir(self))
```

dir이라는 함수에 넣으면 어떤 데이터가 들어있는지 보여준다.

```
['__class__', '__delattr__', '__dict__', '__dir__', '__doc__', '__eq__', '__format__', '__
ge__', '__getattribute__', '__gt__', '__hash__', '__init__', '__init_subclass__', '__le__',
'__lt__', '__module__', '__ne__', '__new__', '__reduce__', '__reduce_ex__', '__repr__', '__
setattr__', '__sizeof__', '__str__', '__subclasshook__', '__weakref__', 'student1_name',
'student2_name']
```

위와 같이 리스트 형태로 출력된다. self에 담긴 데이터들이고 맨 마지막에 student1_name과 student2_name이 차례대로 들어간 모습을 볼 수 있다.

이어서 self의 용도를 더 확장해보자.

예제 2.46 self의 기능 확장해서 보기   basic_v4.py

```
class A_school():
    def __init__(self):
        print("초기화, 생성자")
        self.student1_name = None

        b = self.math()
        print("수학과 학생 %s" % b)

    def math(self):
        self.student1_name = "영수"
        name = self.student1_name

        return name
```

코드가 길어졌지만 당황할 필요 없다. 차례대로 보면 아주 단순한 구조다.

클래스 안의 __init__ 함수 아래에 def math(self) 함수를 추가했다. 그리고 클래스 안에 함수를 새로 생성할 때마다 self는 함수의 변수에 무조건 들어간다. 왜냐하면 함수도 바구니에 담기며 바구니에서 필요한 데이터를 꺼내서 함수 안에서도 사용하기 때문이다.

```
def math(self):
    self.student1_name = "영수"
    name = self.student1_name

    return name
```

그래서 위 코드에서는 self.student1_name으로 바구니에서 student1_name 변수를 꺼내서 사용하고 있고, 데이터를 "영수"로 넣는다. 그리고 name으로 지정한 새로운 변수에 다시 담는다. 마지막 문장은 return으로 반환해주는 과정이다.

```
b = self.math()
print("수학과 학생 %s" % b)
```

최종적으로 __init__ 함수를 보면 math 함수에서 반환받은 데이터를 b 변수로 받아서 출력한다. 지금까지 self의 사용 용도를 살펴봤다. 마지막으로 예제 2.44에서 만든 B_school( ) 클래스를 A_school( )에서 사용해보자.

예제 2.47 B_school() 클래스를 A_school()에서 사용하기　　　　　　　　　　　　　basic_v4.py

```python
class B_school():
    def __init__(self):
        print("b대학교 초기화")

        self.school_name = "b학교"


class A_school():
    def __init__(self):
        print("초기화, 생성자")
        self.student1_name = None

        b = self.math()
        print("수학과 학생 %s" % b)

        b_school = B_school()
        print(b_school.school_name)

    def math(self):
        self.student1_name = "영수"
        name = self.student1_name

        return name


A_school()
```

클래스는 B_school과 A_school 두 개가 있다. 그리고 B_school의 __init__에서는 school_name 변수가 self에 담긴다.

```python
self.school_name = "b학교"
```

그리고 A_school()의 __init__ 에서는 B_school()을 사용하려고 가져온다.

```
b_school = B_school()
```

B_school()을 b_school 변수명에 할당한다. 그리고 클래스를 변수로 변환하는 작업을 인스턴스화라고 한다. 다른 말로 '객체화시켜서 사용성을 편리하게 한다'라고 보면 된다.

이렇게 객체화된 클래스에는 데이터에 접근해서 사용할 수 있다.

```
print(b_school.school_name)
```

프린트를 이용해서 출력하는 모습인데 b_school.school_name 데이터를 출력한다. school_name은 앞서봤던 B_school에 있는 데이터이다. 그렇다. 다른 클래스의 데이터도 이와 같은 형태로 가져와서 사용할 수 있다.

마지막으로 상속이라는 것을 알아야 한다. 상속이란 상위 클래스의 기능을 하위 클래스에서도 그대로 사용하도록 만드는 작업이다. 이 프로젝트에서도 상속의 개념은 사용되며 단번에 이해하기 쉬운 접근이 아니다. 그래서 몇 번이고 반복 연습을 하고 실전에 들어가면 좋다. 다음 예제 2.48을 보자.

예제 2.48 클래스의 상속   basic_v4.py

```python
class Parent():
    def __init__(self):
        print("부모입니다.")

        self.money = 50000000

    def home(self):
        return "부모의 집"

class ChildA(Parent):
    def __init__(self):
        print("자식A")

        print("부모의 돈을 물려받을 수 없습니다.")
        print("%s을 물려받았습니다." % self.home())
```

```
class ChildB(Parent):
    def __init__(self):
        super().__init__()
        print("자식B")

        print("부모의 돈 %s" % self.money)
        print("%s을 물려받았습니다." % self.home())

ChildA()
ChildB()
```

우선 Parent 클래스부터 보자.

```
class Parent():
    def __init__(self):
        print("부모입니다.")


        self.money = 50000000


    def home(self):
        return "부모의 집"
```

Parent 클래스는 클래스명대로 부모이다. 부모 클래스는 5천만원인 self.money와 home( )이라는 함수를 가진다. 이 두 개를 하위 클래스에서 사용할 수 있게 만들어보자.

```
class ChildA(Parent):
    def __init__(self):
        print("자식A")

        print("부모의 돈을 물려받을 수 없습니다.")
        print("%s을 물려받았습니다." % self.home())
```

위 코드는 ChildA( ) 클래스다. 이름 그대로 자식A이고 클래스 괄호 안에 Parent 클래스를 넣었다. class ChildA(Parent):는 부모의 데이터를 ChildA에서 사용하겠다는 상속의 의미가 된다. 그리고 ChildA의 __init__ 부분을 보자.

```
    def __init__(self):
        print("자식A")

        print("부모의 돈을 물려받을 수 없습니다.")
        print("%s를 물려받았습니다." % self.home())
```

자식A를 알리는 print 문과 다른 2개의 print 문이 있다. print("부모의 돈을 물려받을 수 없습니다.")
의 의미는 부모의 Parent 클래스를 상속했지만 5천만원을 담은 self.money변수는 사용할 수 없다는
의미다. 자세한 이유는 잠시 후에 살펴보자. 그다음 print("%s를 물려받았습니다." % self.home())는
Parent 클래스의 함수를 가져오고 있다. 최종적으로 실행하면 결과는 다음과 같다.

ChildA 클래스 실행 결과 (콘솔창)

```
자식A
부모의 돈을 물려받을 수 없습니다.
부모의 집을 물려받았습니다.
```

이번에는 부모의 돈을 가져올 수 있게 구성한 ChildB() 클래스를 보자.

```
class ChildB(Parent):
    def __init__(self):
        super().__init__()
        print("자식B")

        print("부모의 돈 %s" % self.money)
        print("%s를 물려받았습니다." % self.home())
```

위 코드의 형태는 ChildA와 같지만 super().__init__()이 눈에 띈다. super라는 것은 상위 클래스에
접근하겠다는 의미다. 그래서 Parent 클래스의 __init__에는 self.money 변수가 있다. 그러므로 __
init__에 들어있는 self.money를 자식에서도 사용할 수 있게 된 것이다. 출력 결과는 다음과 같다.

ChildB 클래스 실행 결과 (콘솔창)

```
자식B
부모의 돈 50000000
부모의 집을 물려받았습니다.
```

이로써 다른 클래스의 데이터를 사용하는 상속 기능도 배웠으며 주식 코딩에서 사용할 수 있도록 문제를 풀어보자.

2.5.3. 연습 문제

클래스와 함수에 관한 문제는 실제 코딩에서 사용하는 난이도로 준비했다. 그래서 해당 문제를 오랜시간 풀어보려고 노력하면 이 책을 진행하는 데 많은 도움이 될 것이다.

문제 8) 딕셔너리에 있는 종목 중에서 5,000원 이하인 종목 출력하기

Kiwoom 클래스와 Condition 클래스가 있다.
class Kiwoom()과 class Condition()

Kiwoom 클래스에는 __init__부분에 다음과 같은 딕셔너리가 있다.
{'네이버':6000, '애플':15000, '다음':3000, '넷플릭스':5000, '구글':100000, '삼성':3000,
'LG':1000, '키움':500, '호랑':8000, '셀트리온':8500, '코난':6050, '컬링':1000, '하이원':3200}

Comdition 클래스에는 판매 기준(def sell_filtering()) 함수가 있고, sell_filtering() 함수에는 5,000원 이하의 종목만 필터링 되도록 구성돼 있다. Kiwoom 클래스에 있는 딕셔너리를 Condition 클래스의 filtering 함수에 보내서 5,000원 이하인 종목은 어떤 것들이 있는지 출력하라.

문제 8은 지금까지 배운 내용들을 사용해서 구성한다.

문제 9) 외국인 보유량이 많은 종목의 보유량 줄이기

외국인 투자자들이 빠져나가고 있다. 그래서 외국인 보유량이 많은 넷플릭스, 애플, 구글의 보유량을 반으로 줄이려고 한다. 보유량을 줄여주는 sell_filtering() 함수를 만들고, return을 사용해서 결괏값을 반환받은 다음 출력하라.

문제 9의 난이도는 문제 8의 난이도와 비슷하다. 다만 sell_filtering()에 return 문을 사용하라는 조건이 추가됐다.

이번 장에서는 파이썬 기초를 학습했다. 3장부터는 실전에서 사용할 주식 프로그램을 만들어나갈 것이며, 이를 위해 기본적인 프로젝트 관리 방법을 알아야 한다. 프로젝트를 진행할 때 폴더와 파일을 잘 관리하지 않으면 유지보수가 어렵고, 수정해야 할 특정 지점을 찾기가 어려워진다. 따라서 이번 절에서는 파일과 폴더를 관리하기 쉽게 유지하는 방법을 알아보겠다.

2.6.1. 프로젝트 생성 및 폴더 관리

이 책에서 진행할 프로젝트에는 대표적인 파일이 2개 있다. 하나는 프로그램 실행용 파일(__init__)이고, 다른 하나는 키움 API에 대한 코드를 모아놓을 파일이다. 파일을 정확하게 분류해야 유지보수가 간편해진다.

먼저 이전에 만들어놓은 week1 폴더에 있는 폴더와 파일을 모두 지우고 새로 시작한다. 기존에 있던 폴더와 파일을 모두 지웠다면 프로그램 실행용 파일부터 생성하자. 프로젝트 뷰에서 week1을 마우스 오른쪽 버튼으로 클릭한 다음 [New] – [Python File]을 선택한다.

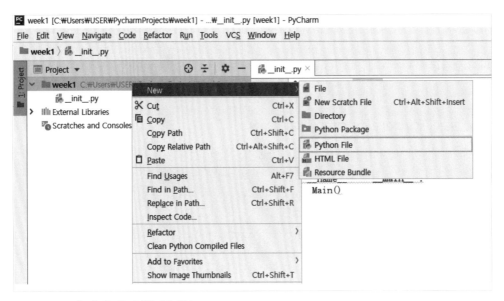

그림 2.12 프로젝트에 새로운 파이썬 파일 생성

프로그램 실행용 파일의 이름은 init 양쪽에 언더바 2개를 넣은 __init__으로 한다. 다음과 같이 프로젝트 뷰에 __init__.py 파일이 생성된 모습을 볼 수 있다.

그림 2.13 프로그램 실행용 파일 생성

생성된 __init__.py을 열고, 다음과 같이 작성한다.

예제 2.49 프로그램을 실행시킬 메인 클래스　　　　　　　　　　　　　　　　　　　　　　__init__.py

```python
from kiwoom.kiwoom import *

class Main():
    def __init__(self):
        print("Main() start")

        Kiwoom()

if __name__ == "__main__":
    Main()
```

첫 번째 줄에서는 kiwoom이라는 패키지를 임포트(import)하고 있다. 임포트는 '수입하다'라는 뜻을 가진 단어로, 코드에서 import는 다른 파일 및 클래스를 해당 파일에 불러와서 사용하겠다는 의미다. 즉, kiwoom 파일의 내용들을 가져와서 사용하겠다는 뜻이다. 하지만 아직 Kiwoom 클래스를 만들지 않아서 에러가 발생할 것이다. Kiwoom 클래스는 다음 과정에서 만들 예정이므로 지금은 무시하고 넘어간다.

```python
from kiwoom.kiwoom import *
```

그다음 Main() 클래스를 만들고, Main() 클래스 안에 __init__ 함수를 생성한다. Main 객체를 생성하면 __init__ 함수가 자동으로 실행되고, 여기에서 클래스의 초깃값을 설정한다. 그래서 __init__ 함수에서 임포트한 Kiwoom() 클래스의 객체를 생성한다.

```
class Main():
    def __init__(self):
        print("Main() start")

        Kiwoom()
```

그리고 Main( ) 클래스가 실행용 파일이라는 것을 명시하기 위해서 실행 조건문을 작성한다.

```
if __name__ == "__main__":
    Main()
```

이어서 키움 API와 관련된 코드를 작성할 키움 클래스를 보자. 우선은 kiwoom 클래스를 관리할 kiwoom 패키지를 만들고, 패키지 안에 kiwoom.py 파일을 생성한다.

그림 2.14 kiwoom 패키지와 kiwoom.py 파일 생성

파일을 생성했으면 kiwoom.py 파일을 열고 다음과 같이 코드를 작성한다.

예제 2.50 키움 API 코드를 담당할 키움 클래스   kiwoom.py

```
class Kiwoom():
    def __init__(self):
        print("Kiwoom() class start.")
```

클래스명은 Kiwoom으로 지정해서 키움 API와 관련된 코드만 모아 놓는다. 이로써 __init__.py를 실행하면 Main( ) 클래스가 실행되고, Main( ) 클래스에는 Kiwoom( ) 클래스가 인스턴스화 돼 있어서 Kiwoom( ) 클래스도 실행된다.

아직은 작성한 코드가 몇 줄 안 되기 때문에 지금과 같이 폴더와 파일을 나눌 필요성을 느끼기 어렵다. 하지만 코드를 계속 업그레이드하다 보면 코드의 양이 몇천 줄 이상으로 늘어나기도 하는데, 그때는 많은 양의 코드를 폴더와 파일로 쉽게 구분할 수 있기 때문에 유지보수가 편해질 것이다.

그러면 프로그램을 실행해 결과를 확인해보자.

프로그램(__init__.py) 실행 결과 (콘솔창)

```
Main() start
Kiwoom() class start.
```

키움 API

증권사의 데이터를 이용해 프로그램을 구성하려면 증권사의 API를 이용해야 한다. 이 책에서는 API 고객센터의 답변이 빠르고, 인터넷에서 많은 정보 글을 접할 수 있는 키움증권의 데이터를 이용해 학습을 진행한다. 먼저 키움 API를 설치하고 키움 API의 동작 원리를 살펴보자.

3.1 키움 API 설치

키움 API[1]의 정식 명칭은 '키움 Open API+'이며, 키움증권 홈페이지에서 확인할 수 있다. 이 책에서는 간략하게 키움 API라고 부르겠다.

- 키움증권 홈페이지 : https://www.kiwoom.com/

---

[1] API(Application Programming Interface): 다른 응용프로그램에서 제어할 수 있도록 만드는 인터페이스이다. 예를 들어, C 언어를 기반으로 작성된 증권사 데이터를 윈도우의 파이썬에서 제어할 수 있도록 상호작용하게 만든 것이 있다.

그림 3.1 키움증권 홈페이지

키움증권 홈페이지에 접속한 다음 화면 아래쪽을 보면 Open API 링크가 있다. Open API 링크를 클릭해 Open API 페이지로 이동한다.

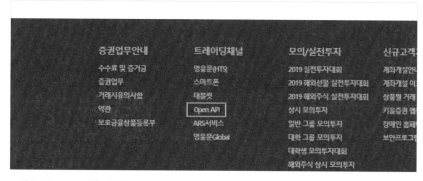

그림 3.2 Open API 링크 클릭

Open API 페이지에서는 키움 API의 설명과 사용 절차를 볼 수 있다.

그림 3.3 키움 API의 사용 절차

이 책에서는 그림 3.3에서 강조한 부분을 따라 진행할 것이다. '사용 신청하러 가기'와 '키움 Open API+ 모듈 다운로드', 'KOA Studio 다운로드', '상시 모의투자 신청하러 가기'를 홈페이지의 안내에 따라 차례로 신청한다.

먼저 [사용 신청하러 가기]를 클릭하면 로그인과 이용약관 확인창이 나온다. 차례대로 동의하면 키움 API를 사용할 수 있게 된다. 그리고 [키움 Open API+ 모듈 다운로드]에서 키움 API를 내려받고, [KOA Studio 다운로드]에서 KOA 스튜디오도 내려받는다. KOA 스튜디오는 주식 코딩에 필요한 함수들이 설명된 문서다. 마지막으로 [상시 모의투자 신청하러 가기]를 클릭한 다음 모의투자 금액을 원하는 만큼 설정하고 신청한다.

3.2 API를 이용하는 데 필요한 PyQt5

이 책에서는 PyQt5 라이브러리를 사용하는데, 증권사 API를 이용해 프로그래밍하려면 PyQt5에서 제공하는 몇 가지 기능이 필요하다. 본론으로 들어가기에 앞서 PyQt5를 사용하는 이유와 개념을 살펴보자.

3.2.1. PyQt5를 왜 사용할까?

2장 '파이썬 기초'에서 살펴본 프로그램은 실행시키면 순서대로 동작하고 최종적으로 종료되는 단순한 형태였다. 하지만 우리가 사용하려는 증권사 API는 이보다는 더 복잡하게 동작하며, 증권사 API를 이용하려면 동시에 여러 가지를 고려해야 한다.

첫째, 프로그램이 실행되고 종료되지 않도록 프로세스가 돌아가게 만들어야 한다. 예를 들어 장이 열리는 동안에는 프로그램이 절대 종료되지 않아야 한다. 프로그램이 종료되면 모든 거래와 데이터 분석을 할 수 없다. 또한 프로그램을 시작하는 시점과 종료되는 시점을 사용자가 정할 수 있게 만들어야 한다.

둘째, 종료되지 않은 프로그램 동작 내에서 증권사로 데이터를 요청하고 결과를 받아야 한다.

셋째, 파이썬 기초에서는 코드가 순서대로 동작하면서 먼저 실행한 코드가 끝날 때까지 다음 코드가 기다렸다. 하지만 증권사 API에서는 먼저 실행한 코드가 끝날 때까지 기다리지 않고 다음 코드를 연달아 실행해야 할 때도 있다. 그래서 계산이 먼저 진행된 데이터부터 우선 처리해야 한다. 그래야만 프로그램 상태를 유지하면서 증권사로부터 데이터를 실시간으로 받을 수 있다.

넷째, 이와 같은 처리가 마치 동시에 행해지는 것처럼 보일 수 있게 '동시성(Concurrency) 처리'를 해야 한다.

위 설명만 읽어 봐도 굉장히 복잡해 보인다. 만약 이와 같은 부분을 하나하나 고려하면서 직접 코드를 작성해야 한다면 굉장히 오랜 시간이 걸릴 것이며, 수년간의 작업이 될 수도 있다. 다행히 PyQt5 라이브러리는 앞서 설명한 고려사항들을 함수로 만들어 두었고, 우리는 필요한 것만 골라서 사용하면 된다. 그리고 더욱더 놀라운 건 코드 몇 줄로 해결할 수 있다는 점이다. 참고로 PyQt5는 모바일 앱처럼 디자인적인 요소를 꾸밀 때 사용하던 라이브러리다. 하지만 역사가 오래되고 약 1,000개가 넘는 기능들을 포함하다 보니 디자인과 관련된 기능 외에도 유용한 기능이 많다. 정말 고마운 라이브러리다.

특히 PyQt5의 기능 중에 이벤트 루프(Event Loop)를 가장 많이 사용할 것이다. 이벤트 루프는 동시성 처리에 꼭 필요한 요소이며, 다음 절에서는 이벤트 루프를 사용하는 데 필요한 기초 이론을 살펴보자.

3.2.2. 이벤트 루프가 만들어진 개념

프로그램을 처음 접하는 독자라면 이벤트 루프의 개념을 바로 습득하기에 버거울 수 있다. 따라서 프로그램을 처음 접하는 독자라면 '이벤트 루프는 여러 가지 데이터를 동시에 처리하기 위해서 필요하다' 정도만 알고 넘어가도 된다. 이번 절에서 다루는 내용을 이해하기 어렵다면 3.2.4절로 넘어가도 되고,

3.2.4절에서 설치하라는 내용만 따라 하고 3장을 끝내도 된다. 그 정도만 알아도 코드를 학습하는 데에는 문제가 없다.

하지만 나중에 더 높은 성능의 알고리즘을 구성하려면 이벤트 루프의 개념을 확실하게 알아야 한다. 그러므로 코딩에 들어가기에 앞서 이벤트 루프가 무엇인지 살펴보자.

우선 이벤트 루프의 개념을 이해하려면 먼저 컴퓨터의 쓰레드(thread)에 대해서 알아야 한다. 제어판에서 [시스템 및 보안] - [시스템]으로 이동하면 다음과 같이 시스템의 속성을 볼 수 있다.

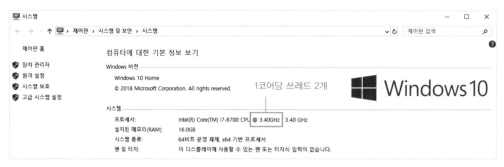

그림 3.4 제어판에서 시스템 속성 확인

YouTube!

이번 장에서 설명하는 내용은 유튜브 영상에서도 자세하게 설명하고 있다. 프로그램동산 채널에서 #29~#32까지의 영상을 보면 된다.

https://youtu.be/6LhPrifnhCc

프로세서에는 CPU의 모델명과 각종 연산(대표적으로 입출력하는 데이터 처리)을 담당하는 CPU의 핵심 요소인 코어(Core) 수가 나와 있다. 만약 코어 수가 나와 있지 않다면 CPU 모델명을 검색해서 확인한다. 저자의 컴퓨터에는 Eight-Core(8코어)라고 나와 있으며, 코어 안에서 데이터의 논리적인 계산을 처리하는 쓰레드(Thread)가 코어당 2개씩 포함돼 있다.

예를 들어 하나의 코어를 가지고 게임을 실행한다고 해보자. 게임 안에서 세부적인 데이터 처리는 쓰레드가 담당하는데, 여러 개의 쓰레드를 사용하여 처리할 데이터를 분산시키면 더 빠르게 데이터를 처리할 수 있다.

또 다른 예로 처리해야 할 주식 종목이 1,000개라고 해보자. 만약 쓰레드가 하나라면 하나의 쓰레드가 1,000개를 처리해야 하지만, 4개의 쓰레드가 있다면 쓰레드 하나당 250개씩 나누어서 4배로 빠르게 결과를 얻을 수 있다. 이를 멀티 쓰레드(multi thread) 또는 다중 쓰레드라고 부른다.

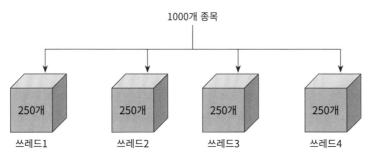

그림 3.5 멀티 쓰레드의 예

하지만 멀티 쓰레드 방식으로만 증권 API 프로그램을 다룬다면 문제가 생긴다. 대표적으로 '쓰레드의 간섭' 문제가 있다.

예를 들어 사용자가 홈페이지에 접속하면 다양한 디자인과 홈페이지에 표시되는 정보 데이터들을 받게 된다. 이는 디자인에 관련된 데이터 처리와 서버와 관련된 처리 그리고 기타 데이터 처리가 순서대로 계산을 진행함과 동시에 우선 처리된 결과부터 보여주므로 빠르게 페이지를 열어볼 수 있는 것이다.

하지만 이는 멀티 쓰레드 방식이 아니다. 멀티 쓰레드로 데이터를 나누어 처리하면 흩어져서 계산되는 데이터들 사이에서 서로 필요로 하는 부분을 공유해야 하는데 공유하는 과정에서 데이터가 누락될 위험도 있고, 어느 처리가 먼저 진행되던 사항인지 알기 어려워서 데이터가 꼬여 버릴 수도 있다.

그러므로 이와 같은 처리는 데이터를 순차적으로 진행하면서 동시에 처리하되, 원하는 데이터를 우선 처리할 수 있는 싱글 쓰레드(Main/Single Thread) 기반의 이벤트 루프 방식을 이용한다. 그러면 싱글 쓰레드의 이벤트 루프에 대해서 알아보자.

3.2.3. 싱글 쓰레드의 이벤트 루프란?

지금은 싱글 쓰레드가 무엇인지 대략적으로 훑어보고, 완벽하게 이해하지 않아도 된다. 자세한 내용은 실전 프로그램을 개발하면서 자연스럽게 습득할 수 있을 것이다.

다음은 지금까지 학습한 파이썬의 기초적인 동작을 그림으로 나타냈으며, '안녕'이라는 데이터를 출력하는 과정을 보여준다.

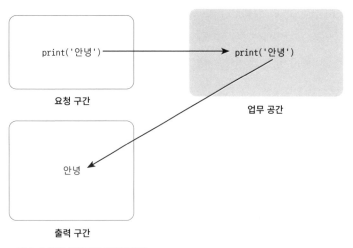

그림 3.6 싱글 쓰레드의 데이터 요청

요청 구간에서는 코드를 작성했으며, 업무 공간(stack)으로 데이터를 보내 연산 처리를 한다. 처리가 완료되면 출력 구간인 콘솔(console)에 결괏값이 출력돼서 이를 확인할 수 있다.

하지만 다음과 같은 경우는 어떻게 되겠는가? 가장 먼저 요청한 처리에 5초 동안 기다리라는 timer( ) 함수가 적용돼 있다.

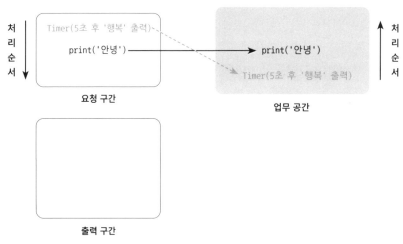

그림 3.7 타이머가 속한 싱글 쓰레드

이 경우 타이머에 지정한 시간이 지날 때까지 나중에 들어온 요청이 처리되지 못할 것이다. 즉, '안녕'은 출력되지 못하고 타이머가 끝나기만을 기다리는 문제가 발생하는데, 여러 데이터를 처리해야 하는 프로그램에서는 굉장히 치명적이다. 왜냐하면 우선 '안녕'이라는 데이터를 먼저 출력하고 싶어도 타이머가 끝날 때까지 기다려야 하기 때문이다.

이런 문제를 해결하기 위해서 응용 프로그램들의 CRUD[2]를 처리할 수 있는 WebAPI[3] 프레임워크가 등장했다. 다음은 WebAPI를 적용했을 때의 처리를 나타낸 그림이다.

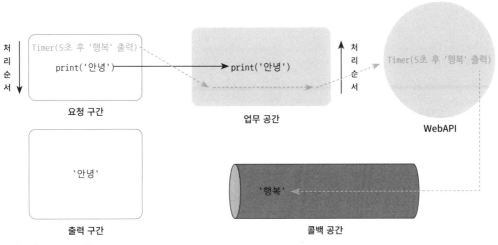

그림 3.8 WebAPI 적용

이번에는 timer( )를 업무 공간에서 처리하지 않고 WebAPI 프레임워크에서 동작하도록 보낸다. 그리고 '안녕'을 출력하는 처리는 업무 공간으로 들어가므로 앞에 처리 중인 데이터가 없기에 바로 출력된다.

WebAPI로 보내진 타이머는 5초가 지난 후에 콜백 큐 공간(Callback Queue)에 처리된 결괏값이 쌓이게 된다. 또한 다음 그림과 같이 업무 공간에 처리할 데이터가 더 이상 없는지 주시한다.

---

2   CRUD : 소프트웨어가 가지는 기본적인 데이터 처리 기능인 생성(Create), 읽기(Read), 갱신(Update), 삭제(Delete)를 일컫는다.

3   WebAPI : 웹에 있는 정보의 요청, 삽입, 삭제를 개별적으로 담당하는 기능을 한다.

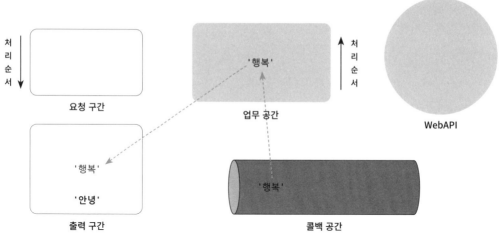

그림 3.9 타이머 결과 출력

업무 공간이 비어(empty) 있다면 콜백 큐에 쌓여있는 데이터를 가져와서 출력 구간에 보여준다. 이 과정에서 업무 공간이 비어있는지 확인하고, 콜백 공간으로부터 출력 구간으로 데이터를 푸시하는 것을 이벤트 루프라고 부른다.

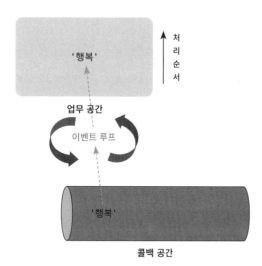

그림 3.10 이벤트 루프 모습

이제 WepAPI 구간을 증권사의 API 서버로 바꿔서 생각하자.

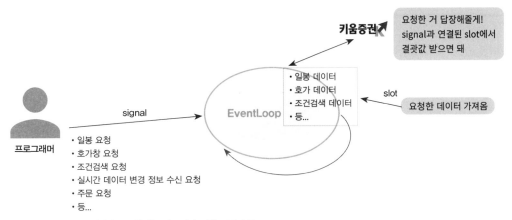

그림 3.11 증권사에 데이터를 요청하는 시그널과 이벤트 및 슬롯

예를 들어, 프로그래머가 주식 종목의 '일봉데이터'를 키움 서버에 요청하면 키움 서버는 요청 데이터를 처리한 다음 콜백 큐 공간에 '일봉데이터' 결과를 넣어둔다. 그러면 이벤트 루프를 통해서 콜백 큐에 담긴 일봉데이터의 결괏값을 가져올 수 있다. 그리고 이런 과정은 앞서 살펴본 동시성 처리로 이뤄진다. 동시성 처리에서는 세 가지 전문 용어인 시그널, 슬롯, 이벤트를 사용하는데, 각 용어의 뜻을 알아보자.

시그널(Signal)은 키움 서버에 요청하는 신호를 뜻한다. 슬롯(Slot)은 요청한 데이터의 결괏값을 받을 공간을 말하며, 마지막으로 이벤트(Event)는 시그널이 발생하면 결괏값을 어느 슬롯에서 받을 것인지 연결해 주는 다리 역할을 한다. 정리해보면 키움 서버에 데이터를 요청하는 시그널을 보내고, 결괏값이 큐에 쌓이면 이벤트 루프를 통하여 슬롯에서 데이터를 반환받는다.

지금까지 데이터를 요청하고 결괏값을 받는 원리를 살펴봤는데, 만약 이러한 과정을 직접 구축한다면 큰 부담이 될 것이다. 하지만 PyQt5에서는 제공하는 QEventLoop( )[4] 클래스를 사용하면 코드 한 줄로 해결할 수 있다. 다만 지금까지 배운 이벤트 루프와 QEventLoop( )는 약간의 차이점이 있다.

지금까지 살펴본 이벤트 루프는 타이머가 끝날 때까지 기다리는 동안 다른 데이터를 우선 출력할 수 있도록 동작했다. 바로 이 부분 때문에 PyQt5에서 제공하는 QEventLoop( )는 한가지 기능을 더 추가한다. 다음 코드가 실행되지 않도록 막는 기능이다.

---

4   QEventLoop : 이벤트 루프를 직접 구성하는 것은 굉장히 복잡한 과정이다. 그래서 PyQt5에서 이벤트 루프에 필요한 모듈을 제공한다.

예를 들어 주식 종목을 매수하려면 통장에 얼마가 들어있는지 알아야 한다. 이를 예수금이라고 부르고 증권 서버로 통장의 예수금을 요청한다. 따라서 프로그램 실행 순서는 다음과 같다.

우선 예수금을 요청하고 예수금만큼 매수 요청을 해야 한다. 그런데 예수금 요청 결과를 반환받기도 전에 다음 코드가 이어서 실행되면 예수금을 모르는 상태로 매수 주문이 들어가게 되고, 결국 에러가 발생한다.

그래서 QEventLoop( )는 증권 서버에 데이터를 요청하는 프로세스를 유지하면서 요청 처리가 완료될 때까지 다음 코드로 넘어가지 않는다. 더 유용한 기능은 데이터를 요청하고 반환이 모두 완료되면 QEventLoop( )를 원하는 위치에서 종료하여 다음 작업으로 넘어갈 수 있게 한다. 따라서 QEventLoop( )는 유연하게 원하는 부분에서 시작하고 종료시킬 수 있다.

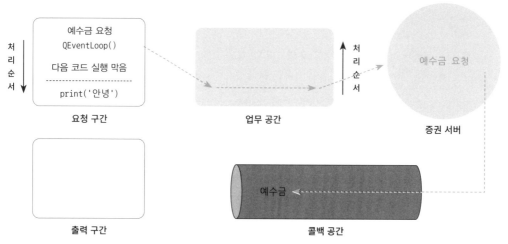

그림 3.12 QEventLoop를 사용할 때의 처리 과정

그러면 여기서 의문이 생길 것이다. '파이썬 기초에서 코딩했던 방식대로 하나씩 처리하면 되는데 복잡하게 이벤트 루프를 왜 쓰지?'. 이벤트 루프를 사용하는 이유는 단순하게 WepAPI가 없다고 생각하면 된다. 그래서 코드를 순차적으로 처리하는 방식에서는 증권 서버로 데이터를 보내고 나면 프로그램이 모든 역할을 끝낼 줄 알고 증권 서버로 보낸 데이터를 기다리지 않고 프로그램을 종료한다.

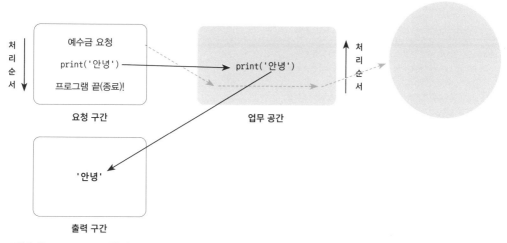

그림 3.13 EventLoop를 사용하지 않고 요청했을 때의 처리 과정

그러므로 QEventLoop( )를 사용해서 증권 서버에 요청했던 데이터 수신이 정상적으로 이뤄지고, 결 괏값을 반환받을 때까지 프로그래머가 원하는 만큼 다음 작업으로 넘어가지 않고 안전하게 대기하는 것이다. 예를 들어 거래하는데 내가 가진 예수금을 모른다면 우선 예수금을 가져와야 한다. 그래서 증 권 서버에 예수금을 요청하고 이벤트 루프(QEventLoop( ))를 실행해서 거래되는 것을 막는다. 그다음 예수금이 정상적으로 반환되면 이벤트 루프(QEventLoop( ))를 종료해 거래에 들어갈 수 있게 한다.

여기서 살펴본 예시는 이 책에서 다루는 많은 로직 중의 하나일 뿐이고, 자세한 내용은 코드를 학습하 면서 배우자.

3.2.4. PyQt5를 사용한 코드 구성 및 키움 API 사용하기

우선 실행되는 프로그램이 종료되지 않도록 만들기 위해 PyQt5를 이용한다. 앞서 설명했던 것처럼 프 로그램이 종료되지 않고 동작해야만 증권사에 연결해 실시간으로 데이터를 처리할 수 있기 때문이다. 그래서 코드를 작성하기에 앞서 PyQt5를 설치하는 방법을 살펴보자.

파이참에서 출력 결과가 나오는 부분 아래쪽에 [Terminal] 탭이 있다. [Terminal] 탭을 클릭하면 다음 과 같은 화면이 나온다. 어디서 많이 본 형태이지 않은가? 그렇다. 1.1.1 절에서 봤던 터미널 창이다. 파이참에는 터미널이 내장돼 있어서 프로그램을 따로 실행할 필요 없이 파이참에 있는 터미널을 이용 하면 된다.

그림 3.14 파이참에 내장된 터미널 열기

터미널에서 프로그램을 설치하려고 하는데, 지금은 가상환경에 접속한 상태가 아니다. (base)는 우리가 만든 가상환경이 아니고 기본 환경이라는 뜻이다. 그래서 다음 명령어를 이용해 1.1.1절에서 만든 가상환경에 접속한다.

```
> activate py37_32
```

'activate py37_32' 명령어로 가상환경에 접속하면 터미널의 맨 앞부분이 (py37_32)로 바뀐다.

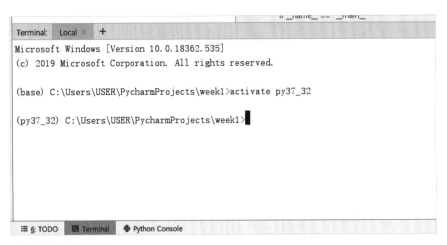

그림 3.15 가상환경에 접속

이 상태에서 PyQt5를 설치하면 py37_32 가상환경에 PyQt5가 설치되는 것이다. 다음 명령어로 PyQt5를 설치한다.

```
> pip install pyqt5
```

'pip'는 파이썬 라이브러리를 제어할 때 사용하는 명령어이고, 'install'은 설치하겠다는 옵션이다. 즉 'pyqt5를 파이썬 라이브러리에 설치하겠다'는 의미가 된다.

그림 3.16 pip를 이용해 pyqt5 설치

엔터를 누르면 설치가 진행되며, 잠시 기다린다. 설치가 완료되면 다음과 같은 문구가 출력된다.

```
Installing collected packages: PyQt5-sip, pyqt5
Successfully installed PyQt5-sip-12.7.0 pyqt5-5.14.0
```

출력된 문구에서 마지막에 Successfully가 보이면 정상적으로 설치가 완료된 것이다. 가상환경에 설치가 완료되더라도 파이참에 라이브러리가 적용되기 전까지는 아래쪽에 'processes running'이라고 표시된다. 이는 파이참의 업데이트 상황을 보여주는 문구이며, 'processes running' 문구가 사라질 때까지 기다린다.

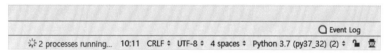

그림 3.17 파이참에 라이브러리 적용 중

'processes running' 문구가 사라지면 [File] – [Settings] – [Project Interpreter]로 들어가서 라이브러가 정상적으로 적용됐는지 확인한다. 다음 그림과 같이 pyqt5가 있다면 잘 설치된 것이다.

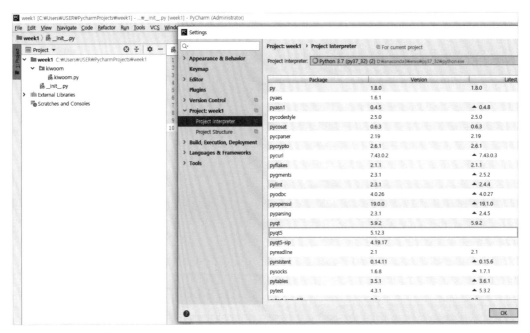

그림 3.18 pyqt5 설치 확인

이제 코드를 작성할 차례다. __init__.py를 열고 예제 3.1과 같이 코드를 작성한다. 예제 3.1은 프로그램을 실행하면 종료되지 않으면서 동시성 처리가 가능하도록 만드는 코드다.

예제 3.1 **프로그램이 종료되지 않고 동시성 처리가 가능하도록 구성**   __init__.py

```python
from kiwoom.kiwoom import *
import sys
from PyQt5.QtWidgets import *


class Main():
    def __init__(self):
        print("Main() start")

        self.app = QApplication(sys.argv) # PyQt5로 실행할 파일명을 자동 설정
        self.kiwoom = Kiwoom() # 키움 클래스 객체화
        self.app.exec_() # 이벤트 루프 실행
```

```
if __name__ == "__main__":
    Main()
```

위에서부터 한 줄씩 차례대로 살펴보자.

먼저 sys라는 라이브러리를 임포트한다. sys(System-specific parameters and functions)는 파이썬 스크립트를 관리하는 기능을 포함하고 있다. 대표적으로 스크립트를 종료하거나 파이썬의 변수나 함수를 다루는 기능이 있다.

```
import sys
```

그다음 PyQt5 라이브러리에서 QtWidgets 파일에 있는 클래스를 사용하기 위해 PyQt5.QtWidgets를 임포트한다.

```
from PyQt5.QtWidgets import *
```

QtWidgets에 있는 QApplication 클래스는 프로그램을 앱처럼 실행하거나 홈페이지처럼 실행할 수 있도록 그래픽적인 요소를 제어하는 기능을 포함한다. 그 기능 중에 동시성 처리를 할 수 있게 해주는 함수도 포함돼 있다.

__init__ 함수에서는 QApplication()을 인스턴스화하고, 실행하려는 파일 이름이 들어 있는 sys.argv를 전달한다. 그러면 PyQt5는 실행해야 하는 파일을 인지하고 동시성 처리를 할 수 있도록 지원한다.

```
self.app = QApplication(sys.argv)
```

최종적으로 QApplication 클래스에 포함된 exec_() 함수를 실행해 프로그램이 종료되지 않고 동시성 처리를 지원하도록 만든다. 즉, 프로그램이 3.2.2 절에서 배운 이벤트 루프로 동작하는 형태가 된 것이다.

```
self.app.exec_()
```

__init__.py의 설정은 끝났고, 이 파일을 수정할 일은 없다. 이 파일은 프로그램을 실행하는 용도로만 사용한다. 이어서 kiwoom.py를 살펴보자.

```
from PyQt5.QAxContainer import *

class Kiwoom(QAxWidget):
    def __init__(self):
        super().__init__()
        print("Kiwoom() class start.")

        self.get_ocx_instance() # OCX 방식을 파이썬에 사용할 수 있게 반환해 주는 함수 실행

    def get_ocx_instance(self):
        self.setControl("KHOPENAPI.KHOpenAPICtrl.1") # 레지스트리에 저장된 API 모듈 불러오기
```

코드를 한 줄씩 살펴보자.

PyQt5의 기능을 가져오는 임포트 문을 보면 QAxContainer 파일에 들어 있는 클래스를 사용하려고 한다. QAxContainer에는 마이크로소프트사에서 제공하는 프로세스를 가지고 화면을 구성하는 데 필요한 기능들이 담겨있다. 이 책에서는 화면을 디자인하지는 않지만, 코딩에 필요한 기능을 가져와야 한다. 필요한 건 QAxContainer에 속해있는 QAxWidget이다.

```
from PyQt5.QAxContainer import *
```

다음과 같이 QAxWidget을 상속받아서 사용한다.

```
class Kiwoom(QAxWidget):
```

상속된 QAxWidget의 __init__에 포함된 변수 및 함수들을 내려받아서 사용하도록 한다. super().__init__()은 QAxWidget.__init__()과 같다고 보면 된다.

```
super().__init__()
```

QAxWidget은 디자인 구성을 컨트롤하고 재사용하는 기능들을 포함한다. 여러 기능 중에서 설치된 API의 모듈을 파이썬에 쓸 수 있도록 해주는 setControl()이라는 함수가 필요하다. 그리고 키움 Open API+는 윈도우에 .ocx 확장자로 저장돼 있다. setControl()은 .ocx 확장자도 파이썬에서 사용할 수 있게 해준다. 그래서 get_ocx_instance()라는 함수 안에 setControl()을 작성할 것이다.

```
self.get_ocx_instance() # OCX 방식을 파이썬에 사용할 수 있게 반환해 주는 함수 실행
```

키움 API를 설치하면 레지스트리(Registry)[5]에 API의 모듈이 등록된다. 그 안에는 ocx[6] 방식으로 구성된 키움과 관련된 여러 가지 정보가 들어있으며, 그 레지스트리의 파일명은 'KHOPENAPI. KHOpenAPICtrl.1'이라고 등록돼 있다. 그래서 등록된 레지스트리를 파이썬에서 제어할 수 있도록 setControl[7] 함수를 사용한다.

```python
def get_ocx_instance(self):
    self.setControl("KHOPENAPI.KHOpenAPICtrl.1") # 레지스트리에 저장된 API 모듈 불러오기
```

최종적으로 파이썬에서 키움 API를 제어할 수 있게 된다. 우선 코드가 정상적으로 동작하는지 확인해보자. 다음과 같이 프로그램이 종료되지 않으면 정상적으로 구동 중인 것이다.

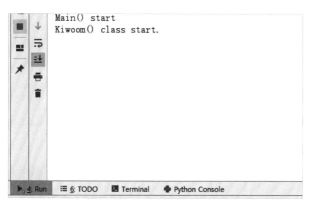

그림 3.19 이벤트 루프 동작

3.2.5. 24시간 자동화 시스템의 동작 원리

이전 절에서는 키움 API를 이용해 프로그램을 만들기 위한 기본적인 설정을 했다. 이제 본격적으로 주식 프로그램을 만들 텐데, 어떻게 24시간 동안 자동화가 이뤄지는지 대략적인 흐름을 살펴보자.

다음 그림은 24시간 운용되는 자동화 시스템의 전체 흐름도이며, 흐름도의 순서대로 프로그래밍을 학습할 예정이다. 지금은 구체적인 학습을 하기 전이라서 어떤 흐름인지 알기 어려울 것이다. 하나씩 배워가기 전에 각 구간이 어떤 역할을 하는지 큰 흐름을 살펴보자. 참고로 더 자세한 알고리즘 도면은 9장에서 볼 수 있다.

---

5 레지스트리 : 윈도우 운영체제에서 사용하기 위한 구성 정보들을 저장해 놓은 공간이다.
6 OCX(OLE Custom eXtension) : 마이크로소프트 윈도우 운영체제에서 실행할 수 있도록 만들어진 특수한 목적의 프로그램이며 확장자명이 ocx이다.
7 setControl : COM(Component Object Model) 객체를 인스턴스화 해주는 함수다. 즉, 키움 Open API를 파이썬에서 사용할 수 있게 만들어 준다.

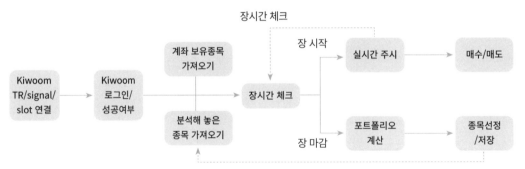

그림 3.20 24시간 동안 운영되는 자동화 시스템의 운영 방식

'Kiwoom TR / signal / slot 연결'은 이벤트 루프에서 배운 시그널, 이벤트, 슬롯을 미리 설정하는 과정이다. 증권 서버에 데이터를 요청하는 이벤트를 통해서 어떤 슬롯에서 결괏값을 받을지 미리 설정한다.

'Kiwoom 로그인 / 성공 여부'에서는 로그인을 진행한다. 계좌 정보와 예수금은 로그인을 해야만 알 수 있고, 거래 또한 로그인을 해야만 가능하다. 증권 계좌에는 이전에 매수해 놓은 종목이 들어 있을 것이다.

'계좌 보유 종목 가져오기'에서는 이러한 종목을 프로그램으로 가져오는 작업을 한다. '분석해 놓은 종목 가져오기'에서는 전날 미리 선정해 놓은 종목을 프로그램으로 가져오는 작업을 한다. 이 책에서 만들 프로그램에서는 다음 날 주시할 종목들을 전날 미리 선정한 다음 파일에 저장해 둔다.

'장시간 체크'에서는 주식장의 시간 상태를 가져온다. 예를 들어 장 시작(09:00), 장시간 외 호가시간(15:20), 장 종료(15:30) 등이 있다. '실시간 주시'에서는 장이 시작(09:00)되면 실시간으로 주식 종목 데이터들을 확인한다.

'매수/매도'에서는 실시간으로 종목 데이터를 분석하고, 매수 및 매도 조건에 맞으면 주문에 들어간다. 그리고 주식장이 끝나면 개인의 분석 방식(이 책에서는 그랜빌의 매수신호 제4법칙을 이용)으로 계산에 들어간다. 여기서 다음 날을 위한 종목들을 미리 선정하는 작업을 한다. 마지막으로 '종목 선정 / 저장'에서는 포트폴리오 분석에서 선정된 종목을 파일로 저장한다.

이처럼 복잡한 과정을 자동으로 매일 반복한다. 하지만 걱정할 필요 없다. 하나씩 구축해 나가면 충분히 이해할 수 있고, 훌륭한 주식 자동 매매 프로그램을 구축할 수 있을 것이다. 그러면 기초부터 하나씩 만들어보자.

계좌 정보 가져오기

주식을 거래하려면 우선은 계좌 정보를 알아야 한다. 따라서 가장 먼저 해야 할 일은 로그인을 진행하고, 계좌 정보를 가져오는 것이다. 그다음 계좌에 들어 있는 예수금을 가져오고, 보유 중인 종목과 체결되지 않은 미체결 종목들을 가져온다. 이번 장에서는 이러한 과정을 로그인부터 단계적으로 학습해보자.

4.1 키움 API로 키움증권에 로그인하기

로그인을 하기에 앞서 3가지 용어를 알아야 한다. 우리가 증권 서버에 요청하는 함수인 '시그널'과, 요청 결과를 어느 함수에서 받을지 지정해주는 '이벤트', 그리고 요청 결과를 받을 함수인 '슬롯'이다. 시그널과 이벤트는 이미 만들어진 함수로서 API로 제공되고, 슬롯 함수만 우리가 만들어서 사용한다. 그러면 로그인 요청과 관련된 시그널, 이벤트 그리고 로그인 처리 결과를 받는 슬롯을 구성해보자.

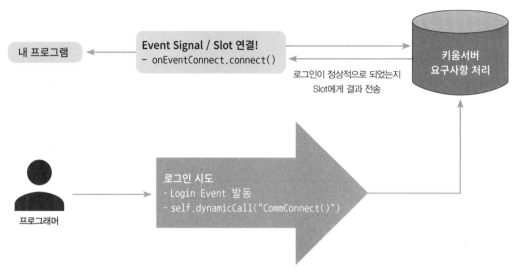

그림 4.1 로그인 도면

로그인 요청에 필요한 시그널 함수는 CommConnect( )이고, 로그인이 정상적으로 이뤄졌는지 결괏값을 받을 함수를 지정하는 이벤트는 OnEventConnect( )이다. 해당 함수들과 자세한 코드 설명은 KOA Studio에서 확인할 수 있다.

증권사에서 제공하는 코드를 설명해놓은 [개발가이드] 탭에서 [로그인 버전처리]를 보면 로그인과 관련된 함수와 이벤트가 나와 있다. 먼저 로그인을 요청하는 시그널은 CommConnect( ) 함수를 사용한다. 그리고 'OnEventConnect'를 사용해서 슬롯과 이벤트를 연결한다. OnEventConnect는 앞에 노란색 아이콘으로 돼 있는데, 이벤트 역할을 하는 함수는 노란색 아이콘으로 구분돼 있다(전부 다 그렇지는 않다).

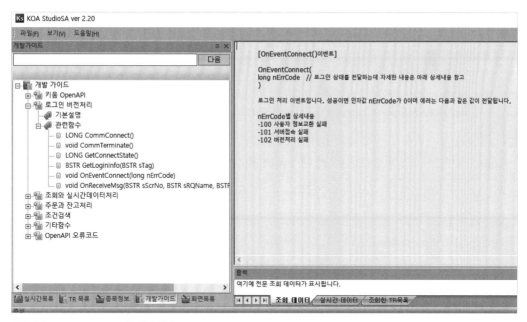

그림 4.2 KOA Studio – 로그인 버전 처리

OnEventConnect의 설명글을 보면 OnEventConnect(long nErrCode)라고 나와 있는데, nErrCode는 슬롯에 전달해줄 요청에 대한 결괏값이다. 그래서 프로그램에서도 슬롯 부분에는 전달받을 변수를 지정해야 한다. 자세한 내용은 코드를 살펴보면서 이해해보자.

추가로 KOA Studio의 설명을 보면 로그인을 요청하는 시그널은 CommConnect( ) 함수를 사용한다.

예제 4.1 로그인을 요청하는 함수　　　　　　　　　　　　　　　　　　　　kiwoom.py → def event_slots()

```python
from PyQt5.QAxContainer import *
from PyQt5.QtCore import *


class Kiwoom(QAxWidget):
    def __init__(self):
        super().__init__()
        print("Kiwoom() class start.")

        ######### 초기 셋팅 함수들 바로 실행
        self.get_ocx_instance()# OCX 방식을 파이썬에 사용할 수 있게 변환해 주는 함수
        self.event_slots() # 키움과 연결하기 위한 시그널 / 슬롯 모음
        self.signal_login_commConnect() # 로그인 요청 함수 포함
```

```
##########################################

… 생략 …

def event_slots(self):
    self.OnEventConnect.connect(self.login_slot) # 로그인 관련 이벤트
```

__init__() 함수에 2개의 함수를 추가했다. event_slots()는 이벤트를 모아 놓는 함수이고, signal_login_commConnect()는 로그인을 요청하는 함수를 포함하고 있는 함수다.

```
self.event_slots() # 키움과 연결하기 위한 시그널 / 슬롯 모음
self.signal_login_commConnect() # 로그인 요청 함수 포함
```

먼저 이벤트들을 모아 놓을 함수가 필요해서 event_slots() 함수를 생성했다. 이 프로그램에는 로그인 이벤트뿐만 아니라 다양한 이벤트가 있다. 따라서 이러한 이벤트를 모아서 관리하기 위해 event_slots() 함수를 만들고 이 함수에서 관리한다. 그리고 로그인을 요청하면 정상적으로 처리됐는지 슬롯 구역에서 확인해야 한다. 그래서 슬롯 구역을 이벤트와 연결해주는 함수를 작성한다.

```
def event_slots(self):
    self.OnEventConnect.connect(self.login_slot) ) # 로그인 관련 이벤트
```

OnEventConnect 함수는 로그인 요청의 결괏값을 받을 함수를 지정하는 이벤트이다. 이벤트.connect(슬롯) 형태로 결괏값을 반환받을 슬롯을 연결한다. connect는 단어의 뜻 그대로 연결한다는 의미이고 self.login_slot 함수를 슬롯으로 사용한다.

self.login_slot 함수를 슬롯으로 사용했으니 해당 슬롯을 만들 차례다. 다음과 같이 로그인 처리 결과를 받을 슬롯을 생성한다.

예제 4.2 로그인 처리 결과를 받을 슬롯   kiwoom.py → def login_slot()

```
… 생략 …

class Kiwoom(QAxWidget):
    def __init__(self):
        super().__init__()
        print("Kiwoom() class start.")
```

손가락 하나 까딱하지 않는 주식 거래 시스템 구축

```
####### event loop를 실행하기 위한 변수 모음
self.login_event_loop = QEventLoop() # 로그인 요청용 이벤트 루프
#######################################

… 생략 …

def login_slot(self, err_code):
    print(errors(err_code)[1])

    #로그인 처리가 완료됐으면 이벤트 루프를 종료한다.
    self.login_event_loop.exit()
```

추가한 코드를 살펴보자.

self.login_event_loop 변수는 로그인을 요청하고 안전하게 완료될 때까지 기다리게 만들기 위한 이벤트 루프 변수다.

```
self.login_event_loop = QEventLoop() # 로그인 요청용 이벤트 루프
```

OnEventConnect 이벤트가 발생하면 결괏값으로 로그인 성공 여부를 포함한 변수(=인자)를 해당 슬롯으로 보내준다. 그리고 그 인자를 err_code라는 변수로 받는다. 그렇다면 어떤 인자를 슬롯으로 보내주는지 어떻게 알 수 있을까? 이 역시 KOA Studio에서 확인할 수 있다.

KOA Studio에서 [개발가이드] – [로그인 버전처리] – [OnEventConnect()]의 설명을 보면 long nErrCode 인자가 전달된다는 것을 알 수 있다. 다른 이벤트들도 슬롯으로 보내주는 인자를 각각 포함하고 있다. 이는 학습을 진행하면서 하나씩 살펴보겠다.

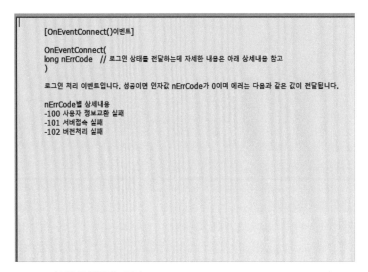

```
[OnEventConnect()이벤트]

OnEventConnect(
long nErrCode   // 로그인 상태를 전달하는데 자세한 내용은 아래 상세내용 참고
)

로그인 처리 이벤트입니다. 성공이면 인자값 nErrCode가 0이며 에러는 다음과 같은 값이 전달됩니다.

nErrCode별 상세내용
-100 사용자 정보교환 실패
-101 서버접속 실패
-102 버전처리 실패
```

그림 4.3 슬롯으로 전달되는 인자

전달받은 err_code가 0이면 로그인에 성공한 것이다. 그리고 에러가 발생했을 때는 다른 에러 코드(숫자)가 전달된다. 이어서 에러 코드를 모아놓을 파일을 만들어보자.

에러 코드는 config 폴더를 생성하고 그 폴더에 errorCode.py를 만든다. 그리고 errCode.py에 딕셔너리 형태로 에러 코드를 모아 놓는다.

그림 4.4 config 폴더와 errorCode.py 파일 생성

로그인과 관련된 에러를 제외한 다른 에러 코드는 7.5.4 절에서 다루는 키움 서버로부터 메시지를 받는 구간에서 확인할 수 있다. 이는 뒤에서 다시 살펴보자.

```python
def errors(err_code):

    err_dic = {0:('OP_ERR_NONE', '정상처리'),
               -10:('OP_ERR_FAIL', '실패'),
               -100:('OP_ERR_LOGIN', '사용자정보교환실패'),
               -101:('OP_ERR_CONNECT', '서버접속실패'),

    … 생략 …

               -310:('OP_ERR_MIS_500CNT_EXC', '주문수량500계약초과'),
               -340:('OP_ERR_ORD_WRONG_ACCTINFO', '계좌정보없음'),
               -500:('OP_ERR_ORD_SYMCODE_EMPTY', '종목코드없음')
               }

    result = err_dic[err_code]

    return result
```

예제 4.3에는 에러 코드의 일부만 게재했다. 전체 소스 코드는 예제 파일의 errorCode.py를 참고하자.

kimoom.py에서는 모아 놓은 에러 코드를 참조할 수 있게 errorCode를 임포트한다.

예제 4.4 에러 코드를 모아놓은 파일 임포트   kiwoom.py

```python
from PyQt5.QAxContainer import *
from PyQt5.QtCore import *
from config.errorCode import *
```

다시 이어서 예제 4.2의 코드를 살펴보자. 다음 코드는 self.login_event_loop 변수인 이벤트 루프를 .exit()으로 종료해주고 있다.

```python
#로그인 처리가 완료됐으면 이벤트 루프를 종료한다.
self.login_event_loop.exit()
```

여기서 사용하는 이벤트 루프는 PyQt5에서 제공하는 이벤트 루프 기능을 사용한 것이다. 3.2 절에서 배운 QApplication 클래스에서 실행한 .exec_( )는 프로그램이 종료되지 않도록 만들기 위한 용도로 실행한 큰 틀의 이벤트 루프였고, 이 이벤트 루프 안에서 동작하는 각 기능을 구현하면서도 필요에 따라 이벤트 루프를 생성해서 데이터의 간섭을 막아야 한다. 그래서 PyQt5에서 제공하는 QEventLoop( ) 클래스를 이용한다.

이전에 .exec_( )로 이벤트 루프를 실행했을 때 프로그램의 동작이 종료되지 않았다. 이는 PyQt5에서 제공하는 이벤트 루프의 특성 때문인데, 이벤트 루프는 진행 중인 처리가 완료될 때까지 다음 코드가 실행되지 않도록 막아주는 기능을 포함한다. 그래서 키움증권 서버에 요청하는 프로세스와 그 밖의 계산 과정이 완료될 때까지 블로킹(Blocking)하는 역할을 한다. 즉, 서버 요청이 완료되지 않은 상태에서 다른 코드가 실행되는 불상사를 사전에 차단하는 것이다.

결과적으로 QEventLoop를 동작시키고, 직접 .exit( )으로 종료해주지 않으면 다음 코드가 실행되지 않는다. 그러므로 이어서 살펴볼 코드에서 로그인 시그널을 요청하고 QEventLoop( ) 클래스를 가져와서 .exec_( )를 동작시키면 로그인을 요청하는 송/수신이 안전하게 완료될 때까지 기다릴 수 있게 된다. 그래서 로그인이 완료되기 전에 다른 코드가 실행되는 오류를 막아주고, 키움 서버 통신과의 네트워크 동시성 처리 안전성이 보장된다.

모든 요청이 정상적으로 이뤄지는 것을 확인하는 슬롯에서 self.login_event_loop.exit( )를 호출하면 QEventLoop는 종료되고 다음 코드가 실행되기 시작한다. 방금 설명한 로그인 시그널을 요청하는 코드를 살펴보자.

예제 4.5 로그인 시그널   kiwoom.py → def signal_login_commConnect()

```
    … 생략 …

class Kiwoom(QAxWidget):
    def __init__(self):
        … 생략 …

    def signal_login_commConnect(self):
        self.dynamicCall("CommConnect()") # 로그인 요청 시그널

        self.login_event_loop.exec_() # 이벤트 루프 실행

    def login_slot(self, err_code):
        print(errors(err_code)[1])
```

```
#로그인 처리가 완료되었으면 이벤트 루프를 종료한다.
self.login_event_loop.exit()
```

먼저 로그인 요청을 담당하는 시그널 구역을 만든다.

```
def signal_login_commConnect(self):
```

그리고 키움 서버에 데이터를 요청하기 위해 다음 함수를 이용한다.

```
self.dynamicCall("CommConnect()") # 로그인 요청 시그널
```

dynamicCall( )은 PyQt5에서 제공하는 함수로, 서버에 데이터를 송수신해주는 기능이 있다. 이 함수는 키움 서버에 데이터를 요청할 때 꼭 필요한 함수여서 요청할 때마다 사용한다.

따라서 이 함수를 통해 키움 서버에 로그인을 요청한다. 이때 인자로는 문자열 타입의 "CommConnect( )" 함수를 전달한다. CommConnect( ) 함수는 로그인을 요청하는 시그널 함수다.

그러면 로그인이 요청되고 시그널의 역할은 끝났기 때문에 다음 코드를 실행하려고 할 것이다. 하지만 로그인이 완료됐다는 결과를 받지 못한 상태라서 다음 코드가 실행되지 않도록 막아야 하며, 동시에 키움 서버에 요청 중인 네트워크 통신이 끊기지 않아야 한다. 이는 앞에서 계속 언급했던 이벤트 루프를 이용해 해결할 수 있다.

이어서 exec_( ) 함수로 이벤트 루프를 실행한다. 이제 로그인 요청이 완료될 때까지 다음 코드가 실행되지 않아서 안전성이 보장된다.

```
self.login_event_loop.exec_() # 이벤트 루프 실행
```

마지막으로 PyQt5에서 제공해주는 QEventLoop( )는 QtCore에 포함돼 있다. 따라서 QtCore를 임포트 해야 한다.

```
from PyQt5.QtCore import *
```

PyQt5.QtCore를 임포트하면 QEventLoop( )를 사용할 수 있다.

지금까지 살펴본 kiwoom.py의 전체 코드는 다음과 같다.

예제 4.6 지금까지 구현한 kiwoom.py의 전체 코드   kiwoom.py

```python
from PyQt5.QAxContainer import *
from PyQt5.QtCore import *
from config.errorCode import *


class Kiwoom(QAxWidget):
    def __init__(self):
        super().__init__()
        print("Kiwoom() class start.")

        ####### event loop를 실행하기 위한 변수 모음
        self.login_event_loop = QEventLoop()
        #######################################

        ######### 초기 셋팅 함수들 바로 실행
        self.get_ocx_instance()# OCX 방식을 파이썬에 사용할 수 있게 변환해 주는 함수
        self.event_slots() # 키움과 연결하기 위한 시그널 / 슬롯 모음
        self.signal_login_commConnect() # 로그인 요청 함수 포함
        #######################################

    def get_ocx_instance(self):
        self.setControl("KHOPENAPI.KHOpenAPICtrl.1") # 레지스트리에 저장된 api 모듈 불러오기

    def event_slots(self):
        self.OnEventConnect.connect(self.login_slot) # 로그인 관련 이벤트

    def signal_login_commConnect(self):
        self.dynamicCall("CommConnect()") # 로그인 요청 시그널

        self.login_event_loop.exec_() # 이벤트 루프 실행

    def login_slot(self, err_code):
        print(errors(err_code)[1])

        #로그인 처리가 완료되었으면 이벤트 루프를 종료한다
        self.login_event_loop.exit()
```

그리고 지금까지 생성한 패키지와 파일의 구조는 다음과 같다.

그림 4.5 지금까지 구축한 프로젝트의 폴더와 파일

4.2 계좌번호 가져오기

로그인을 하면 개인 정보와 관련된 데이터를 요청할 수 있다. 그중에서 가장 먼저 필요한 정보는 계좌와 관련된 정보다. 계좌번호를 요청하고 반환받는 방법은 로그인하는 방법과 거의 유사하다.

예제 4.7 계좌번호 가져오기   kiwoom.py → def get_account_info()

```
 … 생략 …

class Kiwoom(QAxWidget):
    def __init__(self):
        … 생략 …

    def get_account_info(self):
        account_list = self.dynamicCall("GetLoginInfo(QString)", "ACCNO") # 계좌번호 반환
        account_num = account_list.split(';')[0]  # a;b;c → [a, b, c]

        self.account_num = account_num

        print("계좌번호 : %s" % account_num)
```

계좌 정보는 로그인과 다르게 요청하고 결과가 반환될 때까지 대기하지 않아도 된다. 이미 로그인했기 때문에 개인 정보를 바로 얻을 수 있다. 그래서 계좌번호 가져오는 함수를 kiwoom.py의 맨 아래쪽에 작성한다. 몇 번째 줄에 함수를 만들어야 하는지 위치는 중요하지 않지만, 코드를 추가해가는 입장이므로 맨 아래에 추가하면 된다.

먼저 계좌번호를 가져오는 함수를 생성한다.

```
def get_account_info(self):
```

get_account_info( ) 함수 안에 self.dynamicCall( ) 함수가 보이는데, 이 함수는 로그인을 시도할 때 이미 살펴본 함수다. 데이터를 요청할 때 dynamicCall( )은 필수이다.

계좌 정보를 가져올 때는 "GetLoginInfo(QString)" 함수를 이용한다. GetLoginInfo(QString) 함수에 인자로 QString[1]을 지정하고, ACCNO를 가져오겠다고 지정해서 계좌 정보를 가져온다.

```
account_list = self.dynamicCall("GetLoginInfo(QString)", "ACCNO")
```

KOA Studio에서 [개발가이드] – [로그인 버전처리] – [관련함수]의 GetLoginInfo(BSTR sTag)를 보면 ACCNO 외에도 여러 가지 변수가 있다.

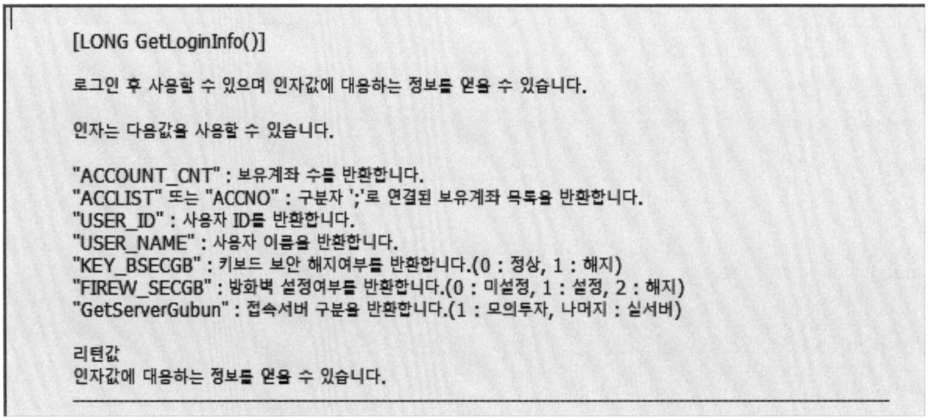

```
[LONG GetLoginInfo()]
로그인 후 사용할 수 있으며 인자값에 대응하는 정보를 얻을 수 있습니다.

인자는 다음값을 사용할 수 있습니다.

"ACCOUNT_CNT" : 보유계좌 수를 반환합니다.
"ACCLIST" 또는 "ACCNO" : 구분자 ';'로 연결된 보유계좌 목록을 반환합니다.
"USER_ID" : 사용자 ID를 반환합니다.
"USER_NAME" : 사용자 이름을 반환합니다.
"KEY_BSECGB" : 키보드 보안 해지여부를 반환합니다.(0 : 정상, 1 : 해지)
"FIREW_SECGB" : 방화벽 설정여부를 반환합니다.(0 : 미설정, 1 : 설정, 2 : 해지)
"GetServerGubun" : 접속서버 구분을 반환합니다.(1 : 모의투자, 나머지 : 실서버)

리턴값
인자값에 대응하는 정보를 얻을 수 있습니다.
```

그림 4.6 KOA Studio – GetLoginInfo()

---

1 QString : QString 타입은 String 타입과 같다. PyQt5는 파이썬 외에 여러 언어에서 통용되기 때문에 통일된 문자열 형태의 타입을 가지기 위해 PyQt5에서 제공하는 QString이 존재한다. 그리고 PyQt5는 문자열을 자동으로 QString으로 변환하는 기능이 있다.

반환받을 수 있는 여러 옵션이 있는데, 이 책에서는 계좌번호만 필요하므로 "ACCLIST" 또는 "ACCNO"만 보자. 두 용어는 같은 데이터를 반환한다. 이때 보유한 계좌가 여러 개이면 ';'으로 구분 지어서 반환된다. 더 자세하게는 계좌가 1개일 때는 '계좌번호;' 형식으로 반환되고, 2개일 때는 '계좌번호1;계좌번호2;' 형태로 반환된다.

따라서 반환받은 계좌번호를 ';'으로 구분하여 리스트에 담고, 첫 번째 요소만 가져와 보자. account_list.split(';')은 account_list에 있는 문자열을 괄호 안에 있는 문자인 ';'를 기준으로 나누고, [계좌1, 계좌2] 형태로 리스트에 담아 반환한다. 이 중 리스트에 첫 번째 계좌만 가져오기 위해 [0]을 붙여 계좌1만 가져온다.

```python
account_num = account_list.split(';')[0]  # a;b;c → [a, b, c]
```

그리고 self.account_num 변수로 지정한다.

```python
self.account_num = account_num
```

마지막으로 계좌번호를 가져오는 함수가 실행되게 init에 올려준다.

예제 4.8 __init__ 함수에 계좌번호 가져오는 함수 추가하기   kiwoom.py

```python
… 생략 …

class Kiwoom(QAxWidget):
    def __init__(self):
        … 생략 …

        ######### 초기 셋팅 함수들 바로 실행
        self.get_ocx_instance() #Ocx 방식을 파이썬에 사용할 수 있게 변환해 주는 함수
        self.event_slots() #키움과 연결하기 위한 시그널 / 슬롯 모음
        self.signal_login_commConnect() #로그인 요청 함수 포함
        self.get_account_info() #계좌번호 가져오기
        #######################################
```

지금까지 구현한 코드를 실행한 결과는 다음과 같다.

정상처리
8128621511

4.3 예수금 정보 가져오기

계좌번호를 가져왔다면 계좌에서 보유하고 있는 예수금 정보를 가져올 수 있다. KOA Studio의 아래에 있는 [TR 목록] 탭을 클릭하면 opt00001, opt100081 ...과 같은 트랜잭션 목록이 나온다. 트랜잭션은 서버에 있는 저장소의 데이터를 반환받는 과정을 의미하고 여기서는 트랜잭션을 TR 또는 tr로 표시한다. 트랜잭션 목록을 자세히 살펴보면 코드 오른쪽에 트랜잭션의 이름이 나와 있다. 이 이름을 보고 필요한 트랜잭션을 찾으면 된다. 이 중에서 예수금 정보를 가져올 수 있는 트랜잭션은 'OPW00001 : 예수금상세현황요청'이다.

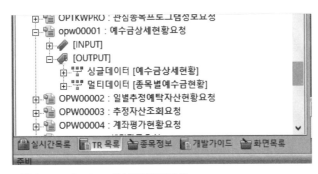

그림 4.7 KOA Studio - 예수금상세현황요청

'opw00001' 왼쪽에 있는 [+] 아이콘을 클릭해 확장한 다음 [OUTPUT]을 보면 '싱글데이터 [예수금상세현황]'과 '멀티데이터 [종목별예수금현황]'이 있다. 싱글데이터는 트랜잭션 요청 한 번으로 조회할 수 있는 데이터를 의미한다. 반대로 멀티데이터는 트랜잭션 요청 한 번으로는 모든 데이터를 받아올 수 없는 데이터를 뜻한다. 예를 들어 계좌에 보유 중인 종목이나 주식의 일봉, 주봉 데이터 등은 멀티데이터이다. 이러한 데이터는 여러 번 반복해서 가져와야 한다. 그래서 다중(=멀티) 조회한다는 의미로 볼 수 있다.

그러므로 이전보다 요청하는 방법이 더 복잡하고, 여러 단계를 거쳐야 한다.

먼저 첫 번째 단계에서 무엇을 요청할 것인지 정보들을 작성한다. 여기에서 작성한 정보들은 dynamicCall을 이용해서 시그널을 보내면 키움 서버는 어떤 요청인지 인식을 한다.

두 번째 단계에서는 계좌번호와 같은 기본적인 정보들을 작성한다. 코드에서는 SetInputValue 함수에 기본적인 정보들을 입력한다.

마지막 단계는 요청하고자 하는 트랜잭션의 코드를 CommRqData 함수에 작성하고, dynamicCall을 이용해 키움 서버로 요청한다. 키움 서버에서는 트랜잭션의 코드를 참조해서 어떤 데이터를 요청하는지 인식하고, 요청한 데이터에 접근하기 위한 계좌번호나 비밀번호가 적혀있는 정보들을 살핀다. 정보가 올바르면 요청 데이터를 찾아서 슬롯으로 전달한다. 그리고 이런 정보들을 작성하는 과정을 '전문을 작성한다'라고 말하며, 앞으로는 '전문'이라고 표기하겠다.

설명으로는 복잡하지만 직접 코드로 구현해보면 생각보다 단순하다. 차근차근 하나씩 진행해보자. 우선 SetInputValue와 CommRqData에 들어가는 내용은 KOA Studio에서 확인할 수 있다.

4.3.1. KOA에서 예수금 싱글데이터 확인하기

KOA Studio에서 트랜잭션 요청의 'opw00001 : 예수금상세현황요청'을 클릭해 보면 오른쪽에 요구사항 작성란이 나온다. 데이터 입력란에 데이터를 넣어서 [조회] 버튼을 클릭하면 결괏값을 미리 확인해 볼 수 있다.

그림 4.8 KOA Studio에서 트랜잭션 요청 내용 입력

그전에 먼저 KOA Studio에서 모의투자 로그인을 해야 한다. 주메뉴에서 [파일] – [Open API 접속]을 클릭한 다음 모의투자에 로그인한다. 처음 로그인할 때에는 업데이트 때문에 다소 시간이 걸릴 수도 있다.

그림 4.9 KOA Studio에서 모의투자 로그인

이어서 그림 4.8에서 살펴본 입력란에 데이터를 하나씩 넣는다. 첫 번째 입력란에는 계좌번호를 입력하고(이전 절에서 실행한 코드에서 출력된 계좌번호를 입력한다), 두 번째 입력란에는 모의투자의 공통 비밀번호인 '0000'을 입력한다. 비밀번호입력매체 구분에는 00을 입력하고, 조회구분은 2(일반조회)를 입력한다. 그러면 KOA Studio의 가운데에 있는 텍스트 설명이 다음 그림과 같이 표시된다.

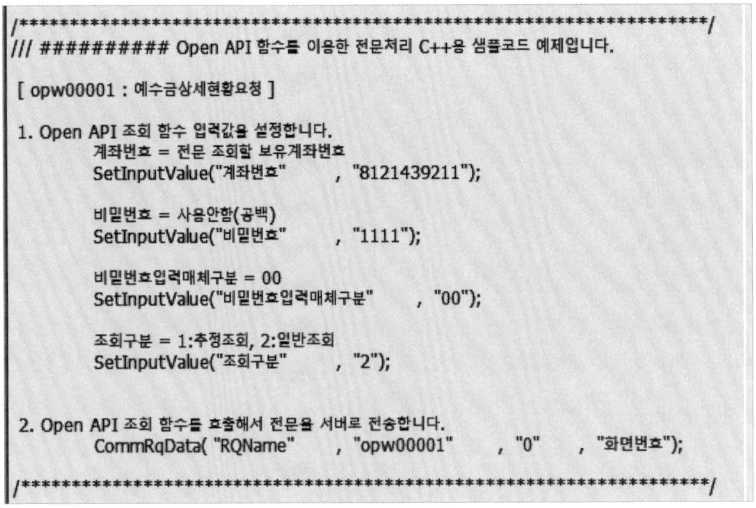

```
/*************************************************************/
/// ########## Open API 함수를 이용한 전문처리 C++용 샘플코드 예제입니다.

  [ opw00001 : 예수금상세현황요청 ]

1. Open API 조회 함수 입력값을 설정합니다.
        계좌번호 = 전문 조회할 보유계좌번호
        SetInputValue("계좌번호"       , "8121439211");

        비밀번호 = 사용안함(공백)
        SetInputValue("비밀번호"       , "1111");

        비밀번호입력매체구분 = 00
        SetInputValue("비밀번호입력매체구분"       , "00");

        조회구분 = 1:추정조회, 2:일반조회
        SetInputValue("조회구분"       , "2");

2. Open API 조회 함수를 호출해서 전문을 서버로 전송합니다.
        CommRqData( "RQName"       , "opw00001"       , "0"       , "화면번호");

/*************************************************************/
```

그림 4.10 KOA Studio에서 트랜잭션 요청 내용 확인

계좌번호, 비밀번호, 비밀번호입력매체구분, 조회구분이 작성했던 데이터 그대로 반영돼서 표시된다. 여기에서 SetInputValue와 CommRqData를 확인할 수 있으며, 파이썬에서 이를 그대로 사용한다.

그리고 요구사항 작성란 위에 있는 [조회] 버튼을 클릭해 보면 다음과 같이 결과를 확인할 수 있다.

그림 4.11 KOA Studio에서 트랜잭션 요청 결과

예수금 외에도 많은 데이터가 출력되며, 결괏값 앞에 '00000000'이 붙어있다. 이러한 형태는 프로그램에서도 똑같이 출력된다. 그러므로 코딩을 하기 전에 어떤 정보를 어떤 형태로 받는지 KOA Studio에서 미리 확인하고 코드를 작성하는 것이 좋다. 미리 확인하지 않고 바로 코드를 작성하면 반환받은 데이터의 형식을 이해하지 못해서 자주 오류를 겪게 되며, 원인을 찾기까지 오랜 시간이 걸릴 수 있다. 그러므로 KOA Studio에서 우선 조회를 해보고, 파이썬 코드로 옮기는 습관을 들이도록 하자.

4.3.2. 예수금 정보 가져오기

kiwoom.py 파일의 가장 아래에 계좌의 상세 정보와 관련된 요구 사항을 작성하고, 이를 요청하는 시그널 코드를 작성한다.

```python
… 생략 …


class Kiwoom(QAxWidget):
    def __init__(self):
        … 생략 …


        ###### event loop를 실행하기 위한 변수 모음
        self.login_event_loop = QEventLoop() #로그인 요청용 이벤트 루프
        #####################################


        ###### 계좌 관련된 변수
        self.account_num = None #계좌번호 담아줄 변수
        self.deposit = 0 #예수금
        self.use_money = 0 #실제 투자에 사용할 금액
        self.use_money_percent = 0.5 #예수금에서 실제 사용할 비율
        self.output_deposit = 0 #출력가능 금액
        #####################################


        ###### 요청 스크린 번호
        self.screen_my_info = "2000" #계좌 관련한 스크린 번호
        #####################################


        ######## 초기 셋팅 함수들 바로 실행
        self.get_ocx_instance() #Ocx 방식을 파이썬에 사용할 수 있게 변환해 주는 함수
        self.event_slots() #키움과 연결하기 위한 시그널 / 슬롯 모음
        self.signal_login_commConnect() #로그인 요청 시그널 포함
        self.get_account_info() #계좌번호 가져오기
        self.detail_account_info() # 예수금 요청 시그널 포함
        #####################################

    … 생략 …


    def detail_account_info(self, sPrevNext="0"):
        self.dynamicCall("SetInputValue(QString, QString)", "계좌번호", self.account_num)
        self.dynamicCall("SetInputValue(QString, QString)", "비밀번호", "0000")
        self.dynamicCall("SetInputValue(QString, QString)", "비밀번호입력매체구분", "00")
        self.dynamicCall("SetInputValue(QString, QString)", "조회구분", "1")
```

```
    self.dynamicCall("CommRqData(QString, QString, int, QString)", "예수금상세현황요청",
"opw00001", sPrevNext, self.screen_my_info)
```

위 코드는 KOA Studio에서 예수금을 조회했던 과정을 파이썬 코드로 작성한 것이다. 한 줄씩 자세하게 살펴보자.

__init__ 함수 마지막 줄에 detail_account_info( )라는 함수를 호출했다. detail_account_info( )는 예수금 요청 시그널을 포함하는 함수다.

```
self.detail_account_info() # 예수금 요청 시그널 포함
```

계좌의 상세 정보를 조회하는 함수를 만들었고, 함수의 인자에 sPrevNext[2]가 보인다. sPrevNext는 4.4.2절에서 자세하게 배울 예정이므로 간단하게 흐름만 살펴보고 넘어가겠다.

```
def detail_account_info(self, sPrevNext="0"):
```

우선 sPrevNext의 초깃값은 "0"으로 설정했으며, 조회할 데이터가 더 있다면 sPrevNext를 "2"로 변경해서 받아야 한다. 예를 들어, 게시판에서 한 페이지에 글을 20개까지만 출력해서 보여주고, 21번부터는 2페이지에 출력해야 한다고 해보자. 이 경우 1페이지에 출력할 글은 sPrevNext를 "0"으로 설정하고 조회한다. 그리고 나서 조회할 글이 더 있다면 sPrevNext를 "2"로 설정한 다음 재요청해서 다음 페이지를 조회한다. 이때 처음 조회는 무조건 sPrevNext를 0으로 설정해야 한다.

키움 API도 이와 비슷하다. 계좌에 보유하고 있는 종목이 25개가 있다고 가정해보자. 키움 서버는 페이지당 보유종목을 최대 20개까지 볼 수 있는데, sPrevNext를 "0"으로 설정해서 1페이지에 있는 종목들을 가져오고, 21번부터는 다음 페이지에 있으므로 sPrevNext를 "2"로 설정한 다음 다시 요청해야 한다. 그래야 나머지 종목 5개를 받아올 수 있다. sPrevNext와 관련한 내용은 4.4.2절에서 더 자세히 다루며, 지금은 예수금만 조회하면 되므로 "0"을 보낸다.

이어서 살펴볼 SetInputValue는 KOA Studio에서 조회할 때 봤던 함수다. SetInputValue는 두 개의 인자를 받으며, 그에 맞춰서 "계좌번호", self.account_num과 같은 형태로 데이터를 할당한다.

```
self.dynamicCall("SetInputValue(QString, QString)", "계좌번호", self.account_num)
self.dynamicCall("SetInputValue(QString, QString)", "비밀번호", "0000")
```

---

2 sPrevNext : "0"은 첫 페이지를 뜻하고 "2"는 다음 페이지를 뜻한다.

```
self.dynamicCall("SetInputValue(QString, QString)", "비밀번호입력매체구분", "00")
self.dynamicCall("SetInputValue(QString, QString)", "조회구분", "1")
```

KOA Studio에서 살펴봤듯이 계좌번호와 비밀번호, 비밀번호입력매체구분, 조회구분까지 필요한 데이터를 SetInputValue에 입력해서 전문을 완성한다.

모의투자는 비밀번호가 0000으로 통일돼 있다. 비밀번호입력매체구분 역시 00으로 통일된 값을 작성하고, 조회구분을 입력한다. 조회구분은 추정조회와 일반조회가 있는데, 모든 거래대금 정산이 이뤄지는 예수금을 얻기 위해 추정조회를 의미하는 "1"을 입력한다.

마지막으로 CommRqData를 보자. 서버로 TR 요청(트랜잭션 요청)을 보낼 때는 CommRqData를 이용하고 인자로는 3개의 String과 1개의 int를 담아서 보낸다.

```
self.dynamicCall("CommRqData(QString, QString, int, QString)", "예수금상세현황요청",
"opw00001", sPrevNext, self.screen_my_info)
```

전달할 인자를 차례대로 확인해보면 다음과 같다. "예수금상세현황요청"은 정해진 게 아니며 원하는 대로 작성하는 요청 이름이다. 이 요청 이름은 내가 무엇을 요청했는지 구분하는 용도로 사용한다. 그리고 결과 데이터를 받는 슬롯에도 요청 이름이 동일하게 반환된다. "opw00001"은 요청하고자 하는 tr 코드(트랜잭션의 코드)다. 어떤 요청인지 식별하는 id로 볼 수 있으며, tr 요청 코드는 KOA Studio에서 확인한다. sPrevNext는 첫 페이지인지 다음 페이지인지 구분 짓는 인자이다. 첫 번째 조회에서는 무조건 sPrevNext를 0으로 설정한다. self.screen_my_info는 스크린 번호(screen number)[3]다. 스크린 번호는 키움 서버에 무언가를 요청할 때 바구니에 담는 개념이라고 생각하면 된다. 그래서 바구니마다 무엇을 요청했는지 기록으로 남으며 요청을 취소할 때도 쓰인다.

이렇게 키움 서버로 트랜잭션을 요청하는 과정이 끝난다. 나머지는 키움 서버의 역할이며 서버에서 데이터 처리가 완료되면 우리한테 데이터를 보내준다.

그러므로 데이터를 받아줄 슬롯이 필요하다. event_slots 함수에 트랜잭션을 위한 이벤트와 슬롯을 추가한다. 트랜잭션을 요청하는 이벤트는 KOA Studio의 [개발가이드] - [조회와 실시간 데이터처리]에 있는 OnReceiveTrData 함수이다. 다음 예제를 살펴보자.

---

3   스크린 번호는 요청 데이터를 그루핑하는 데 필요하며 7.1.3 절에서 자세하게 배운다.

예제 4.10 TR 요청 이벤트 추가하기 kiwoom.py → def event_slots()

```
… 생략 …

class Kiwoom(QAxWidget):
    … 생략 …

    def event_slots(self):
        self.OnEventConnect.connect(self.login_slot) # 로그인 관련 이벤트
        self.OnReceiveTrData.connect(self.trdata_slot) # 트랜잭션 요청 관련 이벤트
```

OnReceiveTrData 이벤트에서 요청 결괏값을 받을 슬롯을 self.trdata_slot으로 지정했다.

```
self.OnReceiveTrData.connect(self.trdata_slot) # 트랜잭션 요청 관련
```

그리고 앞서 살펴본 로그인 요청에서 키움 서버로부터 전달받은 결괏값이 err_code로 들어왔던 것을 기억하는가? 트랜잭션 요청도 반환되는 데이터가 있다.

```
[OnReceiveTrData() 이벤트]

void OnReceiveTrData(
BSTR sScrNo,       // 화면번호
BSTR sRQName,      // 사용자 구분명
BSTR sTrCode,      // TR이름
BSTR sRecordName,  // 레코드 이름
BSTR sPrevNext,    // 연속조회 유무를 판단하는 값 0: 연속(추가조회)데이터 없음, 2:연속(추가조회) 데이터 있음
LONG nDataLength,  // 사용안함.
BSTR sErrorCode,   // 사용안함.
BSTR sMessage,     // 사용안함.
BSTR sSplmMsg      // 사용안함.
)

조회요청 응답을 받거나 조회데이터를 수신했을때 호출됩니다.
조회데이터는 이 이벤트내부에서 GetCommData()함수를 이용해서 얻어올 수 있습니다.
```

그림 4.12 트잭션 요청 후 반환받는 데이터

KOA Studio에서 [개발가이드] - [조회와 실시간 데이터처리]에 있는 OnReceiveTrData를 보면 슬롯으로 반환되는 인자들이 나와 있다. 그중에 전달되는 인자는 sScNo, sRQName, sTrCode, sRecordName, sPrevNext이다. 코드를 보면서 살펴보자.

```
… 생략 …

class Kiwoom(QAxWidget):
    … 생략 …

    def trdata_slot(self, sScrNo, sRQName, sTrCode, sRecordName, sPrevNext):

        if sRQName == "예수금상세현황요청":
            deposit = self.dynamicCall("GetCommData(QString, QString, int, QString)", sTrCode,
sRQName, 0, "예수금")
            self.deposit = int(deposit)

            use_money = float(self.deposit) * self.use_money_percent
            self.use_money = int(use_money)
            self.use_money = self.use_money / 4

            output_deposit = self.dynamicCall("GetCommData(QString, QString, int, QString)",
sTrCode, sRQName, 0, "출금가능금액")
            self.output_deposit = int(output_deposit)

            print("예수금 : %s" % self.output_deposit)

            self.stop_screen_cancel(self.screen_my_info)
```

그림 4.12에서 살펴봤듯이 트랜잭션 요청이 처리된 후 키움 서버로부터 5개의 데이터인 sScrNo(스크린 번호), sRQName(요청이름), sTrCode(Tr코드), sRecordName(사용 안 함), sPrevNext("0" 또는 "2")가 전달된다.

```
def trdata_slot(self, sScrNo, sRQName, sTrCode, sRecordName, sPrevNext):
```

트랜잭션을 요청할 때 전달한 인자들이 그대로 들어오는 것을 볼 수 있으며, sRecordName만 빈 값으로 전달된다.

그리고 트랜잭션을 요청할 때 sRQName을 "예수금상세현황요청"으로 작성했었다.

```
self.dynamicCall("CommRqData(QString, QString, int, QString)", "예수금상세현황요청",
"opw00001", sPrevNext, self.screen_my_info)
```

그래서 키움 서버에서 요청 사항을 처리하고 응답해준 결괏값을 받을 때도 sRQName이 "예수금상세현황요청"으로 반환된다. 따라서 if 문을 이용해서 결괏값을 구분하면 된다.[4]

```
if sRQName == "예수금상세현황요청":
```

dynamicCall은 데이터를 요청할 때마다 쓰이며 GetCommData를 이용해서 전달받은 opw00018의 모든 데이터로부터 원하는 값만 조회를 요청해서 데이터를 꺼내온다. 여기서는 "예수금"을 조회한다.

```
deposit = self.dynamicCall("GetCommData(QString, QString, int, QString)", sTrCode, sRQName, 0,
"예수금")
self.deposit = int(deposit)
```

조회할 수 있는 종목은 KOA Studio에서 싱글데이터 목록을 참조한다. 그러면 KOA Studio에서 조회해본 결과처럼 예수금의 결괏값이 "000000000882939"와 같이 앞에 0이 무수히 많이 붙은 문자열(string) 형태로 출력된다. 이를 int(deposit)과 같이 int( )로 감싸주면 앞에 있던 0은 모두 사라지고 int 형으로 형변환 된다. 그래서 숫자형 882939만 남게 된다.

하지만 모든 예수금을 하나의 종목을 매수하는데 사용하지는 않을 것이므로 사용할 비율을 정한다.

```
use_money = float(self.deposit) * self.use_money_percent
```

다음과 같은 형태의 변수를 __init__( ) 함수에서 미리 선언해 50%만 사용할 수 있게 한다.[5]

```
self.use_money_percent = 0.5
```

그리고 한 종목을 매수할 때 모든 돈을 다 쓰면 안되므로 4종목 이상 매수할 수 있게 use_money를 4로 나눠준다.

```
self.use_money = int(use_money)
self.use_money = self.use_money / 4
```

그다음 다시 GetCommData를 이용해 "출금가능금액"의 데이터도 가져와서 얼마나 출금할 수 있는지도 확인할 수 있다.

---

4 구분해야 하는 이유는 TR 요청은 여러 가지이고 결괏값은 모두 trdata_slot에서 받기 때문이다.
5 차후에 투자할 금액을 산정하는 방법은 개인의 투자 방식을 적용할 필요가 있다.

```
output_deposit = self.dynamicCall("GetCommData(QString, QString, int, QString)", sTrCode,
sRQName, 0, "출금가능금액")
```

그리고 예수금상세현황 요청은 이벤트 루프를 작성하지 않았다. 이벤트 루프를 작성하는 방법은 이벤트 루프에 대해서 더 많이 다루는 4.4절에서 다룬다.

다음은 지금까지 구현한 코드의 출력 결과이다.

프로그램 실행 결과 – 예수금 가져오기 (콘솔창)

```
정상처리
8128621511
예수금상세현황요청
예수금 : 8378627
```

예수금을 가져오는 코드를 모두 구현했다. 결과까지 안전하게 수신했다면 예수금을 요청할 때 넣었던 스크린 번호를 지워야 한다. 스크린 번호를 지우지 않으면 키움에서 해당 스크린 번호를 계속 인식하고 있기 때문에 불필요한 요청인 상태로 남아있게 되기 때문이다. 요청했던 스크린 번호의 연결을 끊을 때는 DisconnectRealData(String) 함수를 사용한다.

예제 4.12 스크린 번호 연결 끊기   kiwoom.py → def stop_screen_cancel()

```
 … 생략 …

class Kiwoom(QAxWidget):
     … 생략 …

    def stop_screen_cancel(self, sScrNo=None):
        self.dynamicCall("DisconnectRealData(QString)", sScrNo) # 스크린 번호 연결 끊기
```

요청한 스크린 번호로 연결을 끊는 함수를 생성했다. trdata_slot 함수에서는 결과를 모두 수신한 다음 self.stop_screen_cancel(sScNo=스크린 번호)를 호출해 연결을 끊는다.

그리고 키움 서버에 트랜잭션 요청을 할 때 가장 중요한 것은 로그인할 때처럼 이벤트 루프를 걸어야 한다는 것이다. 하지만 아직은 이벤트 루프 없이도 정상적으로 잘 동작할 것이다. 그러므로 4.4 절을 학습하다가 오류가 발생하면 그때 오류를 확인하고 수정하자. 지금까지 구현한 kiwoom.py의 전체 코드는 다음과 같다.

```python
from PyQt5.QAxContainer import *
from PyQt5.QtCore import *
from config.errorCode import *


class Kiwoom(QAxWidget):
    def __init__(self):
        super().__init__()
        print("Kiwoom() class start.")

        … 생략 …

        ######### 초기 셋팅 함수들 바로 실행
        self.get_ocx_instance() # OCX 방식을 파이썬에 사용할 수 있게 변환해 주는 함수
        self.event_slots() # 키움과 연결하기 위한 시그널 / 슬롯 모음
        self.signal_login_commConnect() # 로그인 요청 시그널 포함
        self.get_account_info() # 계좌번호 가져오기
        self.detail_account_info() # 예수금 요청 시그널 포함
        #######################################

    … 생략 …

    def detail_account_info(self, sPrevNext="0"):
        self.dynamicCall("SetInputValue(QString, QString)", "계좌번호", self.account_num)
        self.dynamicCall("SetInputValue(QString, QString)", "비밀번호", "0000")
        self.dynamicCall("SetInputValue(QString, QString)", "비밀번호입력매체구분", "00")
        self.dynamicCall("SetInputValue(QString, QString)", "조회구분", "1")
        self.dynamicCall("CommRqData(QString, QString, int, QString)", "예수금상세현황요청",
"opw00001", sPrevNext, self.screen_my_info)

    def trdata_slot(self, sScrNo, sRQName, sTrCode, sRecordName, sPrevNext):

        if sRQName == "예수금상세현황요청":
            deposit = self.dynamicCall("GetCommData(QString, QString, int, QString)", sTrCode,
sRQName, 0, "예수금")
            self.deposit = int(deposit)

            use_money = float(self.deposit) * self.use_money_percent
            self.use_money = int(use_money)
            self.use_money = self.use_money / 4
```

```python
        output_deposit = self.dynamicCall("GetCommData(QString, QString, int, QString)",
sTrCode, sRQName, 0, "출금가능금액")
        self.output_deposit = int(output_deposit)

        print("예수금 : %s" % self.output_deposit)

        self.stop_screen_cancel(self.screen_my_info)

    def stop_screen_cancel(self, sScrNo=None):
        self.dynamicCall("DisconnectRealData(QString)", sScrNo)
```

4.4 계좌에서 계좌평가잔고내역 가져오기

이번에는 트랜잭션 요청 중에서 '계좌평가잔고내역요청'을 이용해 평가잔고내역[6] 데이터를 가져와 보자. 키움 HTS에서 계좌평가잔고내역을 살펴보면 다음과 같다.

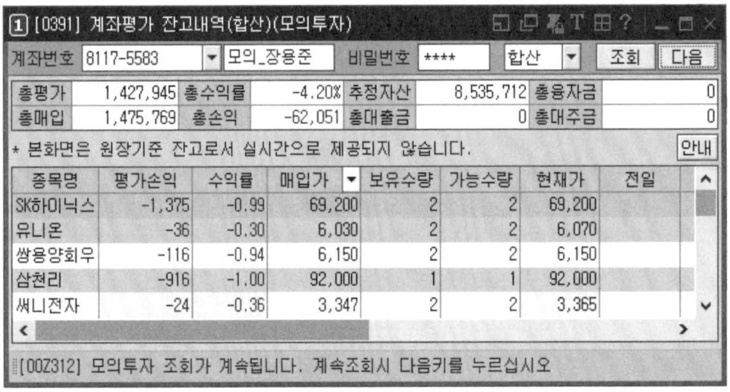

그림 4.13 계좌평가잔고내역

모의투자에서 임의로 사놓은 종목들을 파이썬으로 불러와 보자. 요청 과정은 예수금요청처럼 KOA Studio에 나와 있다.

---

6   계좌의 손익상태 및 보유 중인 종목들의 정보를 제공한다.

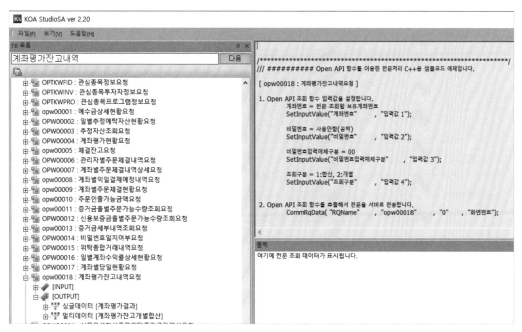

그림 4.14 KOA Studio의 – 계좌평가잔고내역

트랜잭션 요청의 전문은 예수금요청과 모두 같다. 하지만 SetInpuValue에 들어가는 데이터는 각각 다르며, 이는 코드로 확인해보자.

4.4.1. 싱글데이터로 정보 처리하기

싱글데이터는 한 번의 조회로 가져올 수 있는 데이터를 뜻한다. 이번 절에서는 오늘 자로 거래하는 총매입가, 수익률 등의 데이터를 가져와 보자.

예제 4.14 계좌평가 요청   kiwoom.py → def detail_account_mystock()

```
… 생략 …

class Kiwoom(QAxWidget):
    def __init__(self):
        … 생략 …

        ######## 초기 셋팅 함수들 바로 실행
        self.get_ocx_instance() # OCX 방식을 파이썬에 사용할 수 있게 반환해 주는 함수 실행
        self.event_slots() # 키움과 연결하기 위한 시그널 / 슬롯 모음
        self.signal_login_commConnect() # 로그인 요청 함수 포함
        self.get_account_info() #계좌번호 가져오기
```

```
            self.detail_account_info() # 예수금 요청 시그널 포함
            self.detail_account_mystock() #계좌평가잔고내역 가져오기
            #####################################

    def detail_account_mystock(self, sPrevNext="0"):
        self.dynamicCall("SetInputValue(QString, QString)", "계좌번호", self.account_num)
        self.dynamicCall("SetInputValue(QString, QString)", "비밀번호", "0000")
        self.dynamicCall("SetInputValue(QString, QString)", "비밀번호입력매체구분", "00")
        self.dynamicCall("SetInputValue(QString, QString)", "조회구분", "1")
        self.dynamicCall("CommRqData(QString, QString, int, QString)", "계좌평가잔고내역요청",
"opw00018", sPrevNext, self.screen_my_info)
```

예수금을 요청하는 트랜잭션과 계좌평가잔고내역의 트랜잭션 요청을 하는 전문의 형식이 똑같고, 트랜잭션 요청 정보를 처리한 결괏값을 받는 슬롯 부분도 똑같다. 그래서 detail_account_mystock( ) 함수가 실행되도록 __init__( ) 함수 영역에 작성한다. 이어서 결괏값을 받는 슬롯 부분을 보자.

예제 4.15 계좌평가 요청의 슬롯 영역 추가   kiwoom.py → def trdata_slot()

```
… 생략 …

class Kiwoom(QAxWidget):
    … 생략 …

    def trdata_slot(self, sScrNo, sRQName, sTrCode, sRecordName, sPrevNext):

        if sRQName == "예수금상세현황요청":
            deposit = self.dynamicCall("GetCommData(QString, QString, int, QString)", sTrCode,
sRQName, 0, "예수금")
            self.deposit = int(deposit)
            … 생략 …

        elif sRQName == "계좌평가잔고내역요청":

    … 생략 …
```

위 코드의 trdata_slot은 트랜잭션 요청 결과를 받는 슬롯 영역이다. 슬롯 영역에 트랜잭션 요청이 '계좌평가잔고내역요청'인지 구분하는 조건문을 추가했다.

```
elif sRQName == "계좌평가잔고내역요청":
```

해당 조건문에 부합하면 '계좌평가잔고내역' 요청에 대한 결괏값이라는 것을 알 수 있다. 이제 해당 조건문에 안에 싱글데이터를 받는 코드를 추가해보자.

예제 4.16 계좌평가잔고내역의 싱글데이터 받기　　　　　　　　　　　kiwoom.py → def trdata_slot()

```
… 생략 …

class Kiwoom(QAxWidget):
    def __init__(self):
        super().__init__()
        print("Kiwoom() class start.")

        … 생략 …

        ####### 계좌 관련된 변수
        self.account_num = None #계좌번호 담아줄 변수
        self.deposit = 0 #예수금
        self.use_money = 0 #실제 투자에 사용할 금액
        self.use_money_percent = 0.5 #예수금에서 실제 사용할 비율
        self.output_deposit = 0 #출력가능 금액
        self.total_profit_loss_money = 0 #총평가손익금액
        self.total_profit_loss_rate = 0.0 #총수익률(%)
        #####################################

        … 생략 …
    def trdata_slot(self, sScrNo, sRQName, sTrCode, sRecordName, sPrevNext):
        … 생략 …

        elif sRQName == "계좌평가잔고내역요청":
            total_buy_money = self.dynamicCall("GetCommData(QString, QString, int, QString)",
sTrCode, sRQName, 0, "총매입금액") # 출력 : 000000000746100
            self.total_buy_money = int(total_buy_money)
            total_profit_loss_money = self.dynamicCall("GetCommData(QString, QString, int,
QString)", sTrCode, sRQName, 0, "총평가손익금액") # 출력 : 000000000009761
            self.total_profit_loss_money = int(total_profit_loss_money)
            total_profit_loss_rate = self.dynamicCall("GetCommData(QString, QString, int,
QString)", sTrCode, sRQName, 0, "총수익률(%)") # 출력 : 000000001.31
            self.total_profit_loss_rate = float(total_profit_loss_rate)

            print("계좌평가잔고내역요청 싱글데이터 : %s - %s - %s" % (total_buy_money, total_
profit_loss_money, total_profit_loss_rate))

        … 생략 …
```

여기서도 dynamicCall을 이용했고, GetCommData 함수를 이용해 키움 서버로부터 처리되어 전달받은 데이터 중에서 몇 가지를 꺼내온다. 총매입금액은 계좌에 보유 중인 종목의 총 매입된 금액, 총평가손익금액은 계좌에 보유 중인 종목들의 이익 금액, 총수익률(%)은 보유 종목들의 투자금액대비 수익률이다. 거래하는 데 사용되는 데이터는 아니지만, 현재 내 계좌의 상태를 확인하는데 사용하는 데이터들이다.

이때 가져온 데이터를 확인해보면 String 형태로 가져오고 있다. 그래서 각 데이터에 맞게 int 또는 float으로 형변환을 해준다. 이 외에도 원하는 데이터가 있다면 KOA Studio를 참고해서 가져온다.

그리고 총평가손익금액과 총수익률의 변수를 __init__() 함수에 추가한다.

```python
class Kiwoom(QAxWidget):
    def __init__(self):
        super().__init__()
        print("Kiwoom() class start.")

        … 생략 …
        ###### 계좌 관련된 변수
        self.account_num = None #계좌번호 담아줄 변수
        self.deposit = 0 #예수금
        self.use_money = 0 #실제 투자에 사용할 금액
        self.use_money_percent = 0.5 #예수금에서 실제 사용할 비율
        self.output_deposit = 0 #출력가능 금액
        self.total_profit_loss_money = 0 #총평가손익금액
        self.total_profit_loss_rate = 0.0 #총수익률(%)
        ####################################

    … 생략 …
```

그런데 실행을 해보면 '계좌평가잔고내역요청'에 대한 결괏값들이 출력되지 않는다.

그림 4.15 계좌평가잔고내역 부분이 출력되지 않는 문제

에러 메시지는 없는데 이상하게도 계좌평가잔고내역에 대한 결괏값이 출력되지 않는다. 이는 이전부터 계속 언급했던 QEventLoop에 대한 개념 때문이다.

로그인했던 순간을 되짚어 보면 로그인이 다 처리될 때까지 이벤트 루프를 실행해 놓았던 것을 기억하는가? 이벤트 루프를 사용하는 이유는 요청하고 반환되기까지 시간이 걸리므로 다른 코드가 연달아서 실행되는 쓰레드의 간섭을 막기 위해서다.

'계좌평가잔고내역'을 요청하고 결괏값이 반환되지 않았는데, 다음 코드를 실행하려고 해서 이전의 요청과 엉켜버리기 때문에 데이터가 나오지 않는 것이다. 그러므로 요청할 때 QEventLoop를 실행해서 다음 코드의 접근을 일시적으로 막고, 결괏값을 받는 trdata_slot에서 QEventLoop를 종료시킨다.

이를 위해 먼저 __init__에 트랜잭션 요청에 사용할 QEventLoop 변수를 미리 만들어 놓는다.

예제 4.17 TR 요청용 이벤트 루프 추가   kiwoom.py → def __init__()

```
… 생략 …

class Kiwoom(QAxWidget):
    def __init__(self):
        super().__init__()
        print("Kiwoom() class start.")

        ####### event loop를 실행하기 위한 변수 모음
        self.login_event_loop = QEventLoop() # 로그인 요청용 이벤트 루프
        self.detail_account_info_event_loop = None # 예수금 요청용 이벤트 루프
        #####################################

    … 생략 …
```

그리고 다음과 같이 시그널 요청 마지막에 이벤트 루프를 할당한다.

예제 4.18 시그널 요청 마지막에 이벤트 루프 추가   kiwoom.py → def detail_account_mystock()

```
… 생략 …

class Kiwoom(QAxWidget):
    … 생략 …
```

```
    def detail_account_mystock(self, sPrevNext="0"):
        … 생략 …
        self.dynamicCall("SetInputValue(QString, QString)", "조회구분", "1")
        self.dynamicCall("CommRqData(QString, QString, int, QString)", "계좌평가잔고내역요청",
"opw00018", sPrevNext, self.screen_my_info)

        self.detail_account_info_event_loop = QEventLoop()
        self.detail_account_info_event_loop.exec_()

    … 생략 …
```

detail_account_mystock에서 TR 요청을 완료 후에 이벤트 루프를 생성해서 실행한다.

```
self.detail_account_info_event_loop = QEventLoop()
self.detail_account_info_event_loop.exec_()
```

그리고 슬롯 영역에서 다음과 같이 이벤트 루프를 종료시킨다.

예제 4.19 이벤트 루프 종료하기   kiwoom.py → def trdata_slot()

```
    … 생략 …

class Kiwoom(QAxWidget):
    … 생략 …

    def trdata_slot(self, sScrNo, sRQName, sTrCode, sRecordName, sPrevNext):

        if sRQName == "예수금상세현황요청":
            … 생략 …

        elif sRQName == "계좌평가잔고내역요청":
            … 생략 …
            self.stop_screen_cancel(self.screen_my_info)

            self.detail_account_info_event_loop.exit()
```

이제 지금까지 구현한 코드를 실행하면 다음과 같이 결과가 출력된다.

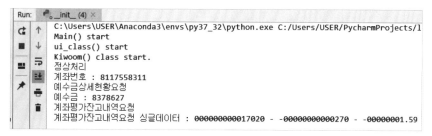

C:\Users\USER\Anaconda3\envs\py37_32\python.exe C:/Users/USER/PycharmProjects/1
Main() start
ui_class() start
Kiwoom() class start.
정상처리
계좌번호 : 8117558311
예수금상세현황요청
예수금 : 8378627
계좌평가잔고내역요청
계좌평가잔고내역요청 싱글데이터 : 000000000017020 - -00000000000270 - -00000001.59

그림 4.16 계좌평가잔고내역의 처리 결과

그리고 예수금요청에도 이벤트 루프를 추가한다. 하지만 시그널에서 QEventLoop( )를 인스턴스화하고 있는데, 이 형태에서는 치명적인 단점이 있다. 이는 4.4.2 절을 학습하면서 알아보자.

4.4.2. 멀티데이터로 보유 종목 정보 처리하기

KOA Studio에서 계좌평가잔고내역을 보면 멀티데이터가 있다.

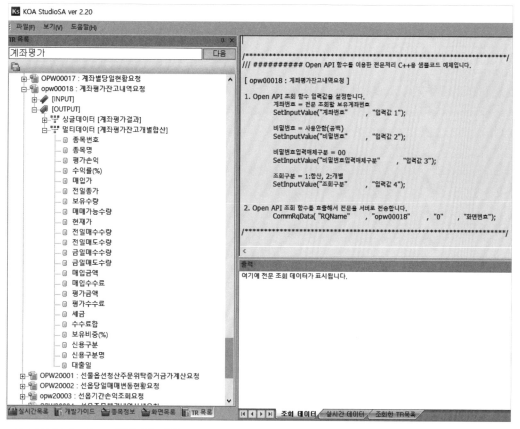

그림 4.17 KOA Studio – 계좌평가잔고내역

멀티데이터 리스트에는 종목번호와 종목명 등의 데이터가 있으며, 이는 각 종목에 대한 데이터들이 다. 계좌평가잔고내역을 요청해보면 다음과 같이 계좌가 가지고 있는 보유 종목들의 현황을 받아올 수 있다.

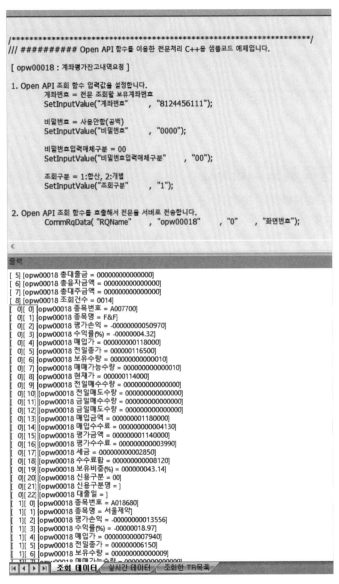

```
/************************************************************/
/// ########## Open API 함수를 이용한 전문처리 C++용 샘플코드 예제입니다.

  [ opw00018 : 계좌평가잔고내역요청 ]

1. Open API 조회 함수 입력값을 설정합니다.
      계좌번호 = 전문 조회할 보유계좌번호
      SetInputValue("계좌번호"      , "8124456111");

      비밀번호 = 사용안함(공백)
      SetInputValue("비밀번호"      , "0000");

      비밀번호입력매체구분 = 00
      SetInputValue("비밀번호입력매체구분"    , "00");

      조회구분 = 1:합산, 2:개별
      SetInputValue("조회구분"        , "1");

2. Open API 조회 함수를 호출해서 전문을 서버로 전송합니다.
      CommRqData( "RQName"      , "opw00018"    , "0"      , "화면번호");
```

출력

```
[  5] [opw00018 총대출금 = 000000000000000]
[  6] [opw00018 총융자금액 = 000000000000000]
[  7] [opw00018 총대주금액 = 000000000000000]
[  8] [opw00018 조회건수 = 0014]
[  0][  0] [opw00018 종목번호 = A007700]
[  0][  1] [opw00018 종목명 = F&F]
[  0][  2] [opw00018 평가손익 = -00000000050970]
[  0][  3] [opw00018 수익률(%) = -00000004.32]
[  0][  4] [opw00018 매입가 = 000000000118000]
[  0][  5] [opw00018 전일종가 = 000000116500]
[  0][  6] [opw00018 보유수량 = 000000000000010]
[  0][  7] [opw00018 매매가능수량 = 000000000000010]
[  0][  8] [opw00018 현재가 = 000000114000]
[  0][  9] [opw00018 전일매수수량 = 000000000000000]
[  0][ 10] [opw00018 전일매도수량 = 000000000000000]
[  0][ 11] [opw00018 금일매수수량 = 000000000000000]
[  0][ 12] [opw00018 금일매도수량 = 000000000000000]
[  0][ 13] [opw00018 매입금액 = 000000001180000]
[  0][ 14] [opw00018 매입수수료 = 000000000004130]
[  0][ 15] [opw00018 평가금액 = 000000001140000]
[  0][ 16] [opw00018 평가수수료 = 000000000003990]
[  0][ 17] [opw00018 세금 = 000000000002850]
[  0][ 18] [opw00018 수수료합 = 000000000008120]
[  0][ 19] [opw00018 보유비중(%) = 000000043.14]
[  0][ 20] [opw00018 신용구분 = 00]
[  0][ 21] [opw00018 신용구분명 = ]
[  0][ 22] [opw00018 대출일 = ]
[  1][  0] [opw00018 종목번호 = A018680]
[  1][  1] [opw00018 종목명 = 서울제약]
[  1][  2] [opw00018 평가손익 = -00000000013556]
[  1][  3] [opw00018 수익률(%) = -00000018.97]
[  1][  4] [opw00018 매입가 = 000000000007940]
[  1][  5] [opw00018 전일종가 = 000000006150]
[  1][  6] [opw00018 보유수량 = 000000000000009]
[  1][  7] [opw00018 매매가능수량 = 000000000000009]
```

　　조회 데이터 　　실시간 데이터 　　조회한 TR목록

그림 4.18 계좌평가잔고내역 조회 결과

조회 데이터 결과를 보면 보유 중인 종목들이 [0][0], [1][0]과 같이 리스트 형식으로 출력된다. 이는 파이썬에서도 똑같이 적용되며 반복적인 조회를 통해서 한 종목씩 받아와야 한다.

이전에 작성했던 계좌평가잔고내역의 슬롯 부분에 다음과 같이 코드를 추가한다. 우선 보유 종목을 가져오기 위해서 몇 개의 종목을 보유하고 있는지 알아야 한다. 보유 종목의 개수를 구하는 데에는 GetRepeatCnt( ) 함수를 이용한다.

예제 4.20 계좌평가잔고내역의 보유 종목 개수 구하기   kiwoom.py → trdata_slot()

```
… 생략 …

class Kiwoom(QAxWidget):
    … 생략 …

    def trdata_slot(self, sScrNo, sRQName, sTrCode, sRecordName, sPrevNext):
        … 생략 …

        if sRQName == "예수금상세현황요청":
            … 생략 …

        elif sRQName == "계좌평가잔고내역요청":
            … 생략 …
            print("계좌평가잔고내역요청 싱글데이터 : %s - %s - %s" % (total_buy_money, total_
profit_loss_money, total_profit_loss_rate))

            rows = self.dynamicCall("GetRepeatCnt(QString, QString)", sTrCode, sRQName)

            self.detail_account_info_event_loop.exit()
```

GetRepeatCnt( ) 요청으로 계좌가 보유하고 있는 종목이 몇 개인지 카운트해 준다. 그리고 보유 종목이 20개를 넘어가도 GetRepeatCnt( )는 20개까지만 카운트를 한다. 예를 들어, 보유 종목이 50개라면 20개를 카운트하고, 다시 20개를 카운트한 다음 나머지 10개를 카운트해야 한다. 그래서 GetRepeat( )을 한 번만 사용해서 받을 수 있는 종목 개수는 20개가 최대이다. 그리고 나서 20개를 for 문으로 반복하면서 보유 종목의 데이터를 하나씩 받을 수 있다.

그리고 이벤트 루프를 종료하는 다음 코드는 가장 마지막에 위치해야 한다.

```
self.detail_account_info_event_loop.exit()
```

이어서 보유 종목을 가져와 보자. 앞서 GetRepeatCnt 함수로 가져온 결괏값을 이용해 보유 종목의 개수만큼 for 문을 반복한다.

예제 4.21 보유 종목 구하기   kiwoom.py → def trdata_slot()

```
… 생략 …

    def trdata_slot(self, sScrNo, sRQName, sTrCode, sRecordName, sPrevNext):
    … 생략 …

        elif sRQName == "계좌평가잔고내역요청":
            … 생략 …
            print("계좌평가잔고내역요청 싱글데이터 : %s - %s - %s" % (total_buy_money, total_
profit_loss_money, total_profit_loss_rate))

            rows = self.dynamicCall("GetRepeatCnt(QString, QString)", sTrCode, sRQName)

            for i in range(rows):
                code = self.dynamicCall("GetCommData(QString, QString, int, QString)", sTrCode,
sRQName, i, "종목번호")
                code = code.strip()[1:]

            self.detail_account_info_event_loop.exit()
```

지금까지는 GetCommData에서 세 번째에 있는 int 인자는 항상 0으로 설정했다(싱글데이터 요청을 보면 항상 0이다). 이번에는 멀티데이터를 처리하는 요청이므로 for 문의 i 변수를 전달해 몇 번째 보유 종목인지 지정한다.

이제 각 보유 종목의 정보를 가져와 보자.

예제 4.22 보유 종목의 정보 가져오기   kiwoom.py → def trdata_slot()

```
… 생략 …

    def trdata_slot(self, sScrNo, sRQName, sTrCode, sRecordName, sPrevNext):
    … 생략 …
```

```
        elif sRQName == "계좌평가잔고내역요청":
            … 생략 …
            print("계좌평가잔고내역요청 싱글데이터 : %s - %s - %s" % (total_buy_money, total_
profit_loss_money, total_profit_loss_rate))

            rows = self.dynamicCall("GetRepeatCnt(QString, QString)", sTrCode, sRQName)

            for i in range(rows):
                code = self.dynamicCall("GetCommData(QString, QString, int, QString)", sTrCode,
sRQName, i, "종목번호")
                code = code.strip()[1:]

                code_nm = self.dynamicCall("GetCommData(QString, QString, int, QString)",
sTrCode, sRQName, i, "종목명")
                stock_quantity = self.dynamicCall("GetCommData(QString, QString, int,
QString)", sTrCode, sRQName, i, "보유수량")
                buy_price = self.dynamicCall("GetCommData(QString, QString, int, QString)",
sTrCode, sRQName, i, "매입가")
                learn_rate = self.dynamicCall("GetCommData(QString, QString, int, QString)",
sTrCode, sRQName, i, "수익률(%)")
                current_price = self.dynamicCall("GetCommData(QString, QString, int, QString)",
sTrCode, sRQName, i, "현재가")
                total_chegual_price = self.dynamicCall("GetCommData(QString, QString, int,
QString)", sTrCode, sRQName, i, "매입금액")
                possible_quantity = self.dynamicCall("GetCommData(QString, QString, int,
QString)", sTrCode, sRQName, i, "매매가능수량")

            self.detail_account_info_event_loop.exit()
```

각 변수의 역할은 다음과 같다. 종목명은 반환되는 종목이름, 보유수량은 계좌에서 현재 보유 중인 종목별 보유 개수를 뜻한다. 매입가는 종목별로 매입한 평균가를 뜻하는데, 예를 들어 '삼성증권'을 1000원에 10개, 1100원에 10개 매수했다면 매입가는 1050원이 된다. 그리고 수익률(%)은 보유한 종목별 수익률 현황, 현재가는 종목의 현재가, 매입금액은 종목별 매입한 총 매수금액, 매매가능수량은 종목별로 현재 매도할 수 있는 수량이다.

가져온 종목들과 정보들은 앞으로 거래하는 데 사용한다. 그러기 위해서는 정보를 담아 놓고 사용할 딕셔너리가 필요하다. 그래서 __init__( ) 함수에 변수 이름이 account_stock_dict인 딕셔너리를 생성하고 __init__( ) 함수에 추가한다.

예제 4.23 __init__()함수에 self.account_stock_dict 변수 추가　　　　　　　　　　kiwoom.py → def __init__()

```
… 생략 …

class Kiwoom(QAxWidget):
    def __init__(self):
        … 생략 …

        ####### 계좌 관련된 변수
        self.account_stock_dict = {}
        self.account_num = None #계좌번호 담아줄 변수
        … 생략 …
        #####################################

… 생략 …
```

그리고 딕셔너리에 해당 종목이 있는지 한 번 더 확인한다.

예제 4.24 보유 종목의 정보가 딕셔너리에 있는지 확인　　　　　　　　　　kiwoom.py → def trdata_slot()

```
    … 생략 …

    def trdata_slot(self, sScrNo, sRQName, sTrCode, sRecordName, sPrevNext):
    … 생략 …

        elif sRQName == "계좌평가잔고내역요청":
            … 생략 …

            for i in range(rows):
                … 생략 …
                total_chegual_price = self.dynamicCall("GetCommData(QString, QString, int,
QString)", sTrCode, sRQName, i, "매입금액")
                possible_quantity = self.dynamicCall("GetCommData(QString, QString, int,
QString)", sTrCode, sRQName, i, "매매가능수량")
```

```
                print("종목번호: %s - 종목명: %s - 보유수량: %s - 매입가:%s - 수익률: %s - 현재
    가: %s" % (code, code_nm, stock_quantity, buy_price, learn_rate, current_price))

            if code in self.account_stock_dict:
                pass
            else:
                self.account_stock_dict[code] = {}
```

마지막으로 앞서 반환받은 데이터의 타입을 변경해서 딕셔너리의 키에 맞게 업데이트한다.

예제 4.25 **보유 종목 정보를 딕셔너리에 업데이트**   kiwoom.py → def trdata_slot()

```
… 생략 …

  def trdata_slot(self, sScrNo, sRQName, sTrCode, sRecordName, sPrevNext):
      … 생략 …

      elif sRQName == "계좌평가잔고내역요청":
          … 생략 …

          for i in range(rows):
              … 생략 …

              if code in self.account_stock_dict:
                  pass
              else:
                  self.account_stock_dict[code] = {}

              code_nm = code_nm.strip()
              stock_quantity = int(stock_quantity.strip())
              buy_price = int(buy_price.strip())
              learn_rate = float(learn_rate.strip())
              current_price = int(current_price.strip())
              total_chegual_price = int(total_chegual_price.strip())
              possible_quantity = int(possible_quantity.strip())

              self.account_stock_dict[code].update({"종목명": code_nm})
              self.account_stock_dict[code].update({"보유수량": stock_quantity})
              self.account_stock_dict[code].update({"매입가": buy_price})
              self.account_stock_dict[code].update({"수익률(%)": learn_rate})
              self.account_stock_dict[code].update({"현재가": current_price})
```

```
self.account_stock_dict[code].update({"매입금액": total_cheugal_price})
self.account_stock_dict[code].update({"매매가능수량": possible_quantity})
```

하지만 키움 HTS에서 계좌평가 잔고내역의 출력 결과를 보면 알겠지만, 보유한 종목이 많더라도 종목을 20개까지만 보여준다.

그림 4.19 보유 종목이 20개 이상일 때 활성화되는 다음 버튼

그림 4.19에서 가장 마지막에 있는 종목은 '신화인터텍'이라는 종목이다. 이 종목이 20번째 종목이라서 여기까지만 보여준다.

보유한 계좌가 20개가 넘는다면 [다음] 버튼이 활성화된다. 한 페이지에 보여줄 수 있는 종목이 20개이기 때문이다. 그래서 [다음] 버튼을 누르면 21번째 종목부터 추가로 표시된다.

그림 4.20 [다음] 버튼을 클릭하면 추가로 다음 종목이 출력됨

[다음] 버튼을 클릭하면 기존에 출력된 목록 아래에 추가로 종목이 더 출력된다. 그러고 나면 [다음] 버튼이 비활성화되는데, 더 이상 존재하는 종목이 없기 때문이다.

다시 코드를 살펴보자. 한 페이지마다 최대로 조회할 수 있는 종목은 20개로 정해져 있고, 다음 페이지가 있는지는 슬롯에 전달된 sPrevNext를 통해 알 수 있다.

```
def trdata_slot(self, sScrNo, sRQName, sTrCode, sRecordName, sPrevNext):
```

처음 TR 요청을 할 때 sPrevNext를 "0"으로 설정했어도 다음 페이지가 있다면 "2"가 전달된다. 더 이상 데이터가 없다면 "0" 또는 빈 값이 전달돼서 마지막 페이지라는 것을 알 수 있다.

예제 4.26 가져올 데이터가 더 있는지 확인   kiwoom.py → def trdata_slot()

```
… 생략 …

    def trdata_slot(self, sScrNo, sRQName, sTrCode, sRecordName, sPrevNext):
    … 생략 …

        elif sRQName == "계좌평가잔고내역요청":
            … 생략 …

            for i in range(rows):
                … 생략 …
                self.account_stock_dict[code].update({"매입금액": total_chegual_price})
                self.account_stock_dict[code].update({'매매가능수량': possible_quantity})

            print("sPreNext : %s" % sPrevNext)
            print("계좌에 가지고 있는 종목은 %s " % rows)

            if sPrevNext == "2":
                self.detail_account_mystock(sPrevNext="2")
            else:
                self.detail_account_info_event_loop.exit()  ← 기존에 있던 코드를 else 문 안으로 옮깁니다
```

if 조건문을 이용해서 다음 페이지가 있는지 확인한다. 다음 페이지가 있다면 setInputValue 요청 전문의 sPrevNext를 "2"로 설정하고, 조회 전문을 키움 서버에 요청한다.

```
if sPrevNext == "2":
    self.detail_account_mystock(sPrevNext="2")
```

만약 다음 페이지가 없다면(sPreNext가 2가 아니라면) 이벤트 루프를 종료시켜 나머지 코드가 이어서 실행되게 한다.

```
else:
    self.detail_account_info_event_loop.exit()
```

하지만 지금까지 구현한 코드를 실행해보면 여전히 20개까지만 출력되고 다음 페이지가 불러와 지지 않는 오류가 발생한다.

해당 오류는 시그널을 요청하는 함수에서 QEventLoop( ) 클래스를 인스턴스화하기 때문이다. 무슨 말인지 이해하기 어려울 것이다. 다음 코드를 통해 살펴보자.

예제 4.27 계좌평가잔고내역의 시그널 함수   kiwoom.py → def deteail_account_mystock()

```
… 생략 …

class Kiwoom(QAxWidget):
    … 생략 …

    def detail_account_mystock(self, sPrevNext="0"):
        self.dynamicCall("SetInputValue(QString, QString)", "계좌번호", self.account_num)
        self.dynamicCall("SetInputValue(QString, QString)", "비밀번호", "0000")
        self.dynamicCall("SetInputValue(QString, QString)", "비밀번호입력매체구분", "00")
        self.dynamicCall("SetInputValue(QString, QString)", "조회구분", "1")
        self.dynamicCall("CommRqData(QString, QString, int, QString)", "계좌평가잔고내역요청",
"opw00018", sPrevNext, self.screen_my_info)

        self.detail_account_info_event_loop = QEventLoop()    ← 오류발생!
        self.detail_account_info_event_loop.exec_()

    … 생략 …
```

위 코드는 오류가 발생하는 부분이다. 다음 페이지가 있으면 계좌평가잔고내역(opw00018)을 sPrevNext = "2"로 전달해서 재요청하게 된다. 하지만 이전에 실행했던 이벤트 루프가 계속 동작하고 있는 상태인데, 이벤트 루프 QEventLoop( )를 새로 생성해서 덮어씌우려고 하므로 이전에 실행 중이던 코드와 충돌하게 된다 .

즉, 이벤트 루프가 종료되지 않은 시점에 detail_account_info_event_loop에 새로운 이벤트 루프가 다시 생성돼서 쓰레드 오류가 발생하게 된다. 따라서 다음과 같이 QEventLoop( )를 전역변수로 선언한다.

··· 생략 ···

```python
class Kiwoom(QAxWidget):
    def __init__(self):
        super().__init__()
        print("Kiwoom() class start.")

        ###### event loop를 실행하기 위한 변수 모음
        self.login_event_loop = QEventLoop()
        self.detail_account_info_event_loop = QEventLoop()   ← 이벤트 루프를 전역변수로 선언
        ####################################

        ··· 생략 ···
```

그리고 계좌평가잔고내역을 요청하는 시그널 부분에서는 다음과 같이 이벤트 루프를 실행만 해준다.

··· 생략 ···

```python
class Kiwoom(QAxWidget):
    ··· 생략 ···

    def detail_account_mystock(self, sPrevNext="0"):

        self.dynamicCall("SetInputValue(QString, QString)", "계좌번호", self.account_num)
        self.dynamicCall("SetInputValue(QString, QString)", "비밀번호", "0000")
        self.dynamicCall("SetInputValue(QString, QString)", "비밀번호입력매체구분", "00")
        self.dynamicCall("SetInputValue(QString, QString)", "조회구분", "1")
        self.dynamicCall("CommRqData(QString, QString, int, QString)", "계좌평가잔고내역요청",
"opw00018", sPrevNext, self.screen_my_info)

        self.detail_account_info_event_loop = QEventLoop()
        self.detail_account_info_event_loop.exec_()   ← 이벤트 루프를 실행만 해준다.
        ··· 생략 ···
```

그리고 다시 실행해보면 다음과 같이 정상적으로 출력되는 모습을 볼 수 있다.

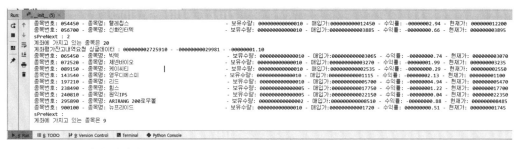

그림 4.21 보유종목 가져오기 실행 결과

처음에는 20개의 종목을 가져오고 다음 페이지가 존재하므로 sPreNext에 "2"가 전송된다. 다시 나머지 종목 9개를 가져오고, 더 이상 요청할 페이지가 없어서 sPreNext는 빈 값으로 전송된다.

그리고 4.3절에의 예수금상세현황요청에서는 이벤트 루프를 작성하지 않았었다. 그래서 차후에 오류가 발생할 수도 있기 때문에 전역변수로 만든 self.detail_account_info_event_loop를 예수금상세현황요청에서도 사용하도록 추가한다.

예제 4.30 예수금상세현황요청 후에 이벤트 루프 실행하기　　　　　　　kiwoom.py → def detail_account_info()

… 생략 …

```python
    def detail_account_info(self, sPrevNext="0"):
        self.dynamicCall("SetInputValue(QString, QString)", "계좌번호", self.account_num)
        self.dynamicCall("SetInputValue(QString, QString)", "비밀번호", "0000")
        self.dynamicCall("SetInputValue(QString, QString)", "비밀번호입력매체구분", "00")
        self.dynamicCall("SetInputValue(QString, QString)", "조회구분", "1")
        self.dynamicCall("CommRqData(QString, QString, int, QString)", "예수금상세현황요청",
"opw00001", sPrevNext, self.screen_my_info)

        self.detail_account_info_event_loop.exec_()
```

　　… 생략 …

그리고 슬롯에서는 self.detail_account_info_event_loop를 종료한다. 그러면 예수금상세현황요청과 계좌평가잔고내역 요청이 안전하게 동작하도록 구성된다.

··· 생략 ···

```python
def trdata_slot(self, sScrNo, sRQName, sTrCode, sRecordName, sPrevNext):
    if sRQName == "예수금상세현황요청":
        ··· 생략 ···
        print("예수금 : %s" % self.output_deposit)

        self.stop_screen_cancel(self.screen_my_info)

        self.detail_account_info_event_loop.exit()
··· 생략 ···
```

지금까지 구현한 전체 코드는 다음과 같다.

예제 4.32 계좌평가잔고내역 가져오기를 포함한 전체 코드　　　　　　　　　　　　　kiwoom.py

```python
from PyQt5.QAxContainer import *
from PyQt5.QtCore import *
from config.errorCode import *


class Kiwoom(QAxWidget):
    def __init__(self):
        super().__init__()
        print("Kiwoom() class start.")

        ··· 생략 ···

        ######## 초기 셋팅 함수들 바로 실행
        self.get_ocx_instance() #Ocx 방식을 파이썬에 사용할 수 있게 변환해 주는 함수
        self.event_slots() #키움과 연결하기 위한 시그널 / 슬롯 모음
        self.signal_login_commConnect() #로그인 요청 시그널 포함
        self.get_account_info() #계좌번호 가져오기

        self.detail_account_info() #예수금 가져오기
        self.detail_account_mystock() #계좌평가잔고내역 가져오기
        #####################################

    def get_ocx_instance(self):
        self.setControl("KHOPENAPI.KHOpenAPICtrl.1")

    ··· 생략 ···
```

```python
    def detail_account_mystock(self, sPrevNext="0"):
        self.dynamicCall("SetInputValue(QString, QString)", "계좌번호", self.account_num)
        self.dynamicCall("SetInputValue(QString, QString)", "비밀번호", "0000")
        self.dynamicCall("SetInputValue(QString, QString)", "비밀번호입력매체구분", "00")
        self.dynamicCall("SetInputValue(QString, QString)", "조회구분", "1")
        self.dynamicCall("CommRqData(QString, QString, int, QString)", "계좌평가잔고내역요청",
"opw00018", sPrevNext, self.screen_my_info)

        self.detail_account_info_event_loop.exec_()

    def trdata_slot(self, sScrNo, sRQName, sTrCode, sRecordName, sPrevNext):

        … 생략 …

        elif sRQName == "계좌평가잔고내역요청":
            total_buy_money = self.dynamicCall("GetCommData(QString, QString, int, QString)",
sTrCode, sRQName, 0, "총매입금액")
            self.total_buy_money = int(total_buy_money)
            total_profit_loss_money = self.dynamicCall("GetCommData(QString, QString, int,
QString)", sTrCode, sRQName, 0, "총평가손익금액")
            self.total_profit_loss_money = int(total_profit_loss_money)
            total_profit_loss_rate = self.dynamicCall("GetCommData(QString, QString, int,
QString)", sTrCode, sRQName, 0, "총수익률(%)")
            self.total_profit_loss_rate = float(total_profit_loss_rate)

            print("계좌평가잔고내역요청 싱글데이터 : %s - %s - %s" % (total_buy_money, total_
profit_loss_money, total_profit_loss_rate))

            rows = self.dynamicCall("GetRepeatCnt(QString, QString)", sTrCode, sRQName)

            for i in range(rows):
                code = self.dynamicCall("GetCommData(QString, QString, int, QString)", sTrCode,
sRQName, i, "종목번호")  # 출력 : A039423 // 알파벳 A는 장내주식, J는 ELW종목, Q는 ETN종목
                code = code.strip()[1:]

                code_nm = self.dynamicCall("GetCommData(QString, QString, int, QString)", sTr-
Code, sRQName, i, "종목명")  # 출력 : 한국기업평가
                stock_quantity = self.dynamicCall("GetCommData(QString, QString, int,
QString)", sTrCode, sRQName, i, "보유수량")  # 보유수량 : 000000000000010
                buy_price = self.dynamicCall("GetCommData(QString, QString, int, QString)",
sTrCode, sRQName, i, "매입가")  # 매입가 : 000000000054100
                learn_rate = self.dynamicCall("GetCommData(QString, QString, int, QString)",
sTrCode, sRQName, i, "수익률(%)")  # 수익률 : -000000001.94
```

```python
            current_price = self.dynamicCall("GetCommData(QString, QString, int, QString)",
sTrCode, sRQName, i, "현재가")  # 현재가 : 000000003450
            total_chegual_price = self.dynamicCall("GetCommData(QString, QString, int,
QString)", sTrCode, sRQName, i, "매입금액")
            possible_quantity = self.dynamicCall("GetCommData(QString, QString, int,
QString)", sTrCode, sRQName, i, "매매가능수량")

            print("종목번호: %s - 종목명: %s - 보유수량: %s - 매입가:%s - 수익률: %s - 현재
가: %s" % (code, code_nm, stock_quantity, buy_price, learn_rate, current_price))

            if code in self.account_stock_dict:  # dictionary 에 해당 종목이 있나 확인
                pass
            else:
                self.account_stock_dict[code] = {}

            code_nm = code_nm.strip()
            stock_quantity = int(stock_quantity.strip())
            buy_price = int(buy_price.strip())
            learn_rate = float(learn_rate.strip())
            current_price = int(current_price.strip())
            total_chegual_price = int(total_chegual_price.strip())
            possible_quantity = int(possible_quantity.strip())

            self.account_stock_dict[code].update({"종목명": code_nm})
            self.account_stock_dict[code].update({"보유수량": stock_quantity})
            self.account_stock_dict[code].update({"매입가": buy_price})
            self.account_stock_dict[code].update({"수익률(%)": learn_rate})
            self.account_stock_dict[code].update({"현재가": current_price})
            self.account_stock_dict[code].update({"매입금액": total_chegual_price})
            self.account_stock_dict[code].update({'매매가능수량': possible_quantity})

        print("sPreNext : %s" % sPrevNext)
        print("계좌에 가지고 있는 종목은 %s " % rows)

        if sPrevNext == "2":
            self.detail_account_mystock(sPrevNext="2")
        else:
            self.detail_account_info_event_loop.exit()

    def stop_screen_cancel(self, sScrNo=None):
        self.dynamicCall("DisconnectRealData(QString)", sScrNo)
```

그리고 다음 그림은 TR 요청과 연속 조회의 전체 흐름을 한눈에 파악할 수 있게 그려놓은 도면이다.

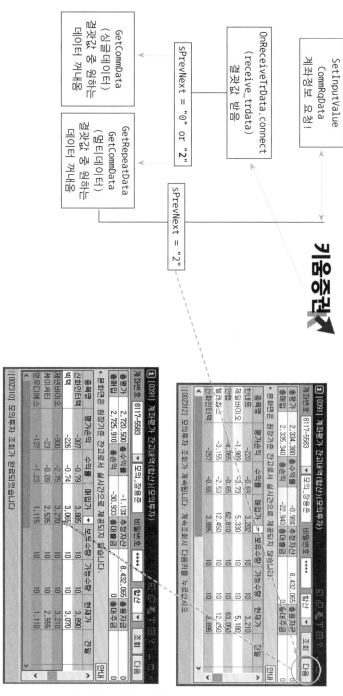

그림 4.22 TR 요청과 연속 조회의 전체 흐름도

계좌에서 미체결 종목 가져오기

이번 절에서는 계좌에서 체결되지 않은 미체결 종목을 가져와 보자. 미체결 종목은 매수/매도는 했지만, 아직 거래되지 않은 종목들을 뜻한다. 전체적인 과정은 4.4.2절에서 살펴본 '멀티데이터로 보유 종목 정보 처리하기'와 같다. 다만 요청 전문 몇 개만 바꿔주면 된다.

4.5.1. 미체결 종목 가져오기

우선 미체결 구성이 꼭 필요한 것은 아니다. 미체결에 대한 정보는 장이 종료되면 키움증권 자체에서 자동으로 취소된다. 종료까지 체결되지 않으면 자동으로 취소되기 때문에 꼭 필요한 부분은 아니다.

하지만 프로그램을 중간에 다시 시작해야 하는 상황인데, 중간에 미체결 정보가 있을 수도 있다. 이러한 상황일 때는 이어서 거래를 해야 하므로 미체결 정보를 가져올 필요가 있다.

HTS에서 미체결 종목을 조회해보자.

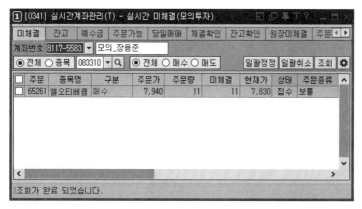

그림 4.23 HTS에서 미체결 종목 확인

미체결 종목을 가져오기 위한 not_concluded_account( ) 함수를 추가하고 다음과 같이 코드를 작성한다.

예제 4.33 **미체결 종목 요청 부분**   kiwoom.py → def not_concluded_account()

```
from PyQt5.QAxContainer import *
from PyQt5.QtCore import *
from config.errorCode import *
```

```
from PyQt5.QtTest import *

class Kiwoom(QAxWidget):
    … 생략 …

    def detail_account_mystock(self, sPrevNext="0"):
        … 생략 …

    def not_concluded_account(self, sPrevNext="0"):
        print("미체결 종목 요청")

        self.dynamicCall("SetInputValue(QString, QString)", "계좌번호", self.account_num)
        self.dynamicCall("SetInputValue(QString, QString)", "체결구분", "1")
        self.dynamicCall("SetInputValue(QString, QString)", "매매구분", "0")
        self.dynamicCall("CommRqData(QString, QString, int, QString)", "실시간미체결요청",
"opt10075", sPrevNext, self.screen_my_info)

        self.detail_account_info_event_loop.exec_()

    … 생략 …
```

SetInputValue를 미체결 요청 사항에 맞게 수정했으며, sRQName과 sTrCode도 미체결 요청에 맞춰서 전송했을 뿐 다른 부분은 모두 앞에서 살펴본 것과 같다.

이어서 슬롯 영역(trdata_slot)에 다음과 같이 실시간미체결요청 조건문을 추가한다.

예제 4.34 미체결 종목 요청 결과를 받기 위한 슬롯 영역   kiwoom.py → def trdata_slot()

```
    … 생략 …

class Kiwoom(QAxWidget):
    … 생략 …

    def trdata_slot(self, sScrNo, sRQName, sTrCode, sRecordName, sPrevNext):
        … 생략 …
            print("sPreNext : %s" % sPrevNext)
            print("계좌에 가지고 있는 종목은 %s " % rows)
```

```
                if sPrevNext == "2":
                    self.detail_account_mystock(sPrevNext="2")
                else:
                    self.detail_account_info_event_loop.exit()

        elif sRQName == "실시간미체결요청":
            rows = self.dynamicCall("GetRepeatCnt(QString, QString)", sTrCode, sRQName)

            for i in range(rows):
                code = self.dynamicCall("GetCommData(QString, QString, int, QString)", sTrCode,
 sRQName, i, "종목코드")
```

전체적인 코드는 계좌평가잔고내역을 요청하는 코드와 같다. GetRepeatCnt를 이용해서 미체결 종목
이 몇 개인지 카운트한다. 미체결 요청에서는 100개까지 카운트해준다.

그리고 반환받은 데이터를 다음과 같이 GetCommData를 이용해 가져온다.

예제 4.35 미체결 종목 요청의 데이터 반환   kiwoom.py → def trdata_slot()

```
 … 생략 …

class Kiwoom(QAxWidget):
    … 생략 …

    def trdata_slot(self, sScrNo, sRQName, sTrCode, sRecordName, sPrevNext):
        … 생략 …

        elif sRQName == "실시간미체결요청":
            rows = self.dynamicCall("GetRepeatCnt(QString, QString)", sTrCode, sRQName)

            for i in range(rows):
                code = self.dynamicCall("GetCommData(QString, QString, int, QString)", sTrCode,
 sRQName, i, "종목코드")

                code_nm = self.dynamicCall("GetCommData(QString, QString, int, QString)",
 sTrCode, sRQName, i, "종목명")
                order_no = self.dynamicCall("GetCommData(QString, QString, int, QString)",
 sTrCode, sRQName, i, "주문번호")
```

```
            order_status = self.dynamicCall("GetCommData(QString, QString, int, QString)",
sTrCode, sRQName, i, "주문상태")  # 접수,확인,체결
                order_quantity = self.dynamicCall("GetCommData(QString, QString, int,
QString)", sTrCode, sRQName, i, "주문수량")
                order_price = self.dynamicCall("GetCommData(QString, QString, int, QString)",
sTrCode, sRQName, i, "주문가격")
                order_gubun = self.dynamicCall("GetCommData(QString, QString, int, QString)",
sTrCode, sRQName, i, "주문구분")  # -매도, +매수, -매도정정, +매수정정
                not_quantity = self.dynamicCall("GetCommData(QString, QString, int, QString)",
sTrCode, sRQName, i, "미체결수량")
                ok_quantity = self.dynamicCall("GetCommData(QString, QString, int, QString)",
sTrCode, sRQName, i, "체결량")

    … 생략 …
```

각 변수의 역할은 다음과 같다.

- **주문번호**: 종목을 주문하면 주어지는 번호로, 6자리의 중복되지 않는 고유 번호다. 주문번호는 어떤 주문을 넣었는지 식별하는 용도로 사용한다. 7.4절과 7.5절에서 상세하게 배울 예정이며, 지금은 종목을 매매할 때 부여되는 번호로 기억하면 된다.

- **주문상태**: 종목을 주문하면 '접수'에서 '확인'을 거쳐 다른 투자자들로부터 '체결'이 이뤄지는데, 접수, 확인, 체결 중에 어떤 상태인지 보여준다.

- **주문수량**: 주문한 수량을 말한다. '삼성전자'를 10개 주문했다면 주문수량은 10이 된다.

- **주문구분**: 주식 매매의 주문 종류를 뜻한다. 매매에는 6가지의 주문이 있다. 종목을 사기 위한 신규매수, 종목을 팔기 위한 신규매도, 매수 넣었던 가격 및 수량을 수정해서 다시 주문하는 정정매수, 매도 넣었던 가격 및 수량을 수정해서 다시 주문하는 정정매도, 매수 넣었던 주문을 취소하는 매수취소 그리고 매도 넣었던 주문을 취소하는 매도취소이다.

- **미체결수량**: 매수/매도 주문을 했지만, 체결되지 않아서 남아 있는 주문 수량이다.

- **체결량**: 주문이 체결된 수량이다.

위 변수 외에도 여러 변수가 있으며, 본인의 스타일에 맞게 구성하는 훈련이 필요하다.

이어서 반환된 각 변수의 형을 변환한다.

```
… 생략 …

class Kiwoom(QAxWidget):
    … 생략 …

    def trdata_slot(self, sScrNo, sRQName, sTrCode, sRecordName, sPrevNext):
        … 생략 …

        if sRQName == "실시간미체결요청":
            … 생략 …
                not_quantity = self.dynamicCall("GetCommData(QString, QString, int, QString)",
sTrCode, sRQName, i, "미체결수량")
                ok_quantity = self.dynamicCall("GetCommData(QString, QString, int, QString)",
sTrCode, sRQName, i, "체결량")

                code = code.strip()
                code_nm = code_nm.strip()
                order_no = int(order_no.strip())
                order_status = order_status.strip()
                order_quantity = int(order_quantity.strip())
                order_price = int(order_price.strip())
                order_gubun = order_gubun.strip().lstrip('+').lstrip('-')
                not_quantity = int(not_quantity.strip())
                ok_quantity = int(ok_quantity.strip())

    … 생략 …
```

먼저 양쪽의 공백과 불필요한 문자를 없애고 형을 변환한다. 미체결조회 결괏값은 "   데이터   "처럼 데이터 양옆에 공백이 많이 붙여져서 반환된다. 하지만 공백이 있으면 데이터를 처리할 수 없기 때문에 파이썬의 내장 함수인 strip( )[7] 함수를 이용해 공백을 지워준다.

```
code = code.strip()
```

---

[7] strip() 함수는 양쪽에 있는 공백을 모두 제거해 주는 기능이 있다.

그리고 order_gubun을 보면 "+매수", "−매도", "+매수정정", "−매도정정"과 같이 +, − 같은 부호가 붙어서 반환된다. 이러한 부호를 없애고 사용하기 위해서 .lstrip('+')라고 붙인다. .lstrip('+')는 맨 앞에 +가 있으면 + 기호를 지워주고, .lstrip('−')는 맨 앞에 − 가 있으면 − 기호를 지워준다.

```python
order_quantity = int(order_quantity.strip())
order_gubun = order_gubun.strip().lstrip('+').lstrip('-')
```

최종적으로 딕셔너리에 데이터를 업데이트한다.

예제 4.37 미체결 종목 요청의 데이터를 딕셔너리에 담기   kiwoom.py

```python
… 생략 …


class Kiwoom(QAxWidget):
    def __init__(self):
        … 생략 …


        ####### 계좌 관련된 변수
        self.account_stock_dict = {}
        self.not_account_stock_dict = {}
        self.account_num = None
        … 생략 …
        #####################################


    … 생략 …


    def trdata_slot(self, sScrNo, sRQName, sTrCode, sRecordName, sPrevNext):
        … 생략 …


        if sRQName == "실시간미체결요청":
            … 생략 …
                not_quantity = int(not_quantity.strip())
                ok_quantity = int(ok_quantity.strip())


                if order_no in self.not_account_stock_dict:
                    pass
                else:
                    self.not_account_stock_dict[order_no] = {}
```

```
        self.not_account_stock_dict[order_no].update({'종목코드': code})
        self.not_account_stock_dict[order_no].update({'종목명': code_nm})
        self.not_account_stock_dict[order_no].update({'주문번호': order_no})
        self.not_account_stock_dict[order_no].update({'주문상태': order_status})
        self.not_account_stock_dict[order_no].update({'주문수량': order_quantity})
        self.not_account_stock_dict[order_no].update({'주문가격': order_price})
        self.not_account_stock_dict[order_no].update({'주문구분': order_gubun})
        self.not_account_stock_dict[order_no].update({'미체결수량': not_quantity})
        self.not_account_stock_dict[order_no].update({'체결량': ok_quantity})

        print("미체결 종목 : %s "  % self.not_account_stock_dict[order_no])

    self.detail_account_info_event_loop.exit()
… 생략 …
```

미체결요청의 딕셔너리 구성은 계좌평가잔고내역요청의 딕셔너리 구성과 조금 다르다. 지금까지는 종목코드를 딕셔너리의 킷값으로 해서 정보를 업데이트했다. 하지만 미체결 정보는 같은 종목을 여러 번 주문할 수도 있으며, 주문이 바로 체결되지 않고 매도/매수 과정을 거쳐야 한다. 그러면 같은 종목에 대해서 주문번호[8]가 다르게 할당되고, 가격 형태, 주문 형태가 주문별로 다르기 때문에 같은 종목이어도 구분을 해야 한다. 이를 해결하기 위해 주문번호를 딕셔너리의 킷값으로 해서 정보를 업데이트한다.

그래서 주문번호가 딕셔너리에 이미 존재하는지 확인한다.

```
if order_no in self.not_account_stock_dict:
    pass
else:
    self.not_account_stock_dict[order_no] = {}
```

주문번호가 없으면 딕셔너리를 업데이트한다. 이로써 미체결 업데이트가 완료된다.

그리고 not_account_stock_dict 변수를 __init__()에 작성한다.

---

8   주문번호 : 주문을 넣을 때마다 필수로 생성된다. 주문번호는 중복되지 않으며 어떤 주문을 넣었는지 구분할 수 있게 해준다.

```
def __init__(self):
    … 생략 …


    ###### 계좌 관련된 변수
    self.account_stock_dict = {}
    self.not_account_stock_dict = {}
    self.account_num = None
    … 생략 …

    ####################################
```

지금까지 구현한 코드를 실행한 결과는 다음과 같다.

```
미체결 종목 : {'종목명': '엘오티베큠', '보유수량': 34, '매입가': 7813, '수익률(%)': -0.73, '현재가': 7830, '주문구분': 'I
Process finished with exit code -1

4: Run   ● 5: Debug   ≡ 6: TODO   ⌁ 9: Version Control   ⊠ Terminal   ✦ Python Console
```

그림 4.24 미체결 종목 가져오기의 실행 결과

4.5.2. 시간 간격 주기

지금까지 계좌 정보와 계좌평가잔고내역, 미체결종목을 요청하는 방법을 살펴봤다. 이로써 TR을 요청하는 형식은 모두 같다는 것을 알 수 있으며, 몇 번만 반복하면 금방 익숙해질 것이다.

그리고 __init__ 함수에서는 요청 함수가 동작하게 만든다. 이때 중요한 건 시간 간격을 추가하는 것이다.

예제 4.38 5초 뒤에 실시간미체결요청 실행   kiwoom.py

```
    … 생략 …

class Kiwoom(QAxWidget):
    def __init__(self):
        super().__init__()
        print("Kiwoom() class start.")


        … 생략 …


        ######### 초기 셋팅 함수들 바로 실행
        … 생략 …
```

```
        self.detail_account_mystock()  #계좌평가잔고내역 가져오기
        QTimer.singleShot(5000, self.not_concluded_account)  #5초 뒤에 미체결 종목들 가져오기 실행
        #########################################
```

… 생략 …

위 코드는 미체결 종목을 가져오도록 함수를 실행하는 코드다. 이때 QTimer.singleShot 함수[9]는 5초 (5000밀리초) 뒤에 not_concluded_account 함수를 실행하라는 뜻이다. 이미 QEventLoop( )로 다음 코드가 실행되는 것을 방지했지만 타이머를 설정하는 이유는 다음과 같다.

TR 요청을 키움 서버에 빠르게 여러 번 요청하면 과도한 조회로 명시적 에러가 발생한다. 키움 서버에 요청되는 데이터가 많아서 모든 사용자들로부터 데이터가 몰리면 속도가 많이 저하되고 서버에 과부하가 생길 수가 있다. 그래서 빠르게 연속적으로 조회되지 않도록 시간 간격을 주는 것이다.

미체결 종목을 요청하기 전에 예수금 요청과 계좌평가잔고내역 요청도 했었다. 그 둘만 해도 이미 여러 번 TR 조회가 이뤄졌고, 미체결 종목까지 바로 조회하면 과도한 조회로 연결이 끊길 위험이 있다. 이를 예방하기 위해 시간 간격을 두는 것이다.

그리고 QTimer.singleShot 타이머는 동시성 처리를 지원한다. 그래서 실행하려는 함수를 위 코드처럼 삽입한다. 그러면 not_concluded_account 함수는 5초 뒤에 실행되고, 그다음 코드들이 우선 실행해서 결과를 먼저 보여주게 된다.

```
Qtimer.singleShot(5초, self.not_concluded_account)
```

```
        def not_concluded_account(self):
            print("해당 함수 실행")
```

그림 4.25 5초 뒤에 실행되는 not_concluded_account 함수

최종적으로 5초 뒤에 not_concluded_account 함수가 실행된다. 3.2.1 절에서 타이머를 설정하고 '안녕'을 출력했던 부분처럼 이해하면 된다.

---

9 이 책에서는 타이머를 설정하는 2가지 방법을 소개한다. 하나는 동시성 처리를 지원하면서 지정한 함수를 몇 초 뒤에 실행하게 만드는 QTimer.singleShot(ms, [함수]) 방식이다. 다른 하나는 동시성 처리를 지원하지는 않지만, 기존에 동작 중인 이벤트는 유지하면서 다음 코드가 실행되기까지 타이머를 설정하는 QTest. qWait(ms) 방식이다. 후자의 방법은 5.2.1 절에서 다룬다.

CHAPTER

05

API를 이용해 투자 방식에 맞는
종목 분석하기

4장에서는 로그인하는 방법부터 계좌 정보를 가져오는 과정을 살펴봤다. 또한 계좌에 보유 중인 종목을 딕셔너리에 담아 주었고 미체결 종목도 딕셔너리에 담았다. 앞서 딕셔너리에 담은 종목들은 계좌에서 보유하고 있는 종목이다.

이번 장에서는 기존에 보유하고 있는 종목 외에 한 가지 정보가 더 필요하다. 바로 미리 분석해 놓은 종목들이다. 수천 개의 종목들 중에서 투자 방식에 가장 적합한 종목들을 미리 선정해 놓으면 다음 날 주식 장에 빠르게 대응할 수 있다. 따라서 이번 장에서는 종목을 분석하는 과정을 살펴보겠다. 분석된 종목을 딕셔너리에 담고, 딕셔너리에 담긴 종목들의 데이터를 이용해 장이 열리면 매수할 것인지 매도할 것인지를 판단한다. 이 과정은 주식 시장이 동시호가[1]로 넘어가는 시점인 3시 20분 이후부터 실행되는 구간이다.

이 책에서 다루는 분석법은 그랜빌의 매수신호 제4법칙이다. 이 분석법은 이동평균선이 우상향을 그리고 있는 과정에서 주가봉이 이동평균선 밑에 머물다가 이동평균선보다 위로 올라가려는 시점을 찾아내는 방법이다. 이는 이동평균선도 대세 상승이고 주가봉도 이동평균선보다 높아지려는 시점이기 때문에 더 오를 가능성이 있다고 판단하는 것이다.

---

1   동시호가란? 매매된 주문이 일정 시간에 동시에 처리되는 것을 뜻한다. 예를 들어 15시 20분 ~ 15시 30분은 동시호가 시간이다.

5.1절에서는 분석하기 위한 코스닥 종목을 가져오는 과정을 살펴보고, 5.2절에서는 종목마다 일봉의 전체 데이터를 가져온다. 그리고 5.3절에서 120일 이동평균선과 일봉을 이용해 그랜빌의 매수신호 제4법칙에 해당하는 종목을 추출하고 텍스트 파일로 저장한다.

5.1 코스닥 종목 가져오기

종목 분석을 하기 위해 가장 먼저 해야 할 일은 코스닥 종목을 가져오는 것이다. 주식 시장 종목을 가져오는 데에는 GetCodeListByMarket 요청 함수를 사용한다. GetCodeListByMarket 함수로 요청을 하면 키움 서버가 이 요청을 처리하고, 결과를 반환해 준다. 이 과정을 그림으로 나타내면 다음과 같다.

그림 5.1 코스닥 종목 요청 과정

키움 서버에 요청을 하고, 결괏값을 받는 단순한 형태다. 코드를 통해 살펴보자.

예제 5.1 코스닥 종목을 요청하는 함수 추가   kiwoom.py → def get_code_list_by_market()

```python
… 생략 …

class Kiwoom(QAxWidget):
    … 생략 …

    def stop_screen_cancel(self, sScrNo=None):
        self.dynamicCall("DisconnectRealData(QString)", sScrNo)

    def get_code_list_by_market(self, market_code):
        code_list = self.dynamicCall("GetCodeListByMarket(QString)", market_code)
        code_list = code_list.split(';')[:-1]
        return code_list
```

코스닥 종목을 요청할 때에도 dynamicCall은 계속 사용되며, GetCodeListByMarket에 QString을 인자로 담아서 키움 서버에 요청한다.

```python
code_list = self.dynamicCall("GetCodeListByMarket(QString)", market_code)
```

이때 market_code는 시장 구분을 받기 위한 변수다. 0은 장내 종목을 의미하고, 10은 코스닥 종목을 의미한다. 이 책에서는 코스닥 종목만 보기 위해 10을 사용한다. 그리고 그밖에 코드는 다음과 같다.

```
0(장내), 10(코스닥), 3(ELW), 8(ETF), 50(KONEX), 4(뮤추얼펀드), 5(신주인수권), 6(리츠), 9(하이
얼펀드), 30(K=OTC).
```

요청 후에 받은 반환 받은 데이터의 형태는 '000233;001034;129000;...'와 같다. 그래서 split( ) 함수를 이용해 ';'을 기준으로 나눠준 다음 리스트 형태로 만든다. 마지막에 [:-1]을 붙여준 이유는 마지막에도 세미콜론 ;이 붙어 있고, 세미콜론 오른쪽에는 아무것도 나오지 않기 때문에 ['124432', '000320', '233040', '']와 같이 리스트의 마지막에 빈 값이 들어가기 때문이다. 마지막 요소를 제거하기 위해 [:-1]을 붙여준다.

```python
code_list = code_list.split(';')[:-1]
```

코드를 모두 작성했다면 get_code_list_by_market( ) 함수를 호출하는 코드를 추가해야 한다. 이번 절에서 진행하고 있는 코드는 코스닥 종목을 얻어오는 부분이다. 따라서 종목 분석과 관련된 코드를 모아놓을 calculator_fnc 구역을 새로 만들고, 다음과 같이 추가하자.

예제 5.2 종목 분석과 관련된 코드를 모아놓을 calculator_fnc 함수 추가   kiwoom.py → def calculator_fnc()

```python
… 생략 …

class Kiwoom(QAxWidget):
    … 생략 …

    def get_code_list_by_market(self, market_code):
        code_list = self.dynamicCall("GetCodeListByMarket(QString)", market_code)
        code_list = code_list.split(';')[:-1]
        return code_list

    def calculator_fnc(self):
        code_list = self.get_code_list_by_market("10")
```

calculator_fnc()는 종목 분석에 사용할 함수이고, 5.2절에서 사용한다. 그리고 예제 5.3은 지금까지 구현한 전체 코드이다.

예제 5.3 **코스닥 종목 가져오기를 추가한 전체 코드**   kiwoom.py

```python
from PyQt5.QAxContainer import *
from PyQt5.QtCore import *
from config.errorCode import *
from PyQt5.QtTest import *


class Kiwoom(QAxWidget):
    def __init__(self):
        … 생략 …

    def stop_screen_cancel(self, sScrNo=None):
        self.dynamicCall("DisconnectRealData(QString)", sScrNo)

    def get_code_list_by_market(self, market_code):
        code_list = self.dynamicCall("GetCodeListByMarket(QString)", market_code)
        code_list = code_list.split(';')[:-1]
        return code_list

    def calculator_fnc(self):
        code_list = self.get_code_list_by_market("10")
```

5.2 일봉데이터 정보 가져오기

이전 절에서는 코스닥의 전체 종목을 가져왔다. 이제 가져온 각 종목을 분석해야 한다. 그러려면 해당 종목의 전체 정보가 필요하다. 5.2절에서 구현할 코드의 전체적인 구성은 앞서 TR을 요청했던 방식과 같다.

5.2.1. 이벤트 루프의 시간 간격 체크

지금까지 특정 정보를 얻을 때마다 TR 요청을 했다. 하지만 초 단위로 연속해서 요청을 하면 요청 과부하로 프로그램과 키움 서버의 연결이 끊긴다. 이는 실시간으로 운영되는 프로그램의 종료를 야기하며 치명적인 문제가 된다. 하지만 몇 초에 얼마나 요청했을 때 연결이 끊기는지는 키움증권의 보안 정책상 정확한 정보가 제공되지 않고 있다. 그래서 최대한 빠른 시간 간격을 얻기 위해 테스트를 진행했으며, 3.6초마다 TR을 요청하면 연결이 끊기지 않는 결과를 얻었다. 이 부분은 키움증권에서 업데이트될 수도 있어서 주기적으로 확인이 필요하다.

이어서 각 종목의 정보를 가져오는 코드를 살펴보자. 코스닥 종목 리스트를 가져오는 예제 5.2에 다음 코드를 추가로 작성한다.

예제 5.4 각 종목의 정보 가져오기   kiwoom.py → def calculator_fnc()

```python
 … 생략 …

class Kiwoom(QAxWidget):
    … 생략 …

    def calculator_fnc(self):
        code_list = self.get_code_list_by_market("10")

        print("코스닥 갯수 %s " % len(code_list))

        for idx, code in enumerate(code_list):
            self.dynamicCall("DisconnectRealData(QString)", self.screen_calculation_stock)
            # 스크린 연결 끊기

            print("%s / %s :  KOSDAQ Stock Code : %s is updating... " % (idx + 1, len(code_list), code))
            self.day_kiwoom_db(code=code)
```

코스닥 종목은 리스트로 반환된다. 따라서 반환받은 코스닥 종목 리스트를 for 문으로 반복하면서 각 종목의 정보를 가져온다.

```python
for idx, code in enumerate(code_list):
```

그리고 사용한 스크린 번호는 다음과 같이 스크린 번호 연결을 끊는 함수를 이용해 키움 서버에 요청한 내용을 지운다. 이를 지우는 이유는 스크린 번호 하나당 할당되는 공간에는 요청할 수 있는 양이 정해져 있기 때문이다. 공간은 한정돼 있는데, 너무 많은 요청을 하면 데이터가 박스 밖으로 흘러넘쳐서 일부 데이터가 누락될 수 있다. 그러므로 요청이 완료되면 연결을 끊어서 박스에 공간을 남기는 게 좋으며 더 자세한 내용은 7.1.3절에서 배운다.

```
self.dynamicCall("DisconnectRealData(QString)", self.screen_calculation_stock)
```

계속해서 다음 코드는 각 종목의 데이터를 요청하는 함수다.

```
self.day_kiwoom_db(code=code)
```

다음 예제에서 각 종목의 데이터를 요청하는 day_kiwoom_db 함수를 구현해보자.

예제 5.5 각 종목에 대한 정보 요청   kiwoom.py → def day_kiwoom_db()

```
··· 생략 ···

class Kiwoom(QAxWidget):
    def __init__(self):
        super().__init__()
        print("Kiwoom() class start.")

        ###### event loop를 실행하기 위한 변수모음
        self.login_event_loop = None #로그인을 이벤트 루프 안에서 실행하도록 만들기 위해 선언한 변수
        self.detail_account_info_event_loop = QEventLoop() # 예수금
        self.calculator_event_loop = QEventLoop()
        ####################################

        ··· 생략 ···

        ###### 요청 스크린 번호
        self.screen_my_info = "2000" #계좌 관련한 스크린 번호
        self.screen_calculation_stock = "4000" #계산용 스크린 번호
        ####################################

        ··· 생략 ···
```

```
def calculator_fnc(self):
    … 생략 …


def day_kiwoom_db(self, code=None, date=None, sPrevNext="0"):
    QTest.qWait(3600) #3.6초마다 딜레이를 준다.

    self.dynamicCall("SetInputValue(QString, QString)", "종목코드", code)
    self.dynamicCall("SetInputValue(QString, QString)", "수정주가구분", "1")

    if date != None:
        self.dynamicCall("SetInputValue(QString, QString)", "기준일자", date)

    self.dynamicCall("CommRqData(QString, QString, int, QString)", "주식일봉차트조회",
 "opt10081", sPrevNext, self.screen_calculation_stock)

    self.calculator_event_loop.exec_()
```

요청할 때 사용할 스크린 번호부터 __init__( ) 함수에 추가한다.

```
self.screen_calculation_stock = "4000" #계산용 스크린 번호
```

그리고 함수에 전달되는 인자는 다음과 같이 code, date, sPrevNext 세 개가 있다.

```
def day_kiwoom_db(self, code=None, date=None, sPrevNext="0"):
```

code는 종목코드, date는 조회하는 시점의 기준일자다. 그리고 sPrevNext는 과거 데이터가 더 있는
지를 의미한다("2"는 과거 데이터가 더 있음을 나타낸다). HTS에서 주식종합차트를 조회해보면 차트
화면에 보이는 기간이 정해져 있다. 이때 과거 데이터를 보려면 다음 그림과 같이 [과거데이터추가조
회]라고 표시된 아이콘을 클릭한다. 프로그램에서는 '연속조회'라고 부른다.

그림 5.2 HTS에서 연속 조회하기

그리고 필요한 정보는 일봉차트에 표시된 현재가, 시가, 고가, 저가, 거래량이다. 해당 정보는 KOA Studio – TR조회의 'opt10081:주식일봉차트조회요청'에 있다. 따라서 SetInputValue 함수에 요청 사항을 입력하고, 수정주가구분[2]은 1로 설정해서 종목의 수정된 가격과 주식 수를 가져온다. 0은 변동 되기 전의 가격 정보를 가져온다.

```
self.dynamicCall("SetInputValue(QString, QString)", "수정주가구분", "1")
```

이어서 다음과 같은 조건문이 나오는데, 이 조건문은 특정 날짜를 기준으로 데이터를 얻고자 할 때 사 용한다.

```
if date != None
```

예를 들어 기준일자를 빈 값으로 요청하면 오늘 날짜부터 조회한다. 하지만 오늘 날짜가 아니라 특정 날짜를 기준으로 과거 데이터를 가져오고 싶을 때는 date 인자에 기준일자를 담아서 요청한다.

KOA Studio에 기재된 예시에는 YYYYMMDD(연도 4자리, 월 2자리, 일 2자리) 형식으로 요청하라 고 명시돼 있다. 이 책에서는 date 인자를 사용하지는 않는다. 하지만 언제든 사용할 수 있게 코드에 추 가해 놓았다.

---

2   수정주가구분 : 어느 회사가 발행된 주식의 수와 가격을 변경하는 경우 주가를 수정한다고 한다. 그래서 1주에 100만원이던 A회사가 주가를 10주에 10만원으로 낮춘다면 수정주가가 반영된 것이다.

최종적으로 요청하려는 TR 번호인 opt10081을 기재하고, CommRqData 함수를 이용해 서버에 데이터를 요청한다.

```
self.dynamicCall("CommRqData(QString, QString, int, QString)", "주식일봉차트조회", "opt10081",
sPrevNext, self.screen_calculation_stock)
```

그리고 이벤트 루프(QEventLoop)를 실행해서 다음 코드가 실행되지 않게 막는다.

```
self.calculator_event_loop.exec_()
```

그리고 __init__( ) 함수에도 이벤트 루프 변수를 작성한다.

```
####### event loop를 실행하기 위한 변수 모음
self.login_event_loop = None #로그인을 이벤트 루프 안에서 실행하도록 만들기 위해 선언한 변수
self.detail_account_info_event_loop = QEventLoop() # 예수금
self.calculator_event_loop = QEventLoop()
########################################
```

마지막으로 다음 코드를 보자.

```
QTest.qWait(3600)
```

이 코드는 4.5.2 절에서 봤던 QTimer.singleShot과는 다른 형태의 타이머다. QTimer.singleShot은 동시성을 처리하기 때문에 타이머가 돌아가는 동안 다음 줄의 코드가 계속 진행된다고 했었다. 하지만 QTest.qWait는 다음 줄의 코드가 실행되지 않게 막으면서 증권 서버에 요청 중인 이벤트 처리는 유지하고, 안전하게 타이머를 실행한다. 그러므로 TR 요청이 빠르게 진행되는 것을 늦추면서 사용할 수 있다.

PyQt5에서 제공하는 QTest에 대해서 더 자세히 보자면 QTest는 내장 함수인 qWait(int ms)를 포함하고 있다. qWait는 지정한 밀리초(ms) 동안 기다렸다가 다음 코드를 실행하는 함수다. 파이썬을 공부하다 보면 비슷한 유형의 함수로 sleep( ), timer( )를 볼 수 있는데, 이와 같은 함수를 사용하지 않은 이유는 이벤트 처리 때문이다. 이와 같은 함수는 다음과 같은 몇 가지 문제가 있다.

예를 들어, 키움 서버에 일봉데이터를 요청하는 상황에서 다른 코드들은 실행되지 않게 이벤트 루프를 줘야 하는데, 일봉데이터를 조회하다 보면 과거 데이터도 존재해서 연속적으로 과거 일자의 일봉데이터를 추가로 조회해야 하는 상황이 발생할 때가 있다. 하지만 너무 빠르게 계속 요청하면 과도한 조

회로 연결이 끊기기 때문에 3.6초의 간격을 줘야 한다. 따라서 이벤트 루프가 계속 실행된 상태로 다른 코드들의 실행을 막으면서 시간 간격도 줘야 한다. 만약 sleep(초)이나 timer(초) 함수를 사용해서 타이머를 설정하면 이벤트 루프의 동작까지 타이머의 영향을 받게 된다. 그래서 키움에 요청 중이던 프로세스 자체가 중지된다. 결국에는 연속조회 도중에 이벤트가 끊겨서 에러가 발생한다.

하지만 QTest.qWait는 이전에 키움 서버에 요청한 이벤트와 이벤트 루프의 동작은 계속 작동시키면서 타이머를 준다. 그러므로 이벤트 루프가 중단되는 에러를 피하면서 SetInputValue를 재작성하여 안전하게 요청하는 것이다.

최종적으로 이벤트 루프의 동작을 유지하고 네트워크 통신의 응답이 가능하도록 만들기 위한 기능을 가진 함수가 qWait다. qWait는 지정한 밀리초 동안에 이벤트 처리를 유지하고 사용자 인터페이스 이벤트 또는 네트워크 통신의 응답을 유지한다.

결과적으로 정리하면 sleep( ) 및 timer( )는 이벤트 실행을 중지하기 때문에 사용할 수 없다. 또 다른 함수로 QTimer( ).SingleShot(int msc, slot)[3]이 있는데, 이 함수는 밀리초 후에 지정한 슬롯 함수를 실행하고 이벤트를 유지하기에 사용할 수 있다. 하지만 코드의 복잡성이 높아서 잘 사용하지 않는다. 그러므로 한 줄로 해결되는 QTest.qWait가 가장 적합하다.

5.2.2. 각 종목의 전체 정보 가져오기

이전 절에서는 일봉차트를 조회하는 TR 요청까지 구현했다. 이어서 TR 요청의 결괏값을 반환받는 슬롯 영역에서 일봉데이터에 대한 정보를 가져와 보자. 이전에 생성한 trdata_slot( ) 함수에 다음과 같이 코드를 추가한다.

예제 5.6 슬롯 영역에 일봉데이터를 가져오는 조건문 추가　　　　　　　　kiwoom.py → def trdata_slot()

```
  … 생략 …


class Kiwoom(QAxWidget):
    … 생략 …

    def trdata_slot(self, sScrNo, sRQName, sTrCode, sRecordName, sPrevNext):
        … 생략 …
```

---

3 구글 검색을 해보면 SingleShot 함수를 사용하는 내용들이 많아서 혼란을 막고자 설명했다.

```
        elif sRQName == "실시간미체결요청":
            … 생략 …


        elif sRQName == "주식일봉차트조회":
            code = self.dynamicCall("GetCommData(QString, QString, int, QString)", sTrCode,
sRQName, 0, "종목코드")
            data = self.dynamicCall("GetCommDataEx(QString, QString)", sTrCode, sRQName)

            if sPrevNext == "2":
                self.day_kiwoom_db(code=code, sPrevNext=sPrevNext)
            else:
                self.calculator_event_loop.exit()
```

먼저 어떤 TR 요청인지 sRQName으로 구분했다.

```
elif sRQName == "주식일봉차트조회":
```

이어서 dynamicCall 함수를 살펴보기 전에 다음 코드를 먼저 살펴보자.

```
if sPrevNext == "2":
    self.day_kiwoom_db(code=code, sPrevNext=sPrevNext)
```

과거 데이터가 존재하면 sPrevNext가 "2"로 반환된다. 만약 해당 조건에 부합하지 않으면 더 이상의 과거 데이터는 존재하지 않는다는 의미이고, else 부분을 실행해 이벤트 루프를 종료한다. 그래서 더 이상의 연속조회는 일어나지 않고 다음 코드가 실행되게 만든다.

다시 종목코드의 데이터를 가져오는 dynamicCall 함수를 보자.

```
self.dynamicCall("GetCommData(QString, QString, int, QString)", sTrCode, sRQName, 0, "종목코드")
```

세 번째 인자에 0을 넣어서 오늘 자의 싱글데이터만 가져온다. 만약 과거 데이터도 필요하다면 반복적으로 dynamicCall를 실행하면 된다. 그러나 600일 치를 넘어가는 과거 데이터까지는 필요하지 않다면 그냥 GetCommDataEx 함수를 사용한다.

```
self.dynamicCall("GetCommDataEx(QString, QString)", sTrCode, sRQName)
```

GetCommDataEx 함수는 한 번의 조회로 600일 치의 데이터를 이중 리스트로 반환해준다. 이중 리스트 형태는 다음과 같다.

```
[[가장 최근 데이터 정보], [1일 전 데이터 정보], [2일 전 데이터 정보] … [600일 전 데이터 정보]]
```

이를 조금 더 상세하게 보면 다음과 같은 형태이며, 최신 날짜순으로 나열된다.

```
[['', '현재가', '거래량', '거래대금', '날짜', '시가', '고가', '저가'. ''], ['', '현재가', '거래량', '거래대금', '날짜', '시가', '고가', '저가', '']. […]]
```

주의할 점은 600일 치 데이터를 받고 나서 그 이전의 과거 일봉데이터는 받을 수 없다는 것이다. 따라서 600일 치 이상의 데이터가 필요하면 GetComData 함수를 이용해서 600일 치 이상의 데이터를 받아 온다.

이번 절에서 가져온 일봉데이터 정보를 이용해 분석하고, 적합한 종목을 선정하는 작업은 다음 절에서 진행한다. 지금까지 구현한 전체 코드는 다음과 같다.

예제 5.7 일봉데이터 요청을 추가한 전체 코드　　　　　　　　　　　　　　　　　　　　　*kiwoom.py*

```python
from PyQt5.QAxContainer import *
from PyQt5.QtCore import *
from config.errorCode import *
from PyQt5.QtTest import *


class Kiwoom(QAxWidget):
    def __init__(self):
        super().__init__()
        print("Kiwoom() class start.")

        ###### event loop를 실행하기 위한 변수모음
        self.login_event_loop = None #로그인을 이벤트 루프 안에서 실행하도록 만들기 위해 선언한 변수
        self.detail_account_info_event_loop = QEventLoop() # 예수금
        self.calculator_event_loop = QEventLoop()
        ####################################

        … 생략 …

        ###### 요청 스크린 번호
        self.screen_my_info = "2000" #계좌 관련한 스크린 번호
```

```python
        self.screen_calculation_stock = "4000" #계산용 스크린 번호
        #################################

        … 생략 …

    def trdata_slot(self, sScrNo, sRQName, sTrCode, sRecordName, sPrevNext):
        … 생략 …

        elif sRQName == "주식일봉차트조회":
            code = self.dynamicCall("GetCommData(QString, QString, int, QString)", sTrCode,
sRQName, 0, "종목코드")
            data = self.dynamicCall("GetCommDataEx(QString, QString)", sTrCode, sRQName)

            if sPrevNext == "2":
                self.day_kiwoom_db(code=code, sPrevNext=sPrevNext)
            else:
                self.calculator_event_loop.exit()


    def stop_screen_cancel(self, sScrNo=None):
        self.dynamicCall("DisconnectRealData(QString)", sScrNo)


    def get_code_list_by_market(self, market_code):
        code_list = self.dynamicCall("GetCodeListByMarket(QString)", market_code)
        code_list = code_list.split(';')[:-1]
        return code_list


    def calculator_fnc(self):
        code_list = self.get_code_list_by_market("0")
        print("코스닥 갯수 %s " % len(code_list))

        for idx, code in enumerate(code_list):
            self.dynamicCall("DisconnectRealData(QString)", self.screen_calculation_stock)  # 스
크린 연결 끊기

            print("%s / %s :  KOSDAQ Stock Code : %s is updating... " % (idx + 1, len(code_list),
code))
            self.day_kiwoom_db(code=code)
```

```
def day_kiwoom_db(self, code=None, date=None, sPrevNext="0"):
    QTest.qWait(3600) #3.6초마다 딜레이를 준다.

    self.dynamicCall("SetInputValue(QString, QString)", "종목코드", code)
    self.dynamicCall("SetInputValue(QString, QString)", "수정주가구분", "1")

    if date != None:
        self.dynamicCall("SetInputValue(QString, QString)", "기준일자", date)

    self.dynamicCall("CommRqData(QString, QString, int, QString)", "주식일봉차트조회",
 "opt10081", sPrevNext, self.screen_calculation_stock)  # Tr서버로 전송 -Transaction

    self.calculator_event_loop.exec_()
```

5.3 포트폴리오로 종목 분석

주식을 하는 데 있어서 포트폴리오[4]의 개념은 정말 중요하다. 높은 수익률을 위해서는 포트폴리오 개선에 많은 시간을 들여야 하며, 검증된 포트폴리오는 시중에서 거래되기도 한다. 그래서 이번 절에는 포트폴리오로 종목을 분석하는 방법을 살펴볼 예정이며, 포트폴리오를 구성하는 방법은 '그랜빌의 매수신호 제4법칙'을 이용한다.

5.3.1. 그랜빌의 매수신호 제4법칙으로 종목 분석

주식 차트를 공부해봤다면 그랜빌[5]의 매수법칙을 들어봤을 것이다. 그랜빌의 매수법칙은 이동평균선을 기준으로 상승과 하락의 모멘텀(=운동량)을 계산해서 상승을 예측하는 방법이다.

그랜빌의 매수법칙에는 여러 종류가 있다. 이 책에서는 프로그램의 분석 샘플로 그랜빌의 매수신호 제4법칙을 이용한다. 제4법칙은 상승 중인 장기이동평균선 밑으로 내려간 일봉이 다시 이동평균선으로 다가갈 때를 매수신호로 본다. 정교하게는 많은 계산이 들어가기에 단순하게 120일 이동평균선이 상승 중일 때 일봉이 이동평균선보다 아래로 갔다가 다시 위로 돌파하려는 모습으로 구성한다.

---

4 포트폴리오: 투자의 위험을 줄이기 위해서 문제되는 사항들을 개선하고 투자 금액의 비중을 나누며 수익률을 올리기 위한 알고리즘을 정리하는 방법

5 J. E. Granville이 개발했으며, On-balance volume(OBV) 이론을 발명한 인물로 유명하다. - 위키 참조

그림 5.3 그랜빌의 매수신호 제4법칙

그림 5.3에서 동그라미로 강조한 부분을 보자. 회색선은 120일 치의 이동평균선이며 일봉이 120일 치의 이동평균선보다 아래로 내려갔다가 다시 120일 치의 이동평균선보다 위로 가려고 움직이는 모양을 보여준다. 이 부분이 그랜빌의 매수신호 제4법칙에 해당하는 모습이며, 이번 절에서는 이를 코드로 옮겨볼 것이다. 코드를 구현하기에 앞서 먼저 코드를 구성하는 과정을 살펴보자.

1. GetCommData로 가져온 일봉데이터를 이용해 120일 치의 일봉 현재가 평균을 계산하고, 최근 120일 치의 이동평균선 가격을 찾는다.

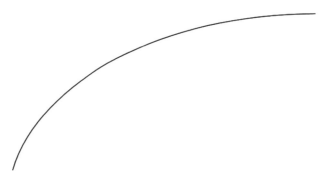

그림 5.4 그랜빌의 매수신호 제4법칙의 이동평균선

2. 가장 최근 일봉이 120일선에 걸쳐있는지 확인한다. 고가는 이동평균선보다 위에 있고, 저가는 아래에 있는 모습이 걸쳐있는 모습에 해당한다.

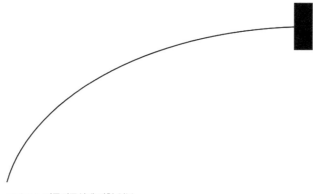

그림 5.5 이동평균선에 걸친 일봉

3. 일봉이 120일 선에 걸쳐 있다면 전날의 데이터도 비교한다. 그래서 일봉이 120일선 이동평균선보다 아래에 있는지 계속 체크한다. 이 부분은 20일 동안 지속하는지 확인한다.

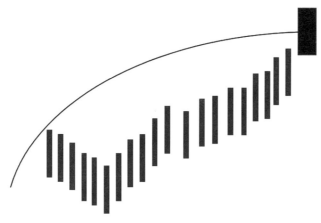

그림 5.6 일봉이 20일 동안 이동평균선 아래에 위치

4. 20일 동안 이동평균선 아래 부근에 있다가 이후에 일봉의 저가가 120일 이동평균선보다 위에 있는 구간을 찾는다. 그리고 찾은 구간의 120일 이동평균선의 가격을 계산한다. 그리고 1에서 구한 가장 최근 일자의 120일 이동평균선 가격의 크기가 더 위에 있는지 비교하고, 일봉은 가장 최근 일봉의 고가가 과거 시점에 구해진 저가보다 더 위에 있는지 확인한다.

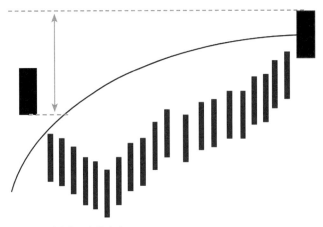

그림 5.7 저가와 고가 위치 비교

5. 위 과정에 모두 부합하는 데이터는 분석 기준을 통과한 것이다.

지금까지 그랜빌의 매수신호 제4법칙을 살펴봤다. 설명과 그림으로만 보기에는 복잡할 수 있지만, 코드로 옮기면 더 쉽게 이해할 수 있을 것이다. 코드를 구현하기 전에 이전에 구현해 놓은 일봉데이터 부분을 수정한다.

예제 5.8 trdata_slot() 함수에서 일봉데이터의 조건문 수정   kiwoom.py → def trdata_slot()

```
… 생략 …

class Kiwoom(QAxWidget):
    … 생략 …

    def trdata_slot(self, sScrNo, sRQName, sTrCode, sRecordName, sPrevNext):
        … 생략 …

        elif sRQName == "주식일봉차트조회":
            code = self.dynamicCall("GetCommData(QString, QString, int, QString)", sTrCode,
sRQName, 0, "종목코드")
            code = code.strip()
            # data = self.dynamicCall("GetCommDataEx(QString, QString)", sTrCode, sRQName)
            ↑ 주석 처리
```

```
cnt = self.dynamicCall("GetRepeatCnt(QString, QString)", sTrCode, sRQName)
print("남은 일자 수 %s" % cnt)
```

먼저 일봉데이터를 받아올 때 "　　코드번호　　"와 같이 양쪽에 공백이 생기는 경우가 있다. 그래서 strip( ) 함수를 사용해 공백을 모두 지운다.

```
code = code.strip()
```

그리고 GetCommDataEx는 600일 치 이상의 데이터는 받아올 수 없으므로 주석 처리한다.

```
# data = self.dynamicCall("GetCommDataEx(QString, QString)", sTrCode, sRQName)
```

GetRepeatCnt 함수는 계좌평가잔고내역에서 보유종목을 하나씩 받아오기 위해서 사용했었다. 일봉 데이터 조회에서도 마찬가지다.

그림 5.2에서는 화면에 출력되는 차트보다 더 많은 과거 데이터를 보기 위해 [연속조회] 버튼을 클릭해 가져왔었다. 코드에서도 GetRepeatCnt 함수를 사용하면 한 번에 600일 치를 카운트하고, 과거 데이터가 더 있다면 sPrevNext를 "2"로 보내준다. sPrevNext를 "2"로 설정한 다음 다시 요청하면 과거 데이터를 다시 가져오고, 더 이상의 과거 데이터가 없을 때까지 반복하게 된다.

그러면 GetRepeatCnt로 가져온 카운트를 이용해 과거 데이터를 반복해서 가져와 보자.

예제 5.9 trdata_slot() 함수에서 과거 데이터 연속 조회하기　　　　　　　　　　kiwoom.py → def trdata_slot()

```
… 생략 …

class Kiwoom(QAxWidget):
    def __init__(self):
        … 생략 …

        ########## 종목 분석 용
        self.calcul_data = []
        #######################################

        ####### 요청 스크린 번호
        self.screen_my_info = "2000" #계좌 관련한 스크린 번호
        self.screen_calculation_stock = "4000" #계산용 스크린 번호
        #####################################
        … 생략 …
```

```python
def trdata_slot(self, sScrNo, sRQName, sTrCode, sRecordName, sPrevNext):
    … 생략 …

    if sRQName == "주식일봉차트조회":
        … 생략 …

        cnt = self.dynamicCall("GetRepeatCnt(QString, QString)", sTrCode, sRQName)
        print("남은 일자 수 %s" % cnt)

        for i in range(cnt):
            data = []

            current_price = self.dynamicCall("GetCommData(QString, QString, int, QString)",
sTrCode, sRQName, i, "현재가")  # 출력 : 000070
            value = self.dynamicCall("GetCommData(QString, QString, int, QString)", sTr-
Code, sRQName, i, "거래량")  # 출력 : 000070
            trading_value = self.dynamicCall("GetCommData(QString, QString, int, QString)",
sTrCode, sRQName, i, "거래대금")  # 출력 : 000070
            date = self.dynamicCall("GetCommData(QString, QString, int, QString)", sTrCode,
sRQName, i, "일자")  # 출력 : 000070
            start_price = self.dynamicCall("GetCommData(QString, QString, int, QString)",
sTrCode, sRQName, i, "시가")  # 출력 : 000070
            high_price = self.dynamicCall("GetCommData(QString, QString, int, QString)",
sTrCode, sRQName, i, "고가")  # 출력 : 000070
            low_price = self.dynamicCall("GetCommData(QString, QString, int, QString)",
sTrCode, sRQName, i, "저가")  # 출력 : 000070

            data.append("")
            data.append(current_price.strip())
            data.append(value.strip())
            data.append(trading_value.strip())
            data.append(date.strip())
            data.append(start_price.strip())
            data.append(high_price.strip())
            data.append(low_price.strip())
            data.append("")

            self.calcul_data.append(data.copy())
```

카운트를 for 문으로 반복하면서 데이터를 하루 치씩 가져온다. 조회 형태는 계좌평가잔고내역에서 카운트를 for 문으로 반복하면서 데이터를 한 개씩 가져온 것과 같다. 그리고 그림 5.8을 참조해 KOA Studio에 표시된 주식일봉차트조회요청의 멀티데이터 목록을 확인한다.

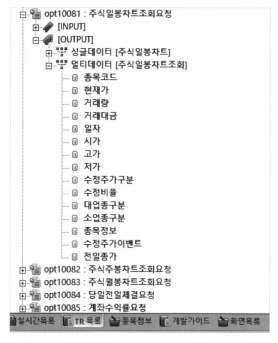

그림 5.8 KOA Studio – 주식일봉차트조회요청 – 멀티데이터

계좌평가잔고내역에서 조회했던 것처럼 for 문의 i 값을 이용해 오늘 날짜부터 차례로 데이터를 가져온다.

```
self.dynamicCall("GetCommData(QString, QString, int, QString)", sTrCode, sRQName, i, [조회문])
```

for 문 아래에 있는 리스트 변수는 GetCommDataEx로 데이터를 받아올 때 출력된 이중 리스트 형태와 똑같이 만들어주기 위한 리스트다. 똑같이 만들어준 이유는 혹시라도 GetCommDataEx를 이용할 때를 대비해서 추가 작업을 하지 않기 위함이다. 하지만 이 책에서는 GetCommDataEx를 사용하지는 않는다. 그래서 for 문을 반복하면서 받아온 GetCommData의 반환값을 data.append(반환값)으로 추가한다.

```
data = []
```

추가한 data 리스트는 다음과 같이 append( ) 함수를 이용해 추가한다.

```
self.calcul_data.append(data.copy())
```

추가 받는 calcul_data 딕셔너리를 __init__( ) 함수에도 만들어 놓는다.

```
class Kiwoom(QAxWidget):
    def __init__(self):
        … 생략 …


        ########## 종목 분석 용
        self.calcul_data = []
        #####################################


        ###### 요청 스크린 번호
        self.screen_my_info = "2000" #계좌 관련한 스크린 번호
        self.screen_calculation_stock = "4000" #계산용 스크린 번호
        #####################################
        … 생략 …
```

리스트는 주솟값을 공유하기 때문에 데이터가 하나라도 변경되면 관련된 모든 리스트의 데이터가 변경된다. 그래서 copy( )를 이용해 주소값을 새로 만들고, 영향을 미치지 못하게 한다. 그리고 self.calcul_data는 __init__ 함수에서 초깃값으로 추가해준 변수다. 그러면 다음과 같은 형태의 리스트가 만들어진다.

```
[['', '현재가', '거래량', '거래대금', '날짜', '시가', '고가', '저가'. ''], ['', '현재가', '거래량', '거래대금', '날짜', '시가', '고가', '저가', '']. [ … ]]
```

중요한 부분은 120일 이동평균선을 구하려면 600일 치의 데이터로는 부족하다는 것이다. 왜냐하면 분석하는 그랜빌의 매수신호 제4법칙에 적합한 120일 이동평균선과 주가가 어느 시점에서 포착될지 모르기 때문이다. 그래서 과거 데이터를 계산하면서 충분한 분석을 할 수 있도록 600일 치 이상의 데이터가 필요하다.

CommRqData 함수를 이용하면 상장일부터의 일봉데이터를 얻을 수 있는데, 600일 치 이상의 데이터가 있다면 sPrevNext는 "2"로 반환된다. sPrevNext를 2로 설정하고 CommRqData를 다시 요청하면 된다. 이 부분의 코드는 계좌평가 잔고내역에서 구성한 코드와 같다.

결과적으로 self.calcul_data는 상장 이후부터의 모든 일봉데이터를 가진다. 그리고 모든 일봉 데이터를 반환받았으므로 else 영역에서 앞서 살펴본 순서에 맞게 그랜빌의 매수신호 제4법칙의 각 과정을 코드로 구현한다

첫 번째 과정은 GetCommData에서 받아온 일봉데이터를 이용해 120일 치의 이동평균선을 계산해서 오늘 날짜의 120일 치 이동평균선 가격을 찾는 것이다.

예제 5.10 최근 120일 치 이동평균선의 가격 계산   kiwoom.py → def trdata_slot()

```
… 생략 …

class Kiwoom(QAxWidget):
        … 생략 …

    def trdata_slot(self, sScrNo, sRQName, sTrCode, sRecordName, sPrevNext):
        … 생략 …

        elif sRQName == "주식일봉차트조회":
            … 생략 …

            if sPrevNext == "2":
                self.day_kiwoom_db(code=code, sPrevNext=sPrevNext)
            else:
                print("총 일수 %s" % len(self.calcul_data))

                pass_success = False

                # 120일 이평선을 그릴만큼의 데이터가 있는지 체크
                if self.calcul_data == None or len(self.calcul_data) < 120:
                    pass_success = False
                else:
                    # 120일 이평선의 최근 가격 구함
                    total_price = 0
                    for value in self.calcul_data[:120]:
                        total_price += int(value[1])
                    moving_average_price = total_price / 120
```

pass_success 변수는 종목이 모든 조건문에 부합하는지 확인하기 위한 변수다. 초깃값은 False로 설정하고, 모든 조건에 부합하면 최종적으로 True로 바꾼다.

```
pass_success = False
```

다음 코드는 상장한지 얼마 되지 않은 종목은 120일 치의 데이터가 없다는 전제하에 만들어놓은 조건문이다.

```
if self.calcul_data == None or len(self.calcul_data) < 120:
    pass_success = False
```

이어서 가장 최근 날짜의 120일 치 이동평균선의 가격을 구한다. self.calcul_data[:120] 형태로 0부터 119까지의 데이터만 가져온다.

```
else:
    # 120일 이평선의 최근 가격 구함
    total_price = 0
    for value in self.calcul_data[:120]:
        total_price += int(value[1])
    moving_average_price = total_price / 120
```

최근 날짜부터 120일 전까지의 현재가를 모두 더한 다음 120으로 나누면 120일 이동평균선의 가장 최근 가격을 구할 수 있다.

다음 그림과 같이 가장 최근의 가격을 구할 수 있는데, 한 가지 아쉬운 부분은 이동평균선에 대한 데이터를 키움 API로는 받을 수 없다는 점이다. 그래서 위 과정을 반복해서 날짜별로 이동평균선의 가격을 구해야 한다.

그림 5.9 120일 이동평균선의 가장 최근 가격

두 번째 과정은 주가가 120일선에 걸쳐져 있는지 확인하는 것이다. 가장 최근의 일봉에서 고가와 저가를 이동평균선과 비교한다.

예제 5.11 주가의 고가가 이동평균선과 같거나 아래에 있는지 확인   kiwoom.py → def trdata_slot()

```
… 생략 …

class Kiwoom(QAxWidget):
    … 생략 …

    def trdata_slot(self, sScrNo, sRQName, sTrCode, sRecordName, sPrevNext):
        … 생략 …

        elif sRQName == "주식일봉차트조회":
            … 생략 …

                # 120일 이평선을 그릴만큼의 데이터가 있는지 체크
                if self.calcul_data == None or len(self.calcul_data) < 120:
                    pass_success = False
                else:
                    # 120일 이평선의 최근 가격 구함
                    total_price = 0
                    for value in self.calcul_data[:120]:
```

```
        total_price += int(value[1])
    moving_average_price = total_price / 120

    # 오늘자 주가가 120일 이평선에 걸쳐있는지 확인
    bottom_stock_price = False
    check_price = None
    if int(self.calcul_data[0][7]) <= moving_average_price and moving_average_
price <= int(self.calcul_data[0][6]):
            print("오늘의 주가가 120 이평선에 걸쳐있는지 확인")
            bottom_stock_price = True
            check_price = int(self.calcul_data[0][6])
```

리스트의 데이터를 다시 보면 ['', '현재가', '거래량', '거래대금', '날짜', '시가', '고가', '저가', ''] 형태다. 따라서 가장 최근의 저가는 self.calcul_data[0][7]로 가져올 수 있고, 가장 최근의 고가는 self.calcul_data[0][6]으로 가져올 수 있다.

이를 이용해 이동평균선이 최근 일봉의 저가보다는 위에 있고, 일봉의 고가보다는 아래에 있는지 확인한다. 그러면 이동평균선에 걸쳐있는 데이터만 필터링할 수 있다.

```
if int(self.calcul_data[0][7]) <= moving_average_price and moving_average_price <= int(self.
calcul_data[0][6]):
```

조건에 부합하면 bottom_stock_price를 True로 변경하고 check_price에 고가를 할당한다. check_price는 나중에 과거의 저가가 오늘 자의 고가보다 낮은지 판단하는 데 사용한다.

```
bottom_stock_price = True
check_price = int(self.calcul_data[0][6])
```

변경했으면 다음 과정으로 넘어간다.

세 번째 과정은 두 번째 과정에서 살펴본 조건이 True일 때 과거의 데이터도 비교하는 것이다. 과거 20일 치의 주가가 모두 120일 이동평균선보다 아래에 있는지 반복해서 체크한다.

```
… 생략 …

class Kiwoom(QAxWidget):
    … 생략 …

    def trdata_slot(self, sScrNo, sRQName, sTrCode, sRecordName, sPrevNext):
        … 생략 …

        elif sRQName == "주식일봉차트조회":
            … 생략 …

                # 오늘자 주가가 120일 이평선에 걸쳐있는지 확인
                bottom_stock_price = False
                check_price = None
                if int(self.calcul_data[0][7]) <= moving_average_price and moving_average_
price <= int(self.calcul_data[0][6]):
                    print("오늘 주가 120이평선 걸쳐있는 것 확인")
                    bottom_stock_price = True
                    check_price = int(self.calcul_data[0][6])

                # 과거 일봉 데이터를 조회하면서 120일 이동평균선보다 주가가 계속 밑에 존재하는지 확인
                prev_price = None
                if bottom_stock_price == True:
                    moving_average_price_prev = 0
                    price_top_moving = False
                    idx = 1

                    while True:
                        if len(self.calcul_data[idx:]) < 120:  # 120일 치가 있는지 계속 확인
                            print("120일 치가 없음")
                            break

                        total_price = 0
                        for value in self.calcul_data[idx:120+idx]:
                            total_price += int(value[1])
                        moving_average_price_prev = total_price / 120

                        if moving_average_price_prev <= int(self.calcul_data[idx][6]) and idx <= 20:
```

```
        print("20일 동안 주가가 120일 이평선과 같거나 위에 있으면 조건 통과 못 함")
        price_top_moving = False
        break
```

prev_price 변수는 잠시 뒤에 살펴보겠다. moving_average_price_prev 변수에는 120일 이동평균
선의 가격을 할당한다. price_top_moving 변수는 우선 초깃값을 False로 설정하고, 앞으로 구성하는
조건문을 모두 통과할 경우에 True로 변환한다.

```
moving_average_price_prev = 0
price_top_moving = False
```

이어서 과거 데이터를 조회하는 일자마다 120일 이동평균선의 가격을 구해야 한다. 먼저 120일 치의
일봉 데이터가 존재하는지 확인하기 위해서 다음 조건문을 사용해 확인하고, 만약 120일 치의 데이터
가 없다면 break 문을 이용해 while 반복문을 빠져나온다.

```
idx = 1

while True:
    if len(self.calcul_data[idx:]) <= 120:  # 120일 치가 있는지 계속 확인
        print("120일 치가 없음")
        break
```

이동평균선의 가격은 날마다 달라지므로 과거 데이터를 조회할 때마다 구한다.

```
total_price = 0
for value in self.calcul_data[idx:120+idx]:
    total_price += int(value[1])
moving_average_price_prev = total_price / 120
```

그랜빌의 매수신호 제4법칙이 성립하려면 일정 기간 동안 고가가 120일 이동평균선보다 크거나 같으
면 안 된다(이 책에서는 이 기간을 20일로 했다). 따라서 매 순간마다 이동평균선의 가격과 고가를 비
교한다. 만약 고가가 이동평균선과 같거나 높은 구간이 발견되면 price_top_moving를 False로 설정
하고, 이후의 조건은 확인하지 않도록 break 문을 이용해 반복문을 빠져나온다.

```
if moving_average_price_prev <= int(self.calcul_data[idx][6]) and idx <= 20:
    print("20일 동안 주가가 120일 이평선과 같거나 위에 있으면 조건 통과 못 함")
    price_top_moving = False
    break
```

이 조건을 만족하려면 다음 그림과 같이 일봉이 회색 줄로 표시된 120일 이동평균선보다 무조건 아래에 위치해야 한다. 조건을 만족하면 이어서 다음 조건을 확인한다.

그림 5.10 일봉이 이동평균선보다 아래에 위치

네 번째 과정에서는 20일 동안 이동평균선 아래 부근에 있다가 이후에 일봉의 저가가 120일 이동평균선보다 위에 있는 구간을 찾으면 그 구간의 120일 이동평균선의 가격을 구한다.

그리고 나서 네 번째 과정에서 구한 일봉과 이동평균선의 가격을 첫 번째 과정에서 구한 가장 최근 일자의 120일 이동평균선 가격 그리고 일봉과 비교한다. 비교하는 방법은 가장 최근 일자의 일봉 고가가 네 번째 과정에서 구한 일봉의 저가보다 더 높은지 확인한다. 그리고 이동평균선도 더 높은지 확인한다. 즉, 앞서 살펴본 그림 5.7처럼 비교하는 것이다.

먼저 '20일 동안 이동평균선 아래 부근에 있다가 이후에 일봉의 저가가 120일 이동평균선보다 위에 있는 구간을 찾으면 그 구간의 120일 이동평균선의 가격을 구하는' 과정을 구현해 보겠다.

```
… 생략 …


class Kiwoom(QAxWidget):
    … 생략 …


    def trdata_slot(self, sScrNo, sRQName, sTrCode, sRecordName, sPrevNext):
        … 생략 …


        elif sRQName == "주식일봉차트조회":
            … 생략 …


                        if moving_average_price_prev <= int(self.calcul_data[idx][6]) and idx <= 20:
                            print("20일 동안 주가가 120일 이평선과 같거나 위에 있으면 조건 통과 못 함")
                            price_top_moving = False
                            break


                        elif int(self.calcul_data[idx][7]) > moving_average_price_prev and idx
    > 20:  # 120일 이평선 위에 있는 구간 존재
                            print("120일치 이평선 위에 있는 구간 확인됨")
                            price_top_moving = True
                            prev_price = int(self.calcul_data[idx][7])
                            break


                        idx += 1
```

다음 코드는 20일 치 이후에 주가의 저가가 이동평균선보다 위에 있는지 확인하는 조건문이다.

```
elif int(self.calcul_data[idx][7]) > moving_average_price_prev and idx > 20:
```

조건이 성립하면 price_top_moving을 True로 변경하고, prev_price 변수에 int(self.calcul_data[idx][7])를 할당한다.

```
price_top_moving = True
prev_price = int(self.calcul_data[idx][7])
```

이어서 그림 5.7처럼 비교하는 과정을 구현해보자.

예제 5.14 가장 최근의 이동평균선 가격이 과거의 이동평균선 가격보다 높은지 확인   kiwwom.py py → def trdata_slot()

```
… 생략 …

class Kiwoom(QAxWidget):
    … 생략 …

    def trdata_slot(self, sScrNo, sRQName, sTrCode, sRecordName, sPrevNext):
        … 생략 …

        elif sRQName == "주식일봉차트조회":
            … 생략 …

                elif int(self.calcul_data[idx][7]) > moving_average_price_prev and idx > 20:  #
120일 이평선 위에 있는 구간 존재
                    print("120일 치 이평선 위에 있는 구간 확인됨")
                    price_top_moving = True
                    prev_price = int(self.calcul_data[idx][7])
                    break

                idx += 1

            # 해당부분 이평선이 가장 최근의 이평선 가격보다 낮은지 확인
            if price_top_moving == True:
                if moving_average_price > moving_average_price_prev and check_price > prev_price:
                    print("포착된 이평선의 가격이 오늘자 이평선 가격보다 낮은 것 확인")
                    print("포착된 부분의 일봉 저가가 오늘자 일봉의 고가보다 낮은지 확인")
                    pass_success = True
```

조건문에서는 과거의 이동평균선과 현재의 이동평균선 그리고 과거의 저가와 현재 고가를 비교하고 있다.

먼저 다음과 같이 이동평균선의 크기를 비교한다.

```
moving_average_price > moving_average_price_prev
```

이어서 가장 최근 일자의 일봉 고가가 이후에 구한 일봉 저가보다 더 큰지 확인한다.

```
check_price > prev_price
```

두 개의 조건을 모두 만족하면 결과적으로 그랜빌의 매수신호 제4법칙의 모든 조건이 성립하는 것이다. 마지막으로 pass_success를 True로 변경해서 모든 조건이 성립함을 표시한다.

지금까지 살펴본 포트폴리오로 종목을 분석하는 전체 코드는 다음과 같다.

예제 5.15 **포트폴리오로 종목 분석하기의 전체 코드**   kiwoom.py → def trdata_slot()

```
from PyQt5.QAxContainer import *
from PyQt5.QtCore import *
from config.errorCode import *
from PyQt5.QtTest import *

class Kiwoom(QAxWidget):
    … 생략 …

    def trdata_slot(self, sScrNo, sRQName, sTrCode, sRecordName, sPrevNext):
        … 생략 …

        elif sRQName == "주식일봉차트조회":
            … 생략 …

            if sPrevNext == "2":
                self.day_kiwoom_db(code=code, sPrevNext=sPrevNext)
            else:
                print("총 일수 %s" % len(self.calcul_data))

                pass_success = False

                # 120일 이평선을 그릴만큼의 데이터가 있는지 체크
                if self.calcul_data == None or len(self.calcul_data) < 120:
                    pass_success = False
                else:
                    # 120일 이평선의 최근 가격 구함
                    total_price = 0
                    for value in self.calcul_data[:120]:
                        total_price += int(value[1])
                    moving_average_price = total_price / 120

                    # 오늘자 주가가 120일 이평선에 걸쳐있는지 확인
```

```python
                    bottom_stock_price = False
                    check_price = None
                    if int(self.calcul_data[0][7]) <= moving_average_price and moving_average_price
        <= int(self.calcul_data[0][6]):
                        print("오늘 주가 120이평선 걸쳐있는 것 확인")
                        bottom_stock_price = True
                        check_price = int(self.calcul_data[0][6])


                    # 밑에 있으면 주가가 120일 이평선보다 위에 있던 구간이 있었는지 확인
                    prev_price = None
                    if bottom_stock_price == True:
                        moving_average_price_prev = 0
                        price_top_moving = False
                        idx = 1

                        while True:
                            if len(self.calcul_data[idx:]) < 120:  # 120일 치가 있는지 계속 확인
                                print("120일 치가 없음")
                                break

                            total_price = 0
                            for value in self.calcul_data[idx:120+idx]:
                                total_price += int(value[1])
                            moving_average_price_prev = total_price / 120

                            if moving_average_price_prev <= int(self.calcul_data[idx][6]) and idx <= 20:
                                print("20일 동안 주가가 120일 이평선과 같거나 위에 있으면 조건 통과 못 함")
                                price_top_moving = False
                                break

                            elif int(self.calcul_data[idx][7]) > moving_average_price_prev and idx
        > 20:  # 120일 이평선 위에 있는 구간 존재
                                print("120일 치 이평선 위에 있는 구간 확인됨")
                                price_top_moving = True
                                prev_price = int(self.calcul_data[idx][7])
                                break

                            idx += 1
```

```
                # 해당부분 이평선이 가장 최근의 이평선 가격보다 낮은지 확인
                if price_top_moving == True:
                    if moving_average_price > moving_average_price_prev and check_price >
prev_price:
                        print("포착된 이평선의 가격이 오늘자 이평선 가격보다 낮은 것 확인")
                        print("포착된 부분의 일봉 저가가 오늘자 일봉의 고가보다 낮은지 확인")
                        pass_success = True
```

5.3.2. 조건을 통과한 종목을 파일로 저장

마지막으로 조건을 통과한 종목을 파일로 저장해보자. 파일에 저장한 종목은 다음 날 장을 시작할 때 불러와서 사용한다.

예제 5.16 조건에 통과한 종목 저장하기   kiwoom.py → def trdata_slot()

```
    … 생략 …

class Kiwoom(QAxWidget):
    … 생략 …

    def trdata_slot(self, sScrNo, sRQName, sTrCode, sRecordName, sPrevNext):
        … 생략 …

        elif sRQName == "주식일봉차트조회":
            … 생략 …

.                   # 해당부분 이평선이 가장 최근의 이평선 가격보다 낮은지 확인
                    if price_top_moving == True:
                        if moving_average_price > moving_average_price_prev and check_price >
prev_price:
                            print("포착된 이평선의 가격이 오늘자 이평선 가격보다 낮은 것 확인")
                            print("포착된 부분의 일봉 저가가 오늘자 일봉의 고가보다 낮은지 확인")
                            pass_success = True

                if pass_success == True:
                    print("조건부 통과됨")

                    code_nm = self.dynamicCall("GetMasterCodeName(QString)", code)
```

```
                      f = open("files/condition_stock.txt", "a", encoding="utf8")
                      f.write("%s\t%s\t%s\n" % (code, code_nm, str(self.calcul_data[0][1])))
                      f.close()

              elif pass_success == False:
                  print("조건부 통과 못 함")

              self.calcul_data.clear()
              self.calculator_event_loop.exit()
```

조건을 통과하면 종목명을 조회해야 한다.

```
code_nm = self.dynamicCall("GetMasterCodeName(QString)", code)
```

GetMasterCodeName은 종목코드를 가지고 종목명을 가져오는 함수다. 종목명을 구했으면 파일로
저장한다.

```
f = open("files/condition_stock.txt", "a", encoding="utf8")
f.write("%s\t%s\t%s\n" % (code, code_nm, str(self.calcul_data[0][1])))
f.close()
```

파일을 저장하는 데에는 open("저장폴더/파일명", 쓰기조건, "인코딩") 형태의 옵션을 가지는 함수를
이용한다. 첫 매개변수에는 저장할 폴더 위치와 파일명을 쓰고, 두 번째 매개변수는 쓰기 옵션을 넣는
다. a는 기존의 파일에 이어서 쓰는 옵션이며, w는 이전 데이터를 모두 지우고 새로 쓰는 옵션이다. 마
지막 매개변수에는 문자열 변환을 위한 인코딩 방식을 전달한다.

그리고 \\t는 키보드의 TAB을 의미하고, \\n는 엔터를 의미한다. 파일 쓰기가 완료되면 다음 종목
을 분석하기 위해서 self.calcul_data를 clear()로 초기화한다. 그리고 self.calculator_event_loop.
exit()으로 이벤트 루프를 종료하고 다음 종목을 분석하도록 만든다.

지금까지 포트폴리오 분석 알고리즘을 완성했다. 이번 절에서 구현한 코드는 장이 끝나는 시점에 동작
하도록 설정해야 하는데, 이는 뒤에서 다시 살펴보겠다.

최종적으로 그림 5.7의 형태를 만족하는 종목을 구했다. 주의해야 할 점은 각 종목을 분석하는 데 3.6
초 이상의 간격을 줘야 하므로 1,300여 개의 코스닥 종목을 분석하는 데 10시간 이상이 걸릴 수 있다
는 점이다. 그리고 자정이 되면 업데이트 문제로 키움에서 프로그램의 연결을 끊을 수도 있다. 이를 참
고해서 테스트를 진행한다.

CHAPTER

06

보유한 종목, 미체결 종목, 분석된 종목 합치기

이번 장에서는 계좌평가잔고내역의 보유 종목들과 미체결 종목 그리고 포트폴리오 조건을 통과한 종목들을 편리하게 유지 관리할 수 있도록 구성해보자.

6.1 분석한 종목 가져오기

이전 장에서는 포트폴리오 조건에 부합하는 종목들을 찾고, 다음 날 주식 장을 위해 선정된 종목들을 파일로 저장했다. 파일을 저장한 위치는 files 폴더 안의 condition_stock.txt이다. 이번 장에서는 이전 장에서 저장한 파일을 불러와 보자.

예제 6.1 저장된 파일 불러오기　　　　　　　　　　　　　　kiwoom.py → def read_code()

```
… 생략 …

class Kiwoom(QAxWidget):
    … 생략 …

    def read_code(self):
```

```
if os.path.exists("files/condition_stock.txt"): # 해당 경로에 파일이 있는지 체크한다.
    f = open("files/condition_stock.txt", "r", encoding="utf8")

    lines = f.readlines() #파일에 있는 내용들이 모두 읽어와 진다.
    for line in lines: #줄바꿈된 내용들이 한줄 씩 읽어와진다.
        if line != "":
            ls = line.split("\t")

            stock_code = ls[0]
            stock_name = ls[1]
            stock_price = int(ls[2].split("\n")[0])
            stock_price = abs(stock_price)

            self.portfolio_stock_dict.update({stock_code:{"종목명":stock_name, "현재
가":stock_price}})
    f.close()
```

저장된 파일을 불러오기 위한 함수를 새로 생성한다.

```
def read_code(self):
```

그다음 파일을 가져오려면 먼저 파일이 존재하는지 파악해야 한다.

```
if os.path.exists("files/condition_stock.txt"):
```

파일이 있는지 확인하는 조건문을 추가하고, 시스템과 관련된 sys 모듈의 os.path.exists 함수를 이용해 파일이 있는지 확인한다. os.path.exists("파일경로") 함수는 파일이 있다면 True를 반환해주는 함수다.

그리고 파일 쓰기에서 사용했던 open( ) 함수를 이용해 파일을 읽어온다. open( ) 함수의 옵션으로 "r"을 전달하면 파일을 읽어올 수 있다. 반환되는 데이터는 변수 f에 담아준다.

```
f = open("files/condition_stock.txt", "r", encoding="utf8")
```

이제 파일을 한 줄씩 읽어올 차례다. 먼저 다음 코드를 이용해 파일의 데이터를 모두 읽어 들인다.

```
lines = f.readlines()
```

그리고 읽어 들인 내용을 한 줄씩 출력하기 위해 다음 코드를 반복한다.

```
for line in lines:
```

빈 문자가 아니라면 조건문을 통과하고, split( ) 함수를 이용해 탭(₩t)을 기준으로 문자열을 잘라준다.

```
if line != "":
    ls = line.split("\t")
```

그리고 ₩t을 기준으로 이미 한 번 분리한 문자열을 ₩n을 기준으로 한 번 더 분리한다. 이전에 파일을 저장할 때 문자의 마지막에 ₩n 함수를 붙여서 다음 줄로 띄어쓰기했던 것을 기억할 것이다. 그래서 파일을 다시 읽어올 때도 ₩n 문자가 같이 반환된다. 그러므로 split( ) 함수를 한 번 더 사용해서 ₩n 문자를 제거하고, 각 행을 구분한다.

```
stock_price = int(ls[2].split("\n")[0])
```

마지막으로 최종 결과를 딕셔너리에 담는다.

```
self.portfolio_stock_dict.update({stock_code:{"종목명":stock_name, "현재가":stock_price}})
```

그리고 self.portfolio_stock_dict 변수와 read_code( ) 함수를 __init__( )에 추가한다.

예제 6.2 init 함수에 종목 정보를 담을 딕셔너리 추가　　　　　　　　　　　　kiwoom.py → def __init__()

```
 … 생략 …

class Kiwoom(QAxWidget):
    def __init__(self):
        super().__init__()
        print("Kiwoom() class start.")

        … 생략 …

        ######## 종목 정보 가져오기
        self.portfolio_stock_dict = {}
        ######################

        ########## 종목 분석 용
        self.calcul_data = []
        ####################################
```

```
… 생략 …

######## 초기 셋팅 함수들 바로 실행
… 생략 …

self.detail_account_mystock() #계좌평가잔고내역 가져오기
QTimer.singleShot(5000, self.not_concluded_account) #5초 뒤에 미체결 종목들 가져오기 실행
########################################

QTest.qWait(10000)
self.read_code()
```

먼저 딕셔너리 변수인 portfolio_stock_dict를 추가한다.

```
self.portfolio_stock_dict = {}
```

그리고 read_code() 함수를 추가할 때 10초 뒤에 실행하도록 만든다. 이는 이전 코드의 작업들이 안전하게 완료되도록 기다리기 위한 설정이다.

```
QTest.qWait(10000)
self.read_code()
```

6.2 보유 종목, 미체결 종목, 분석된 종목을 하나의 딕셔너리로 구성

지금까지 우리는 3개의 딕셔너리를 만들었다. 보유 종목을 담은 account_stock_dict, 미체결 종목을 담은 not_account_stock_dict, 파일로부터 종목을 불러와서 만든 portfolio_stock_dict이다. 이번 절에서는 유지 관리의 편리성을 위해서 이를 하나의 딕셔너리로 구성해보겠다.

6.2.1. 하나의 딕셔너리에 모든 종목 합치기

딕셔너리를 사용하는 방법은 개인마다 다를 수 있다. 어떤 독자는 하나의 딕셔너리에 데이터를 담아서 사용하는 방법을 편하게 생각할 수도 있고, 어떤 독자는 계좌평가잔고내역, 미체결종목, 포트폴리오종목을 각각의 딕셔너리로 분리해서 담은 다음 각각 필요에 따라 가져다 사용하는 방법을 편하게 생각할 수도 있다.

이 책에서는 각각의 딕셔너리에 저장하는 방법을 사용한다. 하지만 하나의 딕셔너리에 데이터를 담아서 사용하는 방법을 선호하는 독자를 위해 데이터를 모으는 방법도 살펴보자. 이렇게 하나의 딕셔너리로 모으는 방법은 아주 간단하다.

예제 6.3 하나의 딕셔너리로 모으기   kiwoom.py

```python
     … 생략 …


class Kiwoom(QAxWidget):
    def __init__(self):
    … 생략 …


        ###### event loop를 실행하기 위한 변수 모음
        self.login_event_loop = QEventLoop() # 로그인 요청용 이벤트 루프
        self.detail_account_info_event_loop = QEventLoop() # 예수금 요청용 이벤트 루프
        self.calculator_event_loop = QEventLoop()
        #######################################

        ########## 전체 종목 관리
        self.all_stock_dict = {}
        #######################

    def read_code(self):
        … 생략 …

    def merge_dict(self):
        self.all_stock_dict.update({"계좌평가잔고내역": self.account_stock_dict})
        self.all_stock_dict.update({'미체결종목': self.not_account_stock_dict})
        self.all_stock_dict.update({'포트폴리오종목': self.portfolio_stock_dict})
```

변수명이 all_stock_dict인 딕셔너리를 만들고 항목별로 키 값을 만들어서 업데이트한다. 주의해야 할 점은 리스트, 딕셔너리와 같은 데이터를 저장하는 타입들은 새로운 변수로 데이터를 할당해도 데이터 주소가 공유된다는 것이다. 주소는 데이터가 내부적으로 저장된 경로를 뜻한다. 그래서 새로운 변수의 데이터를 변경하면 기존의 데이터도 변경된다. 예제 6.4에서 자세히 살펴보자.

```python
sample_dict = {"1":"테스트1", "2":"테스트2", "3":"테스트3"}

a_test = sample_dict
a_test["1"] = "변경하기"

print("할당 %s" % a_test) → 할당 {'1': '변경하기', '2': '테스트2', '3': '테스트3'}
print("원본 %s" % sample_dict) → 원본 {'1': '변경하기', '2': '테스트2', '3': '테스트3'}
```

다음과 같은 내용으로 sample_dict 변수를 생성했다.

```python
sample_dict = {"1":"테스트1", "2":"테스트2", "3":"테스트3"}
```

그리고 sample_dict를 a_test에 할당한다. 그러면 기존의 sample_dict의 딕셔너리 값이 공유된다.

```python
a_test = sample_dict
```

그래서 a_test의 데이터를 변경하면 기존의 데이터도 변경되는 모습을 볼 수 있다.

```python
a_test["1"] = "변경하기"
print("할당 %s" % a_test) → 할당 {'1': '변경하기', '2': '테스트2', '3': '테스트3'}
print("원본 %s" % sample_dict) → 원본 {'1': '변경하기', '2': '테스트2', '3': '테스트3'}
```

지금까지 코드를 통해서 데이터의 주소가 공유되는 모습을 살펴봤다. 이번에는 주소가 공유되는 원리를 그림을 통해 확인해보자.

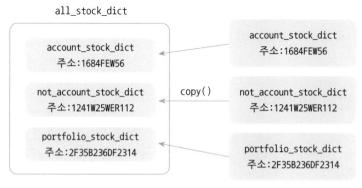

그림 6.1 주소 값을 공유하는 모습

그림 6.1은 오른쪽의 딕셔너리들을 all_stock_dict에 업데이트하는 모습이다.

예를 들어, 오른쪽 그림에서 account_stock_dict의 주소가 '1684FEW56'이라고 가정해보자. 그리고 왼쪽의 all_stock_dict에 account_stock_dict를 담아준다. 그다음 오른쪽에 있는 account_stock_dict의 데이터를 변경하면 왼쪽의 all_stock_dict에 담긴 account_stock_dict의 데이터도 변경된다. 서로 같은 주소를 공유하기 때문이다. portfolio_stock_dict 역시 마찬가지이다.

하지만 not_account_stock_dict에는 copy( )라는 함수가 쓰여있다. 예제 6.5에서 copy( )에 대해서 알아보자.

주소 값을 공유하는 기능은 프로그램에서 편리한 기능이지만, 자칫하다가는 데이터가 엉키는 문제가 생길 수 있다. 그래서 주소를 공유하지 않기 위해 copy( ) 함수를 사용하기도 한다.

예제 6.5 딕셔너리의 데이터 복사해서 변경하는 예제　　　　　　　　　　　　　　　　chapter6/dict.py

```
sample_dict = {"1":"테스트1", "2":"테스트2", "3":"테스트3"}

a_test = sample_dict.copy()  ← copy 사용
a_test["1"] = "변경하기"

print("할당 %s" % a_test)  → 할당 {'1': '변경하기', '2': '테스트2', '3': '테스트3'}
print("원본 %s" % sample_dict)  → 원본 {'1': '테스트1', '2': '테스트2', '3': '테스트3'}
```

예제 6.5는 예제 6.4와 딕셔너리의 형태 그리고 데이터를 변경하는 형식이 같지만, copy( ) 함수를 이용해 딕셔너리를 복사한 다음 a_test에 할당하고 있다. 그래서 a_test의 데이터를 변경하더라도 sample_dict는 값이 변경되지 않고, 영향이 없다는 것을 확인할 수 있다.

```
print("할당 %s" % a_test)  → 할당 {'1': '변경하기', '2': '테스트2', '3': '테스트3'}
print("원본 %s" % sample_dict)  → 원본 {'1': '테스트1', '2': '테스트2', '3': '테스트3'}
```

6.2.2. 종목별로 스크린 번호 할당하기

스크린 번호는 API 이용하는데 중요한 개념이다. 데이터의 과부하를 최적화하며, 키움 증권에 요청하는 데이터들을 편리하게 관리할 수 있게 해준다. 하지만 스크린 번호는 담을 수 있는 데이터의 양이 제한돼 있다. 자세한 원리는 7.1.3 절에서 살펴보고, 이번 절에서는 종목마다 스크린 번호를 할당해보자.

스크린 번호는 주로 변화되는 데이터를 받는 요청 부분에서 사용한다. 물론 다른 부분에서도 스크린 번호는 계속 사용된다.

스크린 번호는 원하는 4자리 숫자로 구성하면 된다.

예제 6.6 init 함수에 스크린 변수 선언   kiwoom.py → def __init__()

```
… 생략 …


class Kiwoom(QAxWidget):
    def __init__(self):
        super().__init__()
        print("Kiwoom() class start.")

        … 생략 …


        ####### 요청 스크린 번호
        self.screen_my_info = "2000" #계좌 관련한 스크린 번호
        self.screen_calculation_stock = "4000" #계산용 스크린 번호
        self.screen_real_stock = "5000" #종목별 할당할 스크린 번호
        self.screen_meme_stock = "6000" #종목별 할당할 주문용 스크린 번호
        #########################################
```

init( ) 함수에 두 개의 변수를 추가한다. self.screen_real_stock 변수는 지정한 종목의 실시간 정보를 요청할 때 사용한다. self.screen_meme_stock 변수는 주문을 요청할 때 사용한다.

그리고 다음 예제처럼 함수를 새로 생성하여 구역을 만든 다음 스크린 번호를 할당한다.

예제 6.7 스크린 번호 할당하는 구역   kiwoom.py → def screen_number_setting()

```
    … 생략 …


    def __init__(self):
        super().__init__()
        print("Kiwoom() class start.")

        … 생략 …


        QTest.qWait(10000)
```

```python
        self.read_code()
        self.screen_number_setting()


    def merge_dict(self):
        ··· 생략 ···


    def screen_number_setting(self):
        screen_overwrite = []

        #계좌평가잔고내역에 있는 종목들
        for code in self.account_stock_dict.keys():
            if code not in screen_overwrite:
                screen_overwrite.append(code)

        #미체결에 있는 종목들
        for order_number in self.not_account_stock_dict.keys():
            code = self.not_account_stock_dict[order_number]['종목코드']

            if code not in screen_overwrite:
                screen_overwrite.append(code)

        #포트폴리오에 있는 종목들
        for code in self.portfolio_stock_dict.keys():
            if code not in screen_overwrite:
                screen_overwrite.append(code)
```

먼저 __init__() 함수에 스크린 번호를 할당하는 코드를 관리하는 screen_number_setting() 함수를 추가한다.

```
self.screen_number_setting()
```

screen_overwrite 변수는 계좌평가, 미체결, 포트폴리오에 담긴 종목코드들을 중복되지 않게 모으는 역할을 한다. 이렇게 미리 모아놓고 스크린 번호를 순서대로 넣어주는 방법이 깔끔하다.

```
screen_overwrite = []
```

먼저 계좌평가잔고내역에서 구성한 딕셔너리를 for 문으로 반복한다. 그래서 screen_overwrite에 담긴 적이 없으면 append( ) 함수로 추가한다.

```
for code in self.account_stock_dict.keys():
    if code not in screen_overwrite:
        screen_overwrite.append(code)
```

그리고 미체결종목은 딕셔너리의 키 값이 주문번호로 돼 있다. 그래서 딕셔너리에서 직접 종목코드를 가져오고 screen_overwrite에 해당 종목이 있는지 체크한다.

```
for order_number in self.not_account_stock_dict.keys():
    code = self.not_account_stock_dict[order_number]['종목코드']

    if code not in screen_overwrite:
        screen_overwrite.append(code)
```

마찬가지의 방법으로 포트폴리오 딕셔너리도 진행한다.

```
#포트폴리오에 있는 종목들
for code in self.portfolio_stock_dict.keys():
    if code not in screen_overwrite:
        screen_overwrite.append(code)
```

3개의 for 문을 반복하면서 각 딕셔너리에 담긴 종목들을 screen_overwrite에 모았으며 이제 스크린 번호를 할당하면 된다.

예제 6.8 스크린 번호 카운트하고 부여하기   kiwoom.py → def screen_number_setting()

```
    … 생략 …

class Kiwoom(QAxWidget):
    def __init__(self):
        … 생략 …


    def screen_number_setting(self):
        … 생략 …
```

```
#포트폴리오에 있는 종목들
for code in self.portfolio_stock_dict.keys():
    if code not in screen_overwrite:
        screen_overwrite.append(code)

# 스크린 번호 할당
cnt = 0
for code in screen_overwrite:
    temp_screen = int(self.screen_real_stock)
    meme_screen = int(self.screen_meme_stock)

    if (cnt % 50) == 0:
        temp_screen += 1
        self.screen_real_stock = str(temp_screen)

    if (cnt % 50) == 0:
        meme_screen += 1
        self.screen_meme_stock = str(meme_screen)

    if code in self.portfolio_stock_dict.keys():
        self.portfolio_stock_dict[code].update({"스크린번호": str(self.
screen_real_stock)})
        self.portfolio_stock_dict[code].update({"주문용스크린번호": str(self.
screen_meme_stock)})

    elif code not in self.portfolio_stock_dict.keys():
        self.portfolio_stock_dict.update({code: {"스크린번호": str(self.screen_real_
stock), "주문용스크린번호": str(self.screen_meme_stock)}})

    cnt += 1

print(self.portfolio_stock_dict)
```

init( ) 함수에 선언한 스크린 번호, 주문용 스크린 번호는 문자열 타입으로 돼 있다. 그래서 int( ) 함수를 이용해 숫자 타입으로 변환한 다음 계산한다.

```
temp_screen = int(self.screen_real_stock)
meme_screen = int(self.screen_meme_stock)
```

50으로 나눈 값이 0일 때에는 스크린 번호를 카운트해준다. 한 개의 스크린 번호로 요청할 수 있는 건수는 100개까지다. 그래서 100개보다는 여유분을 두고 50개로 지정한다.

```python
if (cnt % 50) == 0:
    self.screen_real_stock += 1
```

주문용 스크린 번호도 마찬가지다.

```python
if (cnt % 50) == 0:
    meme_screen += 1
    self.screen_meme_stock = str(meme_screen)
```

모든 스크린 번호는 포트폴리오 딕셔너리에 추가한다. 이 포트폴리오 딕셔너리는 앞으로 배울 실시간으로 변하는 종목의 데이터를 보관하고 업데이트하는 용도로 사용할 것이다. 모든 딕셔너리에서 가장 중요한 딕셔너리로 볼 수 있다.

```python
if code in self.portfolio_stock_dict.keys():
    self.portfolio_stock_dict[code].update({"스크린번호": str(self.screen_real_stock)})
    self.portfolio_stock_dict[code].update({"주문용스크린번호": str(self.screen_meme_stock)})

elif code not in self.portfolio_stock_dict.keys():
    self.portfolio_stock_dict.update({code: {"스크린번호": str(self.screen_real_stock), "주문용
스크린번호": str(self.screen_meme_stock)}})
```

지금까지 구현한 전체 코드는 다음과 같다.

예제 6.9 스크린 번호를 할당하는 전체 코드   kiwoom.py

```python
… 생략 …

class Kiwoom(QAxWidget):
    def __init__(self):
        … 생략 …

    def screen_number_setting(self):
        screen_overwrite = []
```

```python
#계좌평가잔고내역에 있는 종목들
for code in self.account_stock_dict.keys():
    if code not in screen_overwrite:
        screen_overwrite.append(code)


#미체결에 있는 종목들
for order_number in self.not_account_stock_dict.keys():
    code = self.not_account_stock_dict[order_number]['종목코드']

    if code not in screen_overwrite:
        screen_overwrite.append(code)


#포트폴리오에 담겨있는 종목들
for code in self.portfolio_stock_dict.keys():
    if code not in screen_overwrite:
        screen_overwrite.append(code)


# 스크린 번호 할당
cnt = 0
for code in screen_overwrite:
    temp_screen = int(self.screen_real_stock)
    meme_screen = int(self.screen_meme_stock)

    if (cnt % 50) == 0:
        temp_screen += 1
        self.screen_real_stock = str(temp_screen)

    if (cnt % 50) == 0:
        meme_screen += 1
        self.screen_meme_stock = str(meme_screen)

    if code in self.portfolio_stock_dict.keys():
        self.portfolio_stock_dict[code].update({"스크린번호": str(self.
screen_real_stock)})
        self.portfolio_stock_dict[code].update({"주문용스크린번호": str(self.
screen_meme_stock)})

    elif code not in self.portfolio_stock_dict.keys():
```

```
                self.portfolio_stock_dict.update({code: {"스크린번호": str(self.screen_real_
    stock), "주문용스크린번호": str(self.screen_meme_stock)}})

            cnt += 1

        print(self.portfolio_stock_dict)
```

실시간 종목 분석 및 매매

지금까지는 증권 서버에 데이터를 요청하고, 증권 서버로부터 데이터를 받아왔다. 이번 장에서는 원하는 종목을 증권 서버에 등록해 두고 시시각각으로 변하는 종목의 데이터를 실시간으로 수신하도록 구성한 다음 조건 분석 및 매매를 해보자.

7.1 자동으로 주식 시장의 시작과 종료 확인

주식을 하는 데 있어서 시간 체크는 필수다. 주식 장은 시작하는 시각과 종료하는 시점이 정해져 있으며, 많은 투자자가 주식 장이 시작하기 전에 HTS 또는 주식 앱을 열어놓고 거래를 준비한다. 하지만 자동화의 핵심은 "모든 행위에서 사람의 손이 닿지 않는 상황을 만드는 것"이다. 그렇지 않으면 자동화의 의미가 없을 것이다. 추가로 가끔은 손으로 직접 거래를 할 때도 있다. 이 책에서 다루는 알고리즘은 수동으로도 거래를 할 수 있다. 그래서 자동화에 초점을 두었지만, 원할 때는 HTS 또는 증권 앱에서 수동으로 주문을 넣어도 프로그램으로 데이터가 수신되어 실시간 관리를 할 수 있게 구성했다.

그리고 가장 중요한 시간 체크는 키움 API를 활용해서 구성한다. 키움 API는 장 시간을 체크할 수 있도록 데이터를 제공한다.

7.1.1. 장 시간을 체크하기 위한 이벤트 등록

이전 장에서는 트랜잭션을 요청하는 방법을 배웠다. 이와 비슷한 형태로 실시간 요청에 대한 이벤트를 등록해야 한다. 그러면 실시간으로 변경되는 정보를 슬롯에서 받을 수 있다.

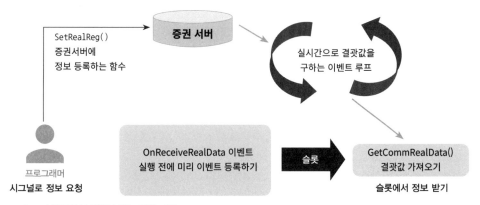

그림 7.1 실시간으로 정보를 받는 요청 과정

그림 7.1은 TR을 요청하는 과정과 비슷하다. 실시간 요청 과정에서도 트랜잭션 요청과 마찬가지로 이벤트를 등록한다. 그리고 setRealReg 함수에 실시간으로 받고자 하는 종목과 어떤 데이터를 실시간으로 받고 싶은지 지정해서 요청한다.

KOA Studio에서 '조회와 실시간데이터처리'를 보면 노란색 딱지가 붙은 이벤트 중에 OnReceiveRealData 이벤트가 있다.

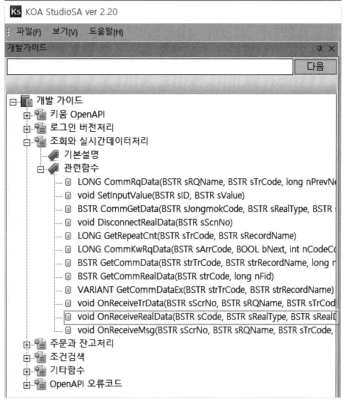

그림 7.2 KOA Studio − 조회와 실시간데이터처리

이 이벤트를 코드로 구현해보자.

```
… 생략 …

class Kiwoom(QAxWidget):
    def __init__(self):
        super().__init__()
        print("Kiwoom() class start.")

        … 생략 …

        ######### 초기 셋팅 함수들 바로 실행
        self.get_ocx_instance() # OCX 방식을 파이썬에 사용할 수 있게 변환해 주는 함수
        self.event_slots() # 키움과 연결하기 위한 시그널 / 슬롯 모음
        self.real_event_slot()  # 실시간 이벤트 시그널 / 슬롯 연결
        self.signal_login_commConnect() # 로그인 요청 함수 포함
        self.get_account_info() #계좌번호 가져오기
        … 생략 …

    def event_slots(self):
        self.OnEventConnect.connect(self.login_slot) # 로그인 관련 이벤트
        self.OnReceiveTrData.connect(self.trdata_slot) # 트랜잭션 요청 관련 이벤트

    def real_event_slot(self):
        self.OnReceiveRealData.connect(self.realdata_slot) # 실시간 이벤트 연결

    … 생략 …
```

위 코드와 같이 __init__( )에 실시간 요청과 관련된 이벤트를 모아 놓는 함수를 작성한다.

```
self.real_event_slot()       # 실시간 이벤트 시그널 / 슬롯 연결
```

그리고 real_event_slot 함수를 생성한다.

```
def real_event_slot(self):
    self.OnReceiveRealData.connect(self.realdata_slot) # 실시간 이벤트 연결
```

이벤트를 구성했으니 realdata_slot 함수를 슬롯으로 사용한다.

예제 7.2 실시간 데이터를 받기 위한 슬롯   kiwoom.py

```python
… 생략 …

class Kiwoom(QAxWidget):
    … 생략 …

    def screen_number_setting(self):
        … 생략 …

    def realdata_slot(self, sCode, sRealType, sRealData):
```

실시간 요청에서 슬롯으로 반환받는 데이터는 세 가지다. 첫 번째 sCode는 실시간으로 요청한 종목의
종목코드이며 "093424" 형태의 6자리 숫자를 가진 스트링 형태가 반환된다. 두 번째 sRealType은 실
시간으로 받는 여러 가지 데이터 중에서 어떤 데이터인지 알려준다. 세 번째 sRealData는 실시간으로
받는 데이터의 리스트이며 이 책에서는 사용하지 않는다.

7.1.2. 장 시작과 종료 체크하기

이전 절에서는 실시간 이벤트를 만들고, 슬롯 함수도 만들었다. 이번 절에서는 장 시작과 종료에 대한
실시간 데이터를 받도록 요청하는 시그널을 만들어보겠다. KOA Studio의 [조건검색]에서 [관련함수]
에 있는 SetRealReg 함수를 이용한다.

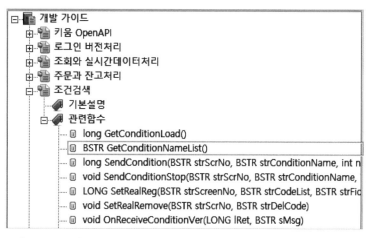

그림 7.3 KOA Studio – 실시간 요청 시그널

SetRealReg 함수를 사용하기 전에 KOA Studio에 나와 있는 SetRealReg의 설명문을 살펴보자.

KOA의 SetRealReg 설명문 (KOA Studio)

```
[SetRealReg() 함수]

SetRealReg(
  BSTR strScreenNo,    // 화면번호
  BSTR strCodeList,    // 종목코드 리스트
  BSTR strFidList,     // 실시간 FID리스트
  BSTR strOptType      // 실시간 등록 타입, 0또는 1
)

  실시간 시세를 받으려는 종목코드와 FID 리스트를 이용해서 실시간 시세를 등록하는 함수입니다.
  한번에 등록가능한 종목과 FID갯수는 100종목, 100개 입니다.
  실시간 등록타입을 0으로 설정하면 등록한 종목들은 실시간 해지되고 등록한 종목만 실시간 시세가 등록
  됩니다.
  실시간 등록타입을 1로 설정하면 먼저 등록한 종목들과 함께 실시간 시세가 등록됩니다

--------------------------------------------------------------------------------


[실시간 시세등록 예시]
OpenAPI.SetRealReg(_T("0150"), _T("039490"), _T("9001;302;10;11;25;12;13"), "0");  // 039490종목만
실시간 등록
OpenAPI.SetRealReg(_T("0150"), _T("000660"), _T("9001;302;10;11;25;12;13"), "1");  // 000660 종목을
실시간 추가등록

--------------------------------------------------------------------------------
```

밑줄 친 부분은 실시간 등록에서 중요한 두 가지이다. 하나는 FID 개수이고, 다른 하나는 실시간 등록 타입 0과 1이다. 그러면 KOA Studio의 실시간 목록을 부분을 살펴보면서 해당 용어들을 살펴보자.

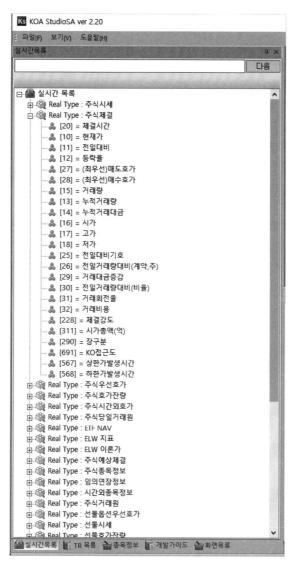

그림 7.4 KOA Studio – 실시간 목록

KOA Studio를 보면 [실시간 목록]에 [Real Type: 요청정보] 형태의 목록이 있다. 그중에서 [Real Type : 주식체결]을 가장 많이 사용하므로 이를 가지고 실시간 요청의 흐름을 설명하겠다.

우선 '삼성전자' 종목의 데이터가 변했을 때 실시간으로 '주식체결'에 대한 정보를 받는 흐름을 살펴보겠다. 투자자들이 '삼성전자' 종목을 주문하고, 주문한 삼성전자의 수량이 체결되면 삼성전자 종목의 데이터가 변형된다. 이 경우는 RealType이 주식체결인 데이터가 변경된 것이다. 따라서 슬롯에 RealyType이 주식체결인 데이터가 수신된다.

다른 예로 호가잔량[1]의 실시간 데이터를 받고 싶다면 [Real Type : 주식호가잔량]으로 받으면 된다. 이때는 실시간 요청을 할 때 어떤 데이터를 받고 싶은지 Real Type의 정보를 포함해서 SetRealReg로 요청해야 한다.

그리고 실시간으로 받는 Real Type의 상세한 정보는 KOA Studio의 Real Type을 펼쳐보면 [[20] = 체결시간] 형태의 목록들로 볼 수 있다. 왼쪽에 있는 숫자가 FID이며 딕셔너리의 키라고 생각하면 된다. 그리고 해당 키로 체결 시간의 데이터를 반환받는다. 반환받는 슬롯은 뒤에서 구성하기로 하고 SetRealReg의 요청 방식을 보자.

예제 7.3 장 시작 / 종료 데이터를 받기 위한 실시간 요청   kiwoom.py → def __init__()

```
… 생략 …

class Kiwoom(QAxWidget):
    def __init__(self):
        … 생략 …


        ####### 요청 스크린 번호
        self.screen_my_info = "2000" #계좌 관련한 스크린 번호
        self.screen_calculation_stock = "4000" #계산용 스크린 번호
        self.screen_real_stock = "5000" #종목별 할당할 스크린 번호
        self.screen_meme_stock = "6000" #종목별 할당할 주문용 스크린 번호
        self.screen_start_stop_real = "1000" #장 시작/종료 실시간 스크린 번호
        #####################################

        … 생략 …

        QTest.qWait(10000)
        self.read_code()
        self.screen_number_setting()

        QTest.qWait(5000)
```

---

1   호가잔량: 주문이 들어가 있는 각 가격대의 체결되지 않은 대기 물량

```
#실시간 수신 관련 함수
self.dynamicCall("SetRealReg(QString, QString, QString, QString)", self.screen_start_
stop_real, ' ', self.realType.REALTYPE['장시작시간']['장운영구분'], "0")
```

… 생략 …

스크린 번호는 실시간 요청에서도 사용된다. self.screen_start_stop_real은 주식 장이 시작인지 종료
인지 구분하기 위해 임의로 지정한 스크린 번호이며, 변수를 설정해 놓는다.

```
self.screen_start_stop_real = "1000" #장 시작/종료 실시간 스크린 번호
```

그리고 실시간 요청을 하기 전에 이전 데이터의 처리가 안전하게 되도록 5초의 타이머를 주고 넘어
간다.

```
QTest.qWait(5000)
```

그리고 실시간 요청의 첫 번째 인자로는 self.screen_start_stop_real 변수를 넣는다. 그 뒤에 나오는
' '는 아무것도 들어 있지 않은 빈 문자열이다. 원래는 이 부분에 '093230'과 같은 형태로 주식의 종목
코드가 들어간다. 하지만 지금과 같이 빈 값으로 작성하면 종목이 아니라 주식 장의 시간 상태를 실시
간으로 체크해서 슬롯으로 받겠다는 의미다.

그리고 어떤 데이터를 실시간으로 받을 것인지 FID 번호를 넣어야 한다.

```
self.realType.REALTYPE['장시작시간']['장운영구분'],
```

SetRealReg의 마지막 인자인 "0"은 등록타입이다. "0"은 새로운 실시간 요청을 할 때 사용하고, "1"은
실시간으로 받고 싶은 정보를 추가할 때 사용한다. 그래서 실시간 정보를 요청할 때 종목을 "0"으로 등
록하면 이전에 등록된 실시간 연결은 모두 초기화되고 새롭게 등록된다.

간단하게 생각해보자. 장운영구분을 "0"으로 초기 등록했으면 이후에 추가할 종목들은 모두 "1"로 해주
면 된다.

```
self.dynamicCall("SetRealReg(QString, QString, QString, QString)", self.screen_start_stop_real, '
', self.realType.REALTYPE['장시작시간']['장운영구분'], "0")
```

그리고 Real Type에 속한 FID 데이터들은 다른 파일에 모아두고 사용한다. 그렇다면 FID를 모아놓을 파일을 만들어보자. config 폴더에 kiwoomType.py 파일을 생성하고 예제 7.4와 같이 클래스를 만든 다음 딕셔너리를 추가한다.

그림 7.5 FID 번호를 모아놓을 kiwoomType.py 파일 생성

예제 7.4 실시간 데이터 타입 세팅　　　　　　　　　　　　　　　　　　　　　　　　kiwoomType.py

```
class RealType(object):
    SENDTYPE = {
        '거래구분': {
            '지정가': '00',
            '시장가': '03',
            '조건부지정가': '05',

            … 생략 …

            '장후시간외종가': '81'
        }
    }

    REALTYPE = {
        '주식체결': {
            '체결시간': 20,
            '현재가': 10, #체결가

            … 생략 …

            '상한가발생시간': 567,
            '하한가발생시간': 568
        },
```

```
    '장시작시간': {
        '장운영구분': 215,
        '시간': 20,  #(HHMMSS)
        '장시작예상잔여시간': 214
    },

    '주문체결': {
        '계좌번호': 9201,
        '주문번호': 9203,
        '관리자사번': 9205,
        '종목코드': 9001,

        … 생략 …

        '터미널번호': 921,
        '신용구분(실시간 체결용)': 922,
        '대출일(실시간 체결용)': 923,
    },

    '매도수구분': {
        '1': '매도',
        '2': '매수'
    },

    '잔고': {
        '계좌번호': 9201,
        '종목코드': 9001,

        … 생략 …

        '기준가': 307,
        '손익율': 8019
    },
}
```

예제 7.4에는 실시간 데이터 타입의 일부만 게재했다.
전체 소스 코드는 예제 파일의 kiwoomType.py를 참고하자.

KOA Studio에 더 많은 타입이 있지만, 이 책에서 필요한 타입만 모아놓았다. 실시간 요청에 사용되는 부분은 REALTYPE이며 어떤 딕셔너리가 있는지 확인해보자.

- **주식체결**: 장 중에 체결될 때 받는다.

- **장시작시간**: 주식 장이 시작 전, 시작, 종료 전, 종료 중 어떤 상태인지 알려준다.

- **주문체결**: 주문을 넣을 때 받는 데이터다.

- **매도수구분**: 실시간 타입에 대한 FID 번호는 아니지만, 주문을 넣을 때 매도에 관한 주문인지 매수에 관한 주문인지 구분해 준다. 그래서 매도주문인지 매수주문인지 문자로 알기 위해 추가해 놓았다.

- **잔고**: 매매주문이 체결돼서 계좌의 정보가 변경될 때 받는 데이터다.

우선 self.realType.REALTYPE['장시작시간']['장운영구분']은 FID가 215라는 의미이고, '장운영구분'의 데이터를 실시간으로 반환받겠다고 요청한다.

여기서 편리한 부분이 있는데, SetRealReg를 이용해 반환받고자 하는 RealType의 특정 FID 번호 하나만 입력해도 관련된 데이터를 모두 보내준다. 예를 들어 [Real Type : 주식체결]에는 여러 개의 FID가 있다.

```
'주식체결': {
    '체결시간': 20,
    '현재가': 10, #체결가
    '전일대비': 11,
    '등락율': 12,

    … 생략 …

    '상한가발생시간': 567,
    '하한가발생시간': 568
},
```

따라서 주식체결에 필요한 데이터를 받으려면 SetRealReg에 체결시간, 현재가, 전일대비 등을 모두 입력해서 요청해야 한다고 인식할 수 있다. 하지만 주식체결 데이터의 특징을 나타내는 체결시간의 FID인 20만 전달해도 나머지 모든 FID의 데이터를 함께 반환받을 수 있다.

여러 가지 타입이 있다는 것을 인지했으니 코드로 구현해보자. 우선 kiwoom.py에서 앞서 만든 kiwoomType.py의 RealType 클래스를 임포트하고 인스턴스화한다.

```python
import os
from PyQt5.QAxContainer import *
from PyQt5.QtCore import *
from config.errorCode import *
from PyQt5.QtTest import *
from config.kiwoomType import *


class Kiwoom(QAxWidget):
    def __init__(self):
        super().__init__()
        print("Kiwoom() class start.")


        self.realType = RealType()


        … 생략 …
```

우선 FID 번호를 모아놓은 RealType( ) 클래스를 self.realType 변수로 객체화한다. 그리고 앞으로는 self.realType을 이용해서 FID 번호를 가져온다.

이어서 장 시작과 종료의 데이터를 받는 슬롯을 살펴보자.

```python
    … 생략 …


class Kiwoom(QAxWidget):
    def __init__(self):
        … 생략 …


    def realdata_slot(self, sCode, sRealType, sRealData):


        if sRealType == "장시작시간":
            fid = self.realType.REALTYPE[sRealType]['장운영구분']  # (0:장시작전, 2:장종료전(20
분), 3:장시작, 4,8:장종료(30분), 9:장마감)
            value = self.dynamicCall("GetCommRealData(QString, int)", sCode, fid)
```

```
    if value == '0':
        print("장 시작 전")

    elif value == '3':
        print("장 시작")

    elif value == "2":
        print("장 종료, 동시호가로 넘어감")

    elif value == "4":
        print("3시30분 장 종료")
```

슬롯에서 실시간 데이터를 받을 때는 KOA Studio에 표시된 RealType의 이름 그대로 받아진다. 따라서 다음과 같이 조건문을 이용해 어떤 정보인지 구분할 수 있다. 반환된 정보가 장시작시간이라면 다음 조건문을 통과할 것이다.

```
if sRealType == "장시작시간":
```

이어서 다음과 같은 형태로 딕셔너리의 "장운영구분" FID를 가져온다.

```
fid = self.realType.REALTYPE[sRealType]['장운영구분']
```

그리고 fid를 이용해서 장 상태를 가져온다.

```
value = self.dynamicCall("GetCommRealData(QString, int)", sCode, fid)
```

TR 요청에서 GetCommDate를 다뤘던 형식과 비슷하다. 반환되는 인자가 코드와 FID로 구성됐다는 점과 GetCommRealDate 함수라는 것만 다르다.

그리고 반환된 데이터를 조건문으로 확인한다.

```
if value == '0':
    print("장 시작 전")

elif value == '3':
    print("장 시작")
```

```
elif value == "2":
    print("장 종료, 동시호가로 넘어감")


elif value == "4":
    print("3시30분 장 종료")
```

'0'은 장 시작 전, '3'은 장이 시작될 때, '2'는 3시 20분에 장이 종료되고 동시호가 중일 때, '4'는 3시 30분 장 종료를 의미한다. 해당 코드를 시간별로 실행해보고 출력되는 결과를 확인해보기 바란다. 그러면 시간대별로 다른 결과가 출력되는 모습을 확인할 수 있다.

최종적으로 원하는 시간대에 어떤 문자를 보내주는지 확인하고 사용한다. 그 밖의 값으로 시간외종료를 의미하는 "9", 시간외종가매매 시작을 의미하는 "a", 시간외종가매매 종료를 의미하는 "b"도 있다.

지금까지 실시간으로 데이터를 받는 과정을 구현해봤다. 앞으로 살펴볼 실시간으로 데이터를 받는 형태도 모두 같아서 이해하기가 수월할 것이다. 그리고 지금까지의 과정에서 스크린 번호가 항상 언급됐는데, 스크린 번호가 무엇인지 알아보자.

7.1.3. 스크린 번호의 상세 원리

스크린 번호는 요청 사항을 편하게 관리해주는 유용한 알고리즘으로, 요청 사항마다 그룹을 만들어서 추가/삭제/수정을 쉽게 해준다.

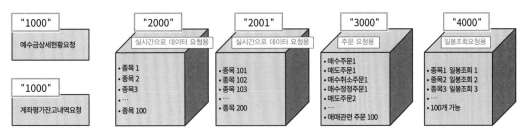

그림 7.6 스크린 번호의 예

그림 7.6에서 "1000", "2000" ... 으로 지정된 상자들이 보인다. 각 상자마다 붙여진 번호가 스크린 번호 또는 화면 번호라고 생각하면 된다. 우리는 데이터를 요청할 때마다 스크린 번호를 함께 지정했다. 그러면 스크린 번호의 상자가 생성되고, 그 상자에서 요청 사항이 관리된다. 그래서 스크린 번호마다 각 용도에 어울리는 데이터를 관리하기가 편하다.

그림 7.7을 보자. 스크린 번호를 삭제하거나 수정하는 모습을 나타낸 그림이다. 이를 설명하기 전에 스크린 번호의 두 가지 제한사항을 알아야 한다. 첫째로 스크린 번호는 생성할 수 있는 개수가 200개까

지다. 그 이상으로 요청하면 데이터 누락 및 오류가 발생할 수 있다. 둘째로 같은 스크린 번호에 대해서 요청 건수는 100개까지 가능하다. 그 이상으로 요청하면 데이터 누락 및 오류가 발생할 수 있다.

두 가지 경우를 조금 더 자세히 살펴보자. 예를 들어 코스닥 종목만 하더라도 1,300개가 넘게 있다. 그래서 스크린 번호 "2001"번으로 이를 모두 요청하면 요청이 100개가 넘어간다. 이는 제한사항에 위반된다. 그래서 "2001"에 100개 미만으로 요청하고, 이어서 "2002"번에도 100개 미만으로 요청한다. 중요한 건 차후에 주문을 넣을 때도 스크린 번호가 필요하다. 이때도 하나의 스크린 번호에 요청 건수가 100개가 넘어가지 않도록 주의해야 한다. 그리고 복잡한 부분이 있는데 스크린번호 1000을 보자. 예수금상세현황 요청도 1000이고 계좌평가잔고내역 요청도 1000이다. 그래서 1000에 예수금상세현황 요청과 계좌평가잔고내역요청 2개가 포함된 것처럼 보인다. 하지만 예수금상세현황요청을 스크린번호 1000으로 요청하고 계좌평가잔고내역요청도 1000으로 한다면 추가되는 것이 아니라 재정의 된다. 그러므로 1000 → [예수금상세현황요청, 계좌평가잔고내역요청]으로 포함되는 것이 아닌 1000 → 예수금상세현황요청 그리고 다시 1000 → 계좌평가잔고내역요청으로 재갱신된다.

만약 실시간으로 주시해야 할 종목이 많고 주문 건수가 많다면 스크린 번호가 모자를 수도 있고, 너무 많은 데이터를 실시간으로 받으면 단기매매일 경우 컴퓨터의 연산 처리가 오래 걸려서 매매타이밍을 놓칠 수도 있다. 그래서 실시간으로 등록한 종목 중에 필요 없는 종목은 스크린 연결을 끊도록 2가지 함수를 제공한다. 다음 그림을 보자.

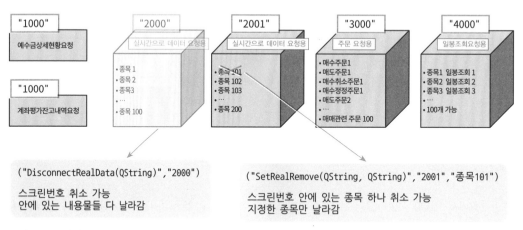

그림 7.7 스크린 번호 연결 끊기

DisconnectRealData(스크린 번호) 함수는 연결을 끊을 스크린 번호를 전달하면 해당 스크린 번호로 요청된 모든 데이터의 연결이 끊긴다.

SetRealRemove(스크린 번호, 종목코드) 함수는 스크린 번호와 종목코드를 인자로 전달하면 스크린 번호로 그룹화된 지정 종목의 연결만 끊는다.

위 두 가지 방법으로 스크린 번호의 제한사항이 위반되지 않게 관리한다.

7.2 종목들을 실시간 등록할 때 스크린 번호 사용하기

이전 절에서 스크린 번호의 형태를 확인했다. 그러므로 종목들을 실시간 등록할 때 스크린 번호를 사용해야 한다.

다음 예제에서는 스크린 번호를 등록하는 코드를 __init__() 함수의 마지막 부분에 추가하고 있다.

예제 7.7 주시할 종목들 실시간 요청하기   kiwoom.py → def __init__()

```python
class Kiwoom(QAxWidget):
    def __init__(self):
        … 생략 …

        #실시간 수신 관련 함수
        self.dynamicCall("SetRealReg(QString, QString, QString, QString)", self.screen_start_
stop_real, ' ', self.realType.REALTYPE['장시작시간']['장운영구분'], "0")

        for code in self.portfolio_stock_dict.keys():
            screen_num = self.portfolio_stock_dict[code]['스크린번호']
            fids = self.realType.REALTYPE['주식체결']['체결시간']
            self.dynamicCall("SetRealReg(QString, QString, QString, QString)", screen_num,
code, fids, "1")

        … 생략 …
```

self.portfolio_stock_dict.keys()에 종목마다 스크린 번호를 가지고 있다. 그래서 포트폴리오 딕셔너리 하나만 for 문으로 반복하면 된다.

```python
for code in self.portfolio_stock_dict.keys():
```

그리고 다음 코드처럼 딕셔너리에서 스크린 번호를 꺼낸다.

```python
screen_num = self.portfolio_stock_dict[code]['스크린번호']
```

그다음 받고 싶은 실시간 정보의 FID를 가져온다. 앞서 말했듯이 RealType에 포함된 유일한 FID 번호 하나만 입력해도 관련된 RealType의 모든 데이터를 슬롯에 보내준다. 예제에서는 주식체결에 대한 데이터만 받기 위해서 '주식체결'의 '체결시간' FID만 꺼내온다. 그 이유는 종목의 체결로 인하여 정보가 변할 때마다 슬롯에서 분석하여 매매할 것인지 결정해야 하기 때문이다.

```
fids = self.realType.REALTYPE['주식체결']['체결시간']
```

만약 다른 RealType도 요청하고 싶다면 다시 SetRealReg를 이용해 요청하거나 FID를 여러 개 붙여서 요청하면 된다. FID를 동시에 여러 개 요청할 때는 '20;21;41' 형태로 요청한다.

그렇다면 지금까지 구현한 init( ) 함수를 확인해보자.

예제 7.8 init() 함수의 전체 코드   kiwoom.py → def __init__()

```python
… 생략 …

def __init__(self):
    super().__init__()
    print("Kiwoom() class start.")

    … 생략 …

    ####### 계좌 관련된 변수
    self.account_stock_dict = {}

    … 생략 …

    self.total_profit_loss_rate = 0.0 #총수익률(%)
    ######################################

    ####### 종목 정보 가져오기
    self.portfolio_stock_dict = {}
    ########################

    ########## 종목 분석 용
    self.calcul_data = []
    ######################################

    ####### 요청 스크린 번호
    self.screen_my_info = "2000" #계좌 관련한 스크린 번호
```

… 생략 …

```
self.screen_start_stop_real = "1000" #장 시작/종료 실시간 스크린 번호
#####################################

######## 초기 셋팅 함수들 바로 실행
self.get_ocx_instance() #Ocx 방식을 파이썬에 사용할 수 있게 변환해 주는 함수
```

… 생략 …

```
#실시간 수신 관련 함수
self.dynamicCall("SetRealReg(QString, QString, QString, QString)", self.screen_start_stop_
real, '', self.realType.REALTYPE['장시작시간']['장운영구분'], "0")

for code in self.portfolio_stock_dict.keys():
    screen_num = self.portfolio_stock_dict[code]['스크린번호']
    fids = self.realType.REALTYPE['주식체결']['체결시간']
    self.dynamicCall("SetRealReg(QString, QString, QString, QString)", screen_num, code,
fids, "1")
```

… 생략 …

최종적으로 주식 장이 시작되면 등록된 종목들에 대한 실시간 정보가 반환된다.

7.3 종목정보 실시간 체크

9시에 장이 시작하면 투자자들은 종목들을 체결하기 시작한다. 그러면 실시간 수신을 위해서 7.2절에서 setRealReg로 등록해놓은 종목들의 체결정보가 슬롯에 보내진다. 그리고 최신 데이터로 딕셔너리를 업데이트한다.

7.3.1. 실시간 정보 데이터 가져오기

실시간 정보를 처리하는 슬롯에서는 변경된 종목의 데이터를 받아서 매매가 가능한지 분석한다. 이는 실시간으로 분석하며 실시간으로 받아지는 종목 데이터의 속도는 1초 미만이다. 눈으로는 식별할 수 없을 만큼 빠른 속도이며 실시간으로 분석하여 매매 가능 여부를 판단한다.

```
… 생략 …


class Kiwoom(QAxWidget):
    … 생략 …


    def realdata_slot(self, sCode, sRealType, sRealData):
        if sRealType == "장시작시간":
            fid = self.realType.REALTYPE[sRealType]['장운영구분'] # (0:장시작전, 2:장종료전(20
분), 3:장시작, 4,8:장종료(30분), 9:장마감)
            value = self.dynamicCall("GetCommRealData(QString, int)", sCode, fid)
            … 생략 …


        elif sRealType == "주식체결":
            a = self.dynamicCall("GetCommRealData(QString, int)", sCode, self.realType.
REALTYPE[sRealType]['체결시간']) # 출력 HHMMSS
            b = self.dynamicCall("GetCommRealData(QString, int)", sCode, self.realType.
REALTYPE[sRealType]['현재가']) # 출력 : +(-)2520
            b = abs(int(b))
```

이전 절에서는 조건문을 이용해 sRealType이 "장시작시간"인지 확인했다. 이번 절에서는 조건문을 이용해 sRealType이 "주식체결"인지 확인한다.

```
elif sRealType == "주식체결":
```

이어서 "주식체결" 조건문 안에서 데이터를 어떻게 가져오고 활용하는지 살펴보면 장운영구분의 데이터를 가져온 것과 같은 방법으로 체결시간과 현재가를 가져온다. 실시간으로 보내지는 데이터는 모두 문자열 타입이며 KOA Studio에서 미리 확인해볼 수 있다. 체결시간은 HHMMSS 형태로 시분초 형태의 문자열로 반환된다.

```
a = self.dynamicCall("GetCommRealData(QString, int)", sCode, self.realType.REALTYPE[sRealType]['
체결시간']) # 출력 HHMMSS
b = self.dynamicCall("GetCommRealData(QString, int)", sCode, self.realType.REALTYPE[sRealType]['
현재가']) # 출력 : +(-)2520
```

현재가는 종목이 하락하면 – 부호가 붙어서 출력된다. 예를 들어, HTS에서 파란색 1000원으로 표시되는 종목이 프로그램에서는 "–1000"으로 나온다. 그렇지만 문자열은 숫자로 사용할 수가 없으므로 int( ) 함수를 이용해 숫자로 형변환하고 절댓값을 구하는 abs( ) 함수를 이용해서 –를 +로 바꿔준다.

```
b = abs(int(b))
```

이와 같은 방법으로 다음 변수들도 구성한다.

예제 7.10 주식체결의 나머지 데이터들 반환받기   kiwoom.py → def realdata_slot()

```
… 생략 …

class Kiwoom(QAxWidget):
    … 생략 …

    def realdata_slot(self, sCode, sRealType, sRealData):
        if sRealType == "장시작시간":
            … 생략 …

        elif sRealType == "주식체결":
            a = self.dynamicCall("GetCommRealData(QString, int)", sCode, self.realType.
REALTYPE[sRealType]['체결시간']) # 출력 HHMMSS
            b = self.dynamicCall("GetCommRealData(QString, int)", sCode, self.realType.
REALTYPE[sRealType]['현재가']) # 출력 : +(-)2520
            b = abs(int(b))

            c = self.dynamicCall("GetCommRealData(QString, int)", sCode, self.realType.
REALTYPE[sRealType]['전일대비']) # 출력 : +(-)2520
            c = abs(int(c))

            d = self.dynamicCall("GetCommRealData(QString, int)", sCode, self.realType.
REALTYPE[sRealType]['등락율']) # 출력 : +(-)12.98
            d = float(d)

            e = self.dynamicCall("GetCommRealData(QString, int)", sCode, self.realType.
REALTYPE[sRealType]['(최우선)매도호가']) # 출력 : +(-)2520
            e = abs(int(e))
```

```
        f = self.dynamicCall("GetCommRealData(QString, int)", sCode, self.realType.
REALTYPE[sRealType]['(최우선)매수호가']) # 출력 : +(-)2515
        f = abs(int(f))


        g = self.dynamicCall("GetCommRealData(QString, int)", sCode, self.realType.
REALTYPE[sRealType]['거래량']) # 출력 : +240124 매수일때, -2034 매도일 때
        g = abs(int(g))


        h = self.dynamicCall("GetCommRealData(QString, int)", sCode, self.realType.
REALTYPE[sRealType]['누적거래량']) # 출력 : 240124
        h = abs(int(h))


        i = self.dynamicCall("GetCommRealData(QString, int)", sCode, self.realType.
REALTYPE[sRealType]['고가']) # 출력 : +(-)2530
        i = abs(int(i))


        j = self.dynamicCall("GetCommRealData(QString, int)", sCode, self.realType.
REALTYPE[sRealType]['시가']) # 출력 : +(-)2530
        j = abs(int(j))


        k = self.dynamicCall("GetCommRealData(QString, int)", sCode, self.realType.
REALTYPE[sRealType]['저가']) # 출력 : +(-)2530
        k = abs(int(k))
```

이번에 추가한 변수들의 역할은 다음과 같다.

- **전일대비**: 전일 대비 현재 가격의 차액

- **등락율**: 전날 종가(마감 가격)를 기준으로 오늘은 얼마나 올랐는지 나타내는 비율

- **(최우선)매도호가**: 호가창에서 매도1호가에 해당하며 바로 매수 가능한 가격이다. 자세한 내용은 7.4절에서 다룬다.

- **(최우선)매수호가**: 호가창에서 매수1호가에 해당하며 바로 매도 가능한 가격이다. 자세한 내용은 7.4절에서 다룬다.

- **거래량**: 체결거래량

- **누적거래량**: 당일 거래된 총 체결 거래량

- **고가**: 오늘 가격의 최고점

- **시가**: 9시에 시작한 첫 가격

- **저가**: 오늘 가격의 최저점

변수 중에서 d 변수의 타입은 float임을 기억하자. 등락율은 소수점을 가진 백분율로 기록되기 때문에 정수형이 아닌 실수형을 사용해야 한다. 또한 이번 예제에서 살펴본 FID보다 더 많은 정보가 있다. 이 밖의 정보는 KOA Studio를 참고하여 필요에 따라 구성한다.

결과적으로 데이터를 그에 맞는 타입으로 변환했으면 딕셔너리에 업데이트한다.

예제 7.11 체결정보 데이터를 딕셔너리에 업데이트   kiwoom.py

```python
 … 생략 …


class Kiwoom(QAxWidget):
     … 생략 …


    def realdata_slot(self, sCode, sRealType, sRealData):
        if sRealType == "장시작시간":
             … 생략 …


        elif sRealType == "주식체결":
             … 생략 …


            j = self.dynamicCall("GetCommRealData(QString, int)", sCode, self.realType.
REALTYPE[sRealType]['시가'])  # 출력 : +(-)2530
            j = abs(int(j))


            k = self.dynamicCall("GetCommRealData(QString, int)", sCode, self.realType.
REALTYPE[sRealType]['저가'])  # 출력 : +(-)2530
            k = abs(int(k))


            if sCode not in self.portfolio_stock_dict:
                self.portfolio_stock_dict.update({sCode:{}})


            self.portfolio_stock_dict[sCode].update({"체결시간": a})
            self.portfolio_stock_dict[sCode].update({"현재가": b})
            self.portfolio_stock_dict[sCode].update({"전일대비": c})
            self.portfolio_stock_dict[sCode].update({"등락율": d})
            self.portfolio_stock_dict[sCode].update({"(최우선)매도호가": e})
            self.portfolio_stock_dict[sCode].update({"(최우선)매수호가": f})
            self.portfolio_stock_dict[sCode].update({"거래량": g})
            self.portfolio_stock_dict[sCode].update({"누적거래량": h})
            self.portfolio_stock_dict[sCode].update({"고가": i})
```

```
        self.portfolio_stock_dict[sCode].update({"시가": j})
        self.portfolio_stock_dict[sCode].update({"저가": k})
```

데이터가 없다면 새로 추가할 수 있게 딕셔너리.update( ) 방식으로 업데이트한다.

```
self.portfolio_stock_dict[sCode].update({"체결시간": a})
```

그리고 여러 종목의 정보를 수신하기 때문에 실시간 데이터 처리 부분은 많은 메모리를 소요한다. 그 말은 데이터 처리 속도가 저하될 수 있다는 의미이며, 짧고 간결하게 필요한 코드로만 구성하는 게 중요하다.

주식 체결의 실시간 정보를 가져오는 전체 코드는 다음과 같다.

예제 7.12 실시간 슬롯 전체 코드 kiwoom.py → def realdata_slot()

```python
def realdata_slot(self, sCode, sRealType, sRealData):
    if sRealType == "장시작시간":
        fid = self.realType.REALTYPE[sRealType]['장운영구분']  # (0:장시작전, 2:장종료전(20분),
3:장시작, 4,8:장종료(30분), 9:장마감)
        value = self.dynamicCall("GetCommRealData(QString, int)", sCode, fid)

        … 생략 …

        elif value == "4":
            print("3시30분 장 종료")


    elif sRealType == "주식체결":

        a = self.dynamicCall("GetCommRealData(QString, int)", sCode, self.realType.
REALTYPE[sRealType]['체결시간'])  # 출력 HHMMSS
        b = self.dynamicCall("GetCommRealData(QString, int)", sCode, self.realType.
REALTYPE[sRealType]['현재가'])  # 출력 : +(-)2520
        b = abs(int(b))

        … 생략 …

        k = self.dynamicCall("GetCommRealData(QString, int)", sCode, self.realType.
REALTYPE[sRealType]['저가'])  # 출력 : +(-)2530
```

```
    k = abs(int(k))

    if sCode not in self.portfolio_stock_dict:
        self.portfolio_stock_dict.update({sCode:{}})

    self.portfolio_stock_dict[sCode].update({"체결시간": a})
    self.portfolio_stock_dict[sCode].update({"현재가": b})

    … 생략 …

    self.portfolio_stock_dict[sCode].update({"시가": j})
    self.portfolio_stock_dict[sCode].update({"저가": k})
```

그리고 실시간으로 이뤄지는 주식체결 요청 과정을 그림으로 나타내면 다음과 같다.

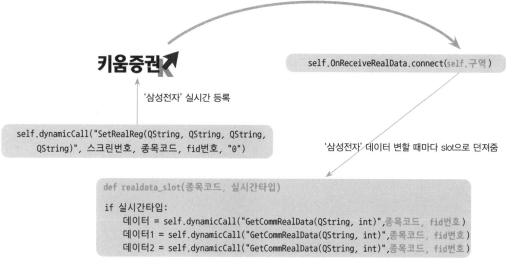

그림 7.8 실시간 주식체결 요청 과정

setRealReg에 실시간으로 주시하려는 종목의 FID를 넣어서 요청하고, 사전에 OnReceiveRealData 이벤트와 연결한 구역(슬롯)으로 실시간 데이터를 받았다. 그 구역은 realdata_slot 영역이다.

그리고 realdata_slot 함수에서 실시간 타입(RealType)의 종류를 if 문을 이용해 확인하고, 해당하는 FID 번호로 원하는 데이터를 반환받았다. 이렇게 실시간으로 종목의 데이터를 받는 알고리즘이 완성됐다. 이어서 매매를 할 것인지 확인하는 실시간 매매조건을 만들어보자.

7.4 실시간 매매조건 구성

많은 독자가 기다렸던 절이라고 생각한다. 바로 종목의 조건을 확인해서 매수와 매도를 결정하는 부분이다. 포트폴리오 분석 부분과 더불어 중요한 부분이며, 차이점이 있다면 포트폴리오 분석은 장이 끝난 이후에 키움서버에 요청한 TR 정보로 분석을 했고, 실시간은 장 중에 분석한다는 점이다. 이때 실시간으로 수신되는 정보는 정해져 있기 때문에 KOA Studio에서 RealType 데이터를 반드시 확인해야 한다.

7.4.1. 지정가로 종목 매수하기

주식 매매 가격은 매수호가 10개와 매도호가 10개로 정해져 있다. 주식 주문에 중요한 부분을 담당하므로 자세히 알아보자.

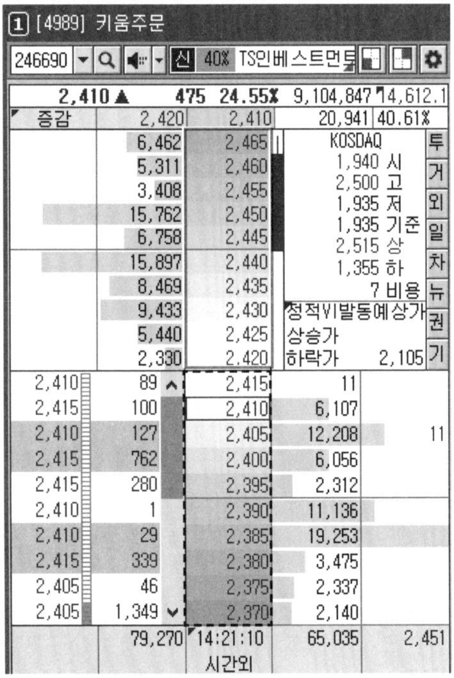

그림 7.9 매수매도 호가창

위 그림에서 하늘색 상자로 강조한 부분은 매도호가창이다. 매도호가창이란 현재 종목의 주식을 팔기 위해서 예약된 물량들을 말한다. 만약 해당 종목의 주식을 주문하자마자 사고 싶다면 매도호가창에 있는 가격으로 주문을 넣는다. 그리고 하늘색 상자의 맨 아랫부분부터 순서대로 매도호가1, 매도호가2, 매도호가3 … 매도호가10이라고 부른다. 또한 매도호가1은 프로그램에서 '(최우선)매도호가'라는 별명이 있다.

매도호가 부분은 투자자가 보유한 종목을 얼마에 팔 것인지 미리 예약해놓은 부분이다. 그래서 우리가 사려는 종목을 바로 체결시키고 싶다면 매도호가 부분에 매수 주문을 넣으면 된다.

이와 반대로 검은색 점선으로 강조한 부분은 매수호가창이다. 위에서부터 매수호가1, 매수호가2 … 매수호가10이라고 부른다. 그리고 매수호가1은 '(최우선)매수호가'라고 부른다. 매수호가 부분은 투자자가 얼마만큼의 주식을 매수할 것인지 미리 예약하는 부분이다. 그래서 자신이 소유한 종목을 기다리지 않고 거래를 넣자마자 체결시키고 싶다면 매수호가창의 가격대로 주문을 넣는다.

그래서 주문을 넣을 때는 '지정가'와 '시장가' 2가지 방식이 있다. 지정가는 매매호가 창에서 원하는 가격대를 선택해서 주문하는 방식이며 시장가는 '(최우선)' 가격대로 주문이 들어가기 때문에 바로 체결된다.

지정가로 매수주문을 한다면 주문을 넣기 전에 어떤 종목을 매매할 것인지 조건문을 이용해 결정한다. 이 책에서는 분석한 종목 중에서 등락율이 2.0 이상이면 매수하도록 구성했다.

예제 7.13 매수조건 구성   kiwoom.py → def realdata_slot()

```
 … 생략 …

class Kiwoom(QAxWidget):
    … 생략 …

    def realdata_slot(self, sCode, sRealType, sRealData):
        … 생략 …

        elif sRealType == "주식체결":
            … 생략 …

            self.portfolio_stock_dict[sCode].update({"시가": j})
            self.portfolio_stock_dict[sCode].update({"저가": k})

            if d > 2.0 and sCode not in self.jango_dict:
                print("매수조건 통과 %s " % sCode)
```

먼저 등락율 변수 d를 가져와서 비교한다. self.jango_dict는 실시간 계좌의 데이터를 담고 있는 딕셔너리다. 이는 7.5 절에서 자세히 배울 예정이므로 지금은 종목이 내 계좌에 아직 없는 것을 확인하고 있다는 정도로만 이해하고 넘어간다. 그래서 조건에 부합하면 지정가와 수량을 구한다.

```
if d > 2.0 and sCode not in self.jango_dict:
```

주의해야 할 점은 주문 넣은 데이터를 관리하는 부분을 만들지 않았기 때문에 self.jango_dict는 업데이트되지 않는다. 그래서 7.4절에서 살펴보는 코드로 테스트하면 같은 종목이어도 매수주문이 제한 없이 무한정 매수된다. 그래서 동작이 잘 되는지만 확인하고 다음 절로 넘어가길 바란다.

이어서 매수조건이 통과된 종목을 몇 개까지 매수할 수 있는지 수량을 구한다.

예제 7.14 수량 구하기   kiwoom.py → def realdata_slot()

```
    … 생략 …


class Kiwoom(QAxWidget):
    … 생략 …


    def realdata_slot(self, sCode, sRealType, sRealData):
        … 생략 …


        elif sRealType == "주식체결":
            … 생략 …


            if d > 2.0 and sCode not in self.jango_dict:
                print("매수조건 통과 %s " % sCode)

                result = (self.use_money * 0.1) / e
                quantity = int(result)
```

4.3절에서는 예수금을 가져왔고, 사용할 금액을 정했었다. 그 금액을 저장한 변수인 self.use_money를 사용한다.

그리고 한 종목에 모든 금액을 사용할 수는 없으므로 10%의 비율만 이용하도록 한다. 그다음 (최우선)매도호가가 담긴 e 변수로 나눈다. (최우선)매도호가는 다른 투자자가 주식을 팔려고 미리 걸어 놓은 금액이기 때문에 바로 체결할 수 있는 금액이다. 따라서 사용할 금액을 (최우선)매도호가로 나누면 매수하려는 수량을 몇 개로 할 것인지 정할 수 있다.

```
result = (self.use_money * 0.1) / e
```

이때 result 값은 소수일 수도 있다. 따라서 int( ) 함수를 사용해 소수점을 모두 버리고 정수로 변환한다. 그러면 몇 개를 매수할 수 있는지 수량이 구해진다.

```
quantity = int(result)
```

이어서 SendOrder 함수를 이용해 주문을 요청한다.

예제 7.15 신규매수 주문 넣기   kiwoom.py → def realdata_slot()

```
… 생략 …

class Kiwoom(QAxWidget):
    … 생략 …

    def realdata_slot(self, sCode, sRealType, sRealData):
        … 생략 …

        elif sRealType == "주식체결":
            … 생략 …

            if d > 2.0 and sCode not in self.jango_dict:
                … 생략 …

                result = (self.use_money * 0.1) / e
                quantity = int(result)

                order_success = self.dynamicCall(
                    "SendOrder(QString, QString, QString, int, QString, int, int, QString,
QString)",
                    ["신규매수", self.portfolio_stock_dict[sCode]["주문용스크린번호"], self.
account_num, 1, sCode, quantity, e, self.realType.SENDTYPE['거래구분']['지정가'], ""]
                )

                if order_success == 0:
                    print("매수주문 전달 성공")
                else:
                    print("매수주문 전달 실패")
```

KOA 스튜디오에서 [개발가이드] – [주문과 잔고처리]에 있는 SendOrder의 설명문을 살펴보면 다음과 같다.

SendOrder의 설명문 (KOA Studio)

[SendOrder() 함수]

```
SendOrder(
  BSTR sRQName, // 사용자 구분명
  BSTR sScreenNo, // 화면번호
  BSTR sAccNo,  // 계좌번호 10자리
  LONG nOrderType,  // 주문유형 1:신규매수, 2:신규매도 3:매수취소, 4:매도취소, 5:매수정정, 6:매도정정
  BSTR sCode, // 종목코드
  LONG nQty,  // 주문수량
  LONG nPrice, // 주문가격
  BSTR sHogaGb,  // 거래구분(혹은 호가구분)은 아래 참고
  BSTR sOrgOrderNo // 원주문번호입니다. 신규주문에는 공백, 정정(취소)주문할 원주문번호를 입력합니다.
)
```

9개 인자값을 가진 국내 주식주문 함수이며 리턴값이 0이면 성공이며 나머지는 에러입니다.
1초에 5회만 주문가능하며 그 이상 주문요청하면 에러 -308을 리턴합니다.

[거래구분]
모의투자에서는 지정가 주문과 시장가 주문만 가능합니다.

```
00 : 지정가
03 : 시장가
05 : 조건부지정가
06 : 최유리지정가
07 : 최우선지정가
10 : 지정가IOC
13 : 시장가IOC
16 : 최유리IOC
20 : 지정가FOK
23 : 시장가FOK
26 : 최유리FOK
61 : 장전시간외종가
62 : 시간외단일가매매
81 : 장후시간외종가
```

하늘색으로 강조한 상자를 보면 SendOrder 함수를 사용할 때 전달해야 하는 인자가 표시돼 있다. 차례대로 살펴보자.

- sRQName: 주문요청 시 요청을 구분 짓기 위한 요청 이름이다. TR의 요청 이름과 같은 역할을 한다.

- sScreenNo: 스크린 번호이다. 이전에 생성한 주문용 스크린 번호를 넣는다.

- sAccNo: 계좌번호를 넣는다.

- nOrderType: 주문유형을 정한다. 1은 신규매수이며 일반적인 매수주문으로 생각하면 된다. 2는 신규매도이며 마찬가지다. 3은 매수취소, 4는 매도취소, 5는 매수주문 넣었던 종목이 체결되지 않아서 다른 가격대로 다시 주문 넣는 정정주문이다. 6도 마찬가지다.

- sCode: 주문 넣는 종목코드이다.

- nQty: 매매할 수량이다.

- nPrice: 주문 넣을 가격이다.

- sHogaGb: 00은 지정가, 03은 시장가이다. 만약 시장가로 주문을 넣으려면 nPrice는 빈 값(" ")이어야 한다.

- sOrgOrderNo: 주문이 들어가면 해당 주문에 대해서 고유한 주문번호가 부여된다. 신규주문을 요청할 때는 주문번호가 없기 때문에 빈 값으로 넣는다. 이후에 주문취소 및 정정주문에서는 주문번호가 필요하다.

추가로 주의할 점은 1초에 5회만 주문이 가능하다. 그래서 너무 많은 주문을 동시에 넣으면 주문 오류가 발생한다.

주문 넣는 함수 SendOrder부터 순서대로 살펴보자.

```
Order_success = self.dynamicCall(
    "SendOrder(Qstring, Qstring, Qstring, int, Qstring, int, int, Qstring, Qstring)",
    ["신규매수", self.portfolio_stock_dict[sCode]["주문용스크린번호"], self.account_num, 1, sCode,
quantity, e, self.realType.SENDTYPE['거래구분']['지정가'], ""]
)
```

전달할 인자는 순서대로 나열했으며 "주문용스크린번호"를 사용하고, 계좌번호, 주문타입, 종목코드, 수량, (최우선)매도호가의 변수 e를 전달한다. 마지막으로 지정가의 FID를 전달하고 주문번호는 빈 값으로 설정한다.

주문이 성공적으로 전달됐으면 order_success는 0으로 할당된다.

7.4.2. 미체결 수량 매수 취소하기

매수주문을 취소해야 하는 중요한 사항 중 한 가지를 살펴보자. 투자자들은 주문 시에 주문 수량이 바로 체결되기를 바란다. 하지만 동시에 사려는 투자자가 많기 때문에 본인의 주문 수량이 즉시 체결되지 않는 경우가 많다. 이 경우 다음과 같이 좋지 않은 상황이 발생할 수 있다.

1000원에 매수주문을 넣었지만 동시에 너무 많은 물량이 몰려서 자신의 체결 순서가 맨 뒤에 있고, 대기 중인 상황이 됐다. 대기 중인 수량이 체결되기도 전에 주가가 올라가서 1100원이 되면 자신의 수량은 체결되지 않는다. 원하는 가격대와 방향으로 투자가 이뤄지지 않았기 때문에 주문을 취소해야 한다.

이때 주문취소를 하려면 신규 주문을 넣을 때 부여받은 주문번호가 필요하다. 주문을 취소하거나 정정하려면 어떤 주문의 데이터를 변경하는 것인지 알아야 하기 때문이다. 이때 필요한 정보가 주문번호다.

주문번호는 self.not_account_stock_dict라는 딕셔너리에 키 값으로 업데이트해놓는다. 이 부분은 7.5절에서 자세하게 설명할 예정이며, 지금은 주문번호를 받았다는 가정하에 진행한다.

예제 7.16 매수취소 요청하기   kiwoom.py → def realdata_slot()

```
… 생략 …

class Kiwoom(QAxWidget):
    … 생략 …

    def realdata_slot(self, sCode, sRealType, sRealData):
        … 생략 …

        elif sRealType == "주식체결":
            … 생략 …

            if d > 2.0 and sCode not in self.jango_dict:
                … 생략 …

                if order_success == 0:
                    print("매수주문 전달 성공")
                else:
                    print("매수주문 전달 실패")

                not_meme_list = list(self.not_account_stock_dict)
                for order_num in not_meme_list:
```

```
        code = self.not_account_stock_dict[order_num]["종목코드"]
        meme_price = self.not_account_stock_dict[order_num]['주문가격']
        not_quantity = self.not_account_stock_dict[order_num]['미체결수량']
        order_gubun = self.not_account_stock_dict[order_num]['주문구분']
```

self.not_account_stock_dict는 미체결잔고내역에서 구성했던 딕셔너리다. 모든 주문은 미체결 딕셔너리에 무조건 포함된다. 주문을 넣고 체결되기 전까지는 미체결 상태이고, 이어서 주문체결이 이뤄지기 때문이다. 그리고 미체결 딕셔너리의 키 값은 주문번호로 지정했던 것을 기억할 것이다.

딕셔너리에 list( ) 함수를 적용한다. 그러면 딕셔너리의 키 값만 모아서 복사를 하고, 리스트에 담긴다. 이는 리스트의 주소가 공유되지 않고 새로운 데이터를 만드는 copy( )와 같은 기능을 한다.

```
not_meme_list = list(self.not_account_stock_dict)
```

딕셔너리를 복사해서 새로운 변수를 만든 이유는 해당 데이터를 for 문으로 반복하면서 확인하고 있을 때 미체결 딕셔너리의 데이터가 변경되면 오류가 발생하기 때문이다. 예를 들어 딕셔너리의 키 값이 5개가 있다고 가정하자.

```
[키1, 키2, 키3, 키4, 키5]
```

그리고 for 문을 반복하면서 키를 하나씩 꺼내오는데, 이 과정 중에 6번째 키가 추가됐다고 가정해보자.

```
[키1, 키2, 키3, 키4, 키5, 키6]
```

이렇게 되면 인덱스가 하나 더 늘어난다. 문제는 for 문이 완료되기 전에 딕셔너리의 키가 하나 더 늘어나면 for 문을 반복하고 있던 딕셔너리의 인덱스 길이가 변경돼서 에러가 발생한다. 이는 매우 치명적인 에러라서 프로그램이 종료된다. 그래서 미체결 딕셔너리의 주소가 공유되지 않도록 복사해서 사용한다. 그리고 필요한 정보를 딕셔너리에서 꺼내온다.

```
code = self.not_account_stock_dict[order_num]["종목코드"]
meme_price = self.not_account_stock_dict[order_num]['주문가격']
not_quantity = self.not_account_stock_dict[order_num]['미체결수량']
order_gubun = self.not_account_stock_dict[order_num]['주문구분']
```

주문가격은 주문을 넣었을 때의 가격이다. 이어서 다음 예제와 같이 조건에 부합하면 매수취소 주문을 한다.

예제 7.17 매수취소를 요청하기 위한 조건문 구성   kiwoom.py → def realdata_slot()

```
… 생략 …


class Kiwoom(QAxWidget):
    … 생략 …

    def realdata_slot(self, sCode, sRealType, sRealData):
        … 생략 …

        elif sRealType == "주식체결":
            … 생략 …

            if d > 2.0 and sCode not in self.jango_dict:
                … 생략 …



                not_meme_list = list(self.not_account_stock_dict)
                for order_num in not_meme_list:
                    code = self.not_account_stock_dict[order_num]["종목코드"]
                    meme_price = self.not_account_stock_dict[order_num]['주문가격']
                    not_quantity = self.not_account_stock_dict[order_num]['미체결수량']
                    order_gubun = self.not_account_stock_dict[order_num]['주문구분']

                    if order_gubun == "매수" and not_quantity > 0 and e > meme_price:
                        order_success = self.dynamicCall(
                            "SendOrder(QString, QString, QString, int, QString, int, int, QString,
QString)",
                            ["매수취소", self.portfolio_stock_dict[sCode]["주문용스크린번호"],
self.account_num, 3, code, 0, 0, self.realType.SENDTYPE['거래구분']['지정가'], order_num]
                        )

                        if order_success == 0:
                            print("매수취소 전달 성공")
                        else:
                            print("매수취소 전달 실패")
```

```
        elif not_quantity == 0:
            del self.not_account_stock_dict[order_num]
```

이어서 매수취소 과정을 살펴보자. 매수취소의 조건문은 다음과 같다

```
if order_gubun == "매수" and not_quantity > 0 and e > meme_price:
```

가장 먼저 매수주문인지 확인한다. 그다음 미체결 수량이 0보다 큰지 확인한다. 마지막으로 (최우선)매도호가가 매수했던 주문가격보다 높은지 확인한다.

위 조건을 통과하면 매수취소 주문을 요청한다.

```
order_success = self.dynamicCall(
    "SendOrder(QString, QString, QString, int, QString, int, int, QString, QString)",
    ["매수취소", self.portfolio_stock_dict[sCode]["주문용스크린번호"], self.account_num, 3, code,
0, 0, self.realType.SENDTYPE['거래구분']['지정가'], order_num]
)
```

SendOrder에서 3은 매수취소이고 주문수량은 0으로 한다. 0은 미체결수량 전부를 매수취소한다는 뜻이다. 매수취소라서 주문가격은 필요 없으므로 이 또한 0으로 한다. 마지막으로 주문번호 변수 order_num을 전달해서 어떤 주문을 취소하는 것인지 정한다.

위 과정으로 매수취소 주문을 구성했다. 마지막으로 다음 코드로 마무리를 한다.

```
elif not_quantity == 0:
    del self.not_account_stock_dict[order_num]
```

모든 주문이 완료되면 미체결 수량은 0으로 남는다. 그래서 미체결 수량이 0인 경우에 del self.not_account_stock_dict[order_num] 형태로 주문번호를 포함하는 딕셔너리를 삭제한다.

지금까지 살펴본 작업들은 실시간으로 수신받는 슬롯에서 이뤄진다. 지금까지의 전체 코드는 다음과 같다.

```python
… 생략 …


class Kiwoom(QAxWidget):
    … 생략 …


    def realdata_slot(self, sCode, sRealType, sRealData):
        … 생략 …


        elif sRealType == "주식체결":
            … 생략 …


            if d > 2.0 and sCode not in self.jango_dict:
                print("매수조건 통과 %s " % sCode)

                result = (self.use_money * 0.1) / e
                quantity = int(result)

                order_success = self.dynamicCall(
                    "SendOrder(QString, QString, QString, int, QString, int, int, QString,
QString)",
                    ["신규매수", self.portfolio_stock_dict[sCode]["주문용스크린번호"], self.
account_num, 1, sCode, quantity, e, self.realType.SENDTYPE['거래구분']['지정가'], ""]
                )

                if order_success == 0:
                    print("매수주문 전달 성공")
                else:
                    print("매수주문 전달 실패")


            not_meme_list = list(self.not_account_stock_dict)
            for order_num in not_meme_list:
                code = self.not_account_stock_dict[order_num]["종목코드"]
                meme_price = self.not_account_stock_dict[order_num]['주문가격']
                not_quantity = self.not_account_stock_dict[order_num]['미체결수량']
                order_gubun = self.not_account_stock_dict[order_num]['주문구분']

                if order_gubun == "매수" and not_quantity > 0 and e > meme_price:
```

```
                    order_success = self.dynamicCall(
                        "SendOrder(QString, QString, QString, int, QString, int, int, QString,
QString)",
                        ["매수취소", self.portfolio_stock_dict[sCode]["주문용스크린번호"],
self.account_num, 3, code, 0, 0, self.realType.SENDTYPE['거래구분']['지정가'], order_num]
                        )

                    if order_success == 0:
                        print("매수취소 전달 성공")
                    else:
                        print("매수취소 전달 실패")

                elif not_quantity == 0:
                    del self.not_account_stock_dict[order_num]
```

7.4.3. 시장가로 종목 매도하기

시장가로 매도하기에 앞서 '잔고'에서 매도할 수 있는 종목이 있는지 확인해보자. 매수주문 넣은 종목이
체결되면 '잔고'에서 볼 수 있다.

그림 7.10 잔고 확인

위 그림에서 하늘색으로 강조한 상자가 잔고 부분이며, 잔고에서는 실시간으로 매수된 종목을 보여준다. 프로그램에서는 매수된 종목을 self.jango_dict 딕셔너리에 업데이트하며, 이는 7.5절에서 구현한다. 여기에서는 매수를 완료한 후에 잔고 데이터를 self.jango_dict에 업데이트했다는 전제하에 진행하며, 매수된 종목은 다시 매도해야 한다. 따라서 매도주문을 구성해보자.

매도주문에는 2가지 종류가 있다. 하나는 앞서 실시간으로 매수한 종목을 매도하는 것이고, 다른 하나는 이전 장에서 구현한 계좌평가잔고내역에서 보유하고 있던 종목을 매도하는 것이다.

예제 7.19 잔고 딕셔너리의 종목 매도하기   kiwoom.py → def realdata_slot()

```python
… 생략 …

class Kiwoom(QAxWidget):
    … 생략 …

    def realdata_slot(self, sCode, sRealType, sRealData):
        … 생략 …

        elif sRealType == "주식체결":
            … 생략 …

            self.portfolio_stock_dict[sCode].update({"시가": j})
            self.portfolio_stock_dict[sCode].update({"저가": k})

            if sCode in self.jango_dict.keys():
                jd = self.jango_dict[sCode]
                meme_rate = (b - jd['매입단가']) / jd['매입단가'] * 100

                if jd['주문가능수량'] > 0 and (meme_rate > 5 or meme_rate < -5):
                    order_success = self.dynamicCall(
                        "SendOrder(QString, QString, QString, int, QString, int, int, QString, QString)",
                        ["신규매도", self.portfolio_stock_dict[sCode]["주문용스크린번호"],
self.account_num, 2, sCode, jd['주문가능수량'], 0, self.realType.SENDTYPE['거래구분']['시장가'], ""]
                    )

                    if order_success == 0:
                        print("매도주문 전달 성공")
```

```
        else:
            print("매도주문 전달 실패")

    elif d > 2.0 and sCode not in self.jango_dict:   ← if에서 elif로 변경
        print("매수조건 통과 %s " % sCode)

    … 생략 …
```

여러 차례 말하지만 self.jango_dict는 뒤에 나오는 7.5절에서 만드는 잔고 딕셔너리다. 매수주문이 체결되면 self.jango_dict 딕셔너리로 보유종목이 업데이트된다. 따라서 잔고 딕셔너리에 종목이 포함되면 매도하도록 조건문을 추가한다. 코드(sCode)가 잔고 딕셔너리에 포함됐다면 매도하도록 구성한 것이다.

```
if sCode in self.jango_dict.keys():
```

이어서 매수했던 가격의 매입단가가 현재가보다 몇 퍼센트 높은지 체크한다.

```
jd = self.jango_dict[sCode]
meme_rate = (b - jd['매입단가']) / jd['매입단가'] * 100
```

최종적으로 매도하기 전에 매도주문이 가능한 수량(=주문가능수량)이 있는지 체크하고, 매수했던 가격대보다 5% 이상인지 이하인지 확인해서 시장가로 매도 주문을 넣는다.

```
if jd['주문가능수량'] > 0 and (meme_rate > 5 or meme_rate < -5):
    order_success = self.dynamicCall(
        "SendOrder(QString, QString, QString, int, QString, int, int, QString, QString)",
        ["신규매도", self.portfolio_stock_dict[sCode]["주문용스크린번호"], self.account_num, 2,
    sCode, jd['주문가능수량'], 0, self.realType.SENDTYPE['거래구분']['시장가'], ""]
    )

    if order_success == 0:
        print("매도주문 전달 성공")
    else:
        print("매도주문 전달 실패")
```

이렇게 실시간으로 매수된 종목을 매도하는 조건문을 추가했다. 그리고 한 가지 더 구성해야 하는데 이전에 계좌에서 가지고 있던 보유종목을 매도하는 작업이다. 그래서 새로운 조건문을 추가한다.

```
… 생략 …


class Kiwoom(QAxWidget):
    … 생략 …

    def realdata_slot(self, sCode, sRealType, sRealData):
        … 생략 …

        elif sRealType == "주식체결":
            … 생략 …

            self.portfolio_stock_dict[sCode].update({"시가": j})
            self.portfolio_stock_dict[sCode].update({"저가": k})


            if sCode in self.account_stock_dict.keys() and sCode not in self.jango_dict.keys():
                asd = self.account_stock_dict[sCode]
                meme_rate = (b - asd['매입가']) / asd['매입가'] * 100

                if asd['매매가능수량'] > 0 and (meme_rate > 5 or meme_rate < -5):
                    order_success = self.dynamicCall(
                        "SendOrder(QString, QString, QString, int, QString, int, int, QString,
QString)",
                        ["신규매도", self.portfolio_stock_dict[sCode]["주문용스크린번호"],
self.account_num, 2, sCode, asd['매매가능수량'], 0, self.realType.SENDTYPE['거래구분']['시장
가'], ""]
                    )

                    if order_success == 0:
                        print("매도주문 전달 성공")
                        del self.account_stock_dict[sCode]
                    else:
                        print("매도주문 전달 실패")

                elif sCode in self.jango_dict.keys():    ← if를 elif로 변경
                    jd = self.jango_dict[sCode]
                    meme_rate = (b - jd['매입단가']) / jd['매입단가'] * 100

                    … 생략 ...
```

계좌평가잔고내역은 실시간으로 반영되지 않아서 일회성으로 사용하고 더 이상 사용하지 않는다. 마찬가지로 종목이 딕셔너리에 포함돼 있는지 확인하고, 매매가능수량을 체크해서 매도주문을 한다. 계좌평가잔고내역 딕셔너리는 self.account_stock_dict이고, 실시간으로 매수된 적이 없어야 하므로 self.jango_dict에 종목코드가 없는지 확인한다.

```
if sCode in self.account_stock_dict.keys() and sCode not in self.jango_dict.keys():
```

그리고 실시간 잔고와는 다르게 계좌평가잔고내역에서 보유종목의 매입가격은 '매입가'로 받아왔었다 (예제 4.22 참조).

```
asd = self.account_stock_dict[sCode]
meme_rate = (b - asd['매입가']) / asd['매입가'] * 100
```

그래서 보유 종목이 매수했던 당시 금액의 몇 퍼센트나 등락율을 가지는지 계산하고, 조건에 맞는지 확인한다.

```
if asd['매매가능수량'] > 0 and (meme_rate > 5 or meme_rate < -5):
```

조건에 맞으면 시장가로 신규매도를 한다. 주문에 성공하면 del self.account_stock_dict[sCode] 함수를 이용해 계좌평가잔고 딕셔너리에서 종목을 삭제한다.

```
order_success = self.dynamicCall(
    "SendOrder(QString, QString, QString, int, QString, int, int, QString, QString)",
    ["신규매도", self.portfolio_stock_dict[sCode]["주문용스크린번호"], self.account_num, 2, sCode,
asd['매매가능수량'], 0, self.realType.SENDTYPE['거래구분']['시장가'], ""]
)

if order_success == 0:
    print("매도주문 전달 성공")
    del self.account_stock_dict[sCode]
else:
    print("매도주문 전달 실패")
```

지금까지 신규매수, 신규매도, 매수취소를 모두 구현했다. 추가한 부분을 포함한 전체 코드는 다음과 같다.

```
  … 생략 …

class Kiwoom(QAxWidget):
    … 생략 …

    def realdata_slot(self, sCode, sRealType, sRealData):
        … 생략 …

        elif sRealType == "주식체결":
            a = self.dynamicCall("GetCommRealData(QString, int)", sCode, self.realType.
REALTYPE[sRealType]['체결시간']) # 출력 HHMMSS
            b = self.dynamicCall("GetCommRealData(QString, int)", sCode, self.realType.
REALTYPE[sRealType]['현재가']) # 출력 : +(-)2520
            b = abs(int(b))

            … 생략 …

            k = self.dynamicCall("GetCommRealData(QString, int)", sCode, self.realType.
REALTYPE[sRealType]['저가']) # 출력 : +(-)2530
            k = abs(int(k))

            if sCode not in self.portfolio_stock_dict:
                self.portfolio_stock_dict.update({sCode:{}})

            self.portfolio_stock_dict[sCode].update({"체결시간": a})
            self.portfolio_stock_dict[sCode].update({"현재가": b})
            … 생략 …
            self.portfolio_stock_dict[sCode].update({"저가": k})


            if sCode in self.account_stock_dict.keys() and sCode not in self.jango_dict.keys():
                asd = self.account_stock_dict[sCode]
                meme_rate = (b - asd['매입가']) / asd['매입가'] * 100

                … 생략 …

            elif d > 2.0 and sCode not in self.jango_dict:
                print("매수조건 통과 %s " % sCode)
```

```python
                result = (self.use_money * 0.1) / e
                quantity = int(result)

                order_success = self.dynamicCall(
                    "SendOrder(QString, QString, QString, int, QString, int, int, QString,
QString)",
                    ["신규매수", self.portfolio_stock_dict[sCode]["주문용스크린번호"], self.
account_num, 1, sCode, quantity, e, self.realType.SENDTYPE['거래구분']['지정가'], ""]
                )

                if order_success == 0:
                    print("매수주문 전달 성공")
                else:
                    print("매수주문 전달 실패")

        not_meme_list = list(self.not_account_stock_dict)
        for order_num in not_meme_list:
            code = self.not_account_stock_dict[order_num]["종목코드"]
            meme_price = self.not_account_stock_dict[order_num]['주문가격']
            not_quantity = self.not_account_stock_dict[order_num]['미체결수량']
            order_gubun = self.not_account_stock_dict[order_num]['주문구분']

            if order_gubun == "매수" and not_quantity > 0 and e > meme_price:
                order_success = self.dynamicCall(
                    "SendOrder(QString, QString, QString, int, QString, int, int, QString,
QString)",
                    ["매수취소", self.portfolio_stock_dict[sCode]["주문용스크린번호"],
self.account_num, 3, code, 0, 0, self.realType.SENDTYPE['거래구분']['지정가'], order_num]
                )

                if order_success == 0:
                    print("매수취소 전달 성공")
                else:
                    print("매수취소 전달 실패")

            elif not_quantity == 0:
                del self.not_account_stock_dict[order_num]
```

종목 주문 후에 체결상태 구성하기

이전 절에서는 실시간 슬롯에서 최신 데이터로 업데이트하고, 매매조건을 필터링하는 과정을 구현했다. 그리고 주문을 넣는 방법도 살펴봤는데, 마지막으로 주문을 넣은 후에 처리하는 방법을 알아야 한다. 이번 절에서는 종목을 주문한 후에 체결상태를 구성하는 방법을 살펴보겠다.

주문을 넣으면 가장 먼저 미체결 상태로 존재한다. 그리고 미체결 정보가 체결되면 잔고로 넘어간다. 하지만 매수취소 주문은 잔고로 넘어가지 않는다. 잔고는 명칭 그대로 계좌의 잔고를 뜻하기 때문이다. 매수취소 주문은 잔고에 영향을 주지 못하므로 잔고로 넘어가지 않는다. 그래서 주문 과정을 살펴보면 다음과 같다.

주문 → 접수 → 확인 → 체결a → 잔고a → 체결b → 잔고b ...

주문이 접수되면 증권사에서 체크를 한다. 증권사에서 정상 주문인 것이 확인되면 체결이 이뤄진다. 그래서 위 흐름을 토대로 수량 10개를 주문했다고 가정해보면 흐름은 다음과 같다.

먼저 2개가 체결돼서 체결a의 데이터가 슬롯에 전달된다. 체결됐다는 것은 잔고에 영향을 미쳤다는 뜻이므로 잔고a의 데이터가 이어서 전달된다. 최종적으로 주문 수량이 8개 남았으며 주문 수량이 0이 될 때까지 위 과정을 반복한다.

그러므로 주문에 대한 정보를 실시간으로 받는 슬롯과 이를 연결하는 이벤트 그리고 시그널이 필요하다.

7.5.1. 실시간 체결정보를 확인하기 위한 이벤트 등록

지금까지 이벤트와 슬롯을 연결하고, 시그널로 요청하면 슬롯에서 결괏값을 받아오는 과정을 계속해서 살펴봤다. 주문을 넣을 때 사용하는 시그널은 SendOrder였고, SendOrder는 이전 절에서 살펴봤다. 이번 절에서는 이벤트와 슬롯을 살펴보겠다.

예제 7.22 OnReceiveChejanData 이벤트 추가   kiwoom.py → def real_event_slot()

```
… 생략 …

class Kiwoom(QAxWidget):
    def __init__(self):
        … 생략 …
```

```
    def real_event_slot(self):
        self.OnReceiveRealData.connect(self.realdata_slot)  # 실시간 이벤트 연결
        self.OnReceiveChejanData.connect(self.chejan_slot) #종목 주문체결 관련한 이벤트

    … 생략 …
```

real_event_slot 함수에 실시간 체결정보 데이터를 받는 OnReceiveChejanData 이벤트를 구성하고,
chejan_slot을 함수로 지정한다.

```
self.OnReceiveChejanData.connect(self.chejan_slot) #종목 주문체결 관련한 이벤트
```

이벤트가 지정한 chejan_slot은 주문이 들어가면 결과 데이터를 반환받는 함수이다. 그러면 chejan_
slot( ) 함수를 구성하자.

예제 7.23 주문체결 실시간 정보 슬롯   kiwoom.py → def chejan_slot()

```
    … 생략 …

class Kiwoom(QAxWidget):
    def __init__(self):
        … 생략 …

    def realdata_slot(self, sCode, sRealType, sRealData):
        … 생략 …

    def chejan_slot(self, sGubun, nItemCnt, sFidList):
        if int(sGubun) == 0: #주문체결
            pass

        elif int(sGubun) == 1: #잔고
            pass
```

슬롯에 반환되는 인자는 3개이다. 첫 번째 인자인 sGubun은 '0'은 주문체결, '1'은 잔고, '4'는 파생잔고
를 의미한다, 두 번째 인자인 nItemCnt는 이 책에서는 사용하지 않는다. 마지막 sFidList도 이 책에서
는 사용하지 않는다. 그래서 sGubun 인자만 참조하여 코드를 구현한다. 체결정보 데이터를 받는 코드
는 7.5.2절에서 이어서 살펴보자.

7.5.2. 체결정보 데이터 받기

이전 절에서 살펴봤듯이 chejan_slot()에서 사용하는 인자는 sGubun 하나이다. 그리고 sGubun은 '0'과 '1'이라는 데이터를 가진다. '0'은 주문을 체결하는 과정인 접수 → 확인 → 체결 과정을 의미한다. 체결된 주문이 잔고에 영향을 줄 때는 '1'이 반환된다.

지금까지 살펴본 주문체결 과정의 흐름은 다음과 같다.

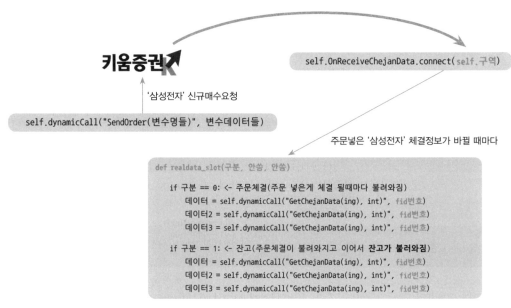

그림 7.11 주문체결 과정

먼저 sGubun이 "0"일 때 어떤 데이터를 구성하는지 살펴보자.

예제 7.24 주문체결 과정의 데이터 처리하기　　　　　　　　　　　kiwoom.py → def chejan_slot()

```
… 생략 …


class Kiwoom(QAxWidget):
    def __init__(self):
        … 생략 …


    def chejan_slot(self, sGubun, nItemCnt, sFidList):
        if int(sGubun) == 0: #주문체결
            account_num = self.dynamicCall("GetChejanData(int)", self.realType.REALTYPE['주문체
결']['계좌번호'])
```

```python
            sCode = self.dynamicCall("GetChejanData(int)", self.realType.REALTYPE['주문체결']['
종목코드'])[1:]
            stock_name = self.dynamicCall("GetChejanData(int)", self.realType.REALTYPE['주문체
결']['종목명'])
            stock_name = stock_name.strip()


        elif int(sGubun) == 1: #잔고
            pass
```

realdata_slot에서 살펴본 코드와 크게 다르지 않다. 다만 주문체결 슬롯에서는 GetChejanData 함수
로 데이터를 반환받는다.

예제 7.25 주문체결 과정에서 나머지 데이터 반환하기   kiwoom.py → def chejan_slot()

```python
… 생략 …


class Kiwoom(QAxWidget):
    … 생략 …


    def chejan_slot(self, sGubun, nItemCnt, sFidList):
        if int(sGubun) == 0: #주문체결
            … 생략 …


            stock_name = self.dynamicCall("GetChejanData(int)", self.realType.REALTYPE['주문체
결']['종목명'])
            stock_name = stock_name.strip()


            origin_order_number = self.dynamicCall("GetChejanData(int)", self.realType.
REALTYPE['주문체결']['원주문번호']) # 출력 : defaluse : "000000"
            order_number = self.dynamicCall("GetChejanData(int)", self.realType.REALTYPE['주문
체결']['주문번호']) # 출력: 0115061 마지막 주문번호


            order_status = self.dynamicCall("GetChejanData(int)", self.realType.REALTYPE['주문
체결']['주문상태']) # 출력: 접수, 확인, 체결
            order_quan = self.dynamicCall("GetChejanData(int)", self.realType.REALTYPE['주문체
결']['주문수량']) # 출력 : 3
            order_quan = int(order_quan)
```

```python
            order_price = self.dynamicCall("GetChejanData(int)", self.realType.REALTYPE['주문체
결']['주문가격']) # 출력: 21000
            order_price = int(order_price)


            not_chegual_quan = self.dynamicCall("GetChejanData(int)", self.realType.REALTYPE['
주문체결']['미체결수량']) # 출력: 15, default: 0
            not_chegual_quan = int(not_chegual_quan)


            order_gubun = self.dynamicCall("GetChejanData(int)", self.realType.REALTYPE['주문체
결']['주문구분']) # 출력: -매도, +매수
            order_gubun = order_gubun.strip().lstrip('+').lstrip('-')


            chegual_time_str = self.dynamicCall("GetChejanData(int)", self.realType.REALTYPE['
주문체결']['주문/체결시간']) # 출력: '151028'


            chegual_price = self.dynamicCall("GetChejanData(int)", self.realType.REALTYPE['주문
체결']['체결가']) # 출력: 2110 default : ''
            if chegual_price == '':
                chegual_price = 0
            else:
                chegual_price = int(chegual_price)


            chegual_quantity = self.dynamicCall("GetChejanData(int)", self.realType.REALTYPE['
주문체결']['체결량']) # 출력: 5 default : ''
            if chegual_quantity == '':
                chegual_quantity = 0
            else:
                chegual_quantity = int(chegual_quantity)


            current_price = self.dynamicCall("GetChejanData(int)", self.realType.REALTYPE['주문
체결']['현재가']) # 출력: -6000
            current_price = abs(int(current_price))


            first_sell_price = self.dynamicCall("GetChejanData(int)", self.realType.REALTYPE['
주문체결']['(최우선)매도호가']) # 출력: -6010
            first_sell_price = abs(int(first_sell_price))


            first_buy_price = self.dynamicCall("GetChejanData(int)", self.realType.REALTYPE['주
문체결']['(최우선)매수호가']) # 출력: -6000
```

```
        first_buy_price = abs(int(first_buy_price))

    elif int(sGubun) == 1: #잔고
        pass
```

이번 예제는 코드가 많아 보이지만, 반복적인 문장들이다. 어떤 데이터들을 반환받고 처리하는지 살펴보자.

self.realType.REALTYPE은 kiwoomType.py에 구현한 FID 딕셔너리에서 꺼내오고 있으며, 끝에 [1:]이 붙어있다. 이는 반환되는 종목에 A[장내주식], J[ELW종목], Q [ETN종목]와 같은 알파벳이 붙어서 "A032900" 형태로 나오는데, 이 알파벳을 지우는 용도다.

```
sCode = self.dynamicCall("GetChejanData(int)", self.realType.REALTYPE['주문체결']['종목코드'])[1:]
```

그리고 다음 코드를 보면 원주문번호와 주문번호가 있다.

```
origin_order_number = self.dynamicCall("GetChejanData(int)", self.realType.REALTYPE['주문체결']['
원주문번호'])  # 출력 : defaluse : "000000"
order_number = self.dynamicCall("GetChejanData(int)", self.realType.REALTYPE['주문체결']['주문번
호'])  # 출력: 0115061 마지막 주문번호
```

이름이 비슷해서 헷갈릴 수 있는데, 차이는 다음과 같다.

주문번호는 주문이 들어가면 무조건 부여되며, 어떤 주문인지 식별하기 위한 용도로 사용된다. 그리고 신규 주문에서는 원주문번호가 "000000"과 같이 빈 값이 반환된다.

그리고 나서 취소 및 정정주문을 하면 기존의 주문번호는 원주문번호가 되고, 취소 및 정정에 대한 주문번호가 새로 할당된다. 주문번호와 별도로 원주문번호가 필요한 이유는 취소 및 정정주문을 넣으면 어떤 주문에 대한 변경 주문인지 확인이 필요하기 때문이다.

원주문번호와 주문번호를 이해하기가 어려울 수 있다. 다음 예제를 통해 원주문번호 부여 과정을 살펴보자. 다음은 신규 매수주문 → 매수취소가 이뤄지는 과정이고, 주문이 체결되는 순서에 따라 출력되는 모습이다.

원주문번호 부여과정

```
kiwoom.py-chejan_slot
========== 신규매수주문 : 주문체결에서 접수상태======
계좌번호: 8117558311
주문번호: 0102597 ← 신규주문을 넣으면 주문번호가 할당된다.
관리자사번:
종목코드: A042520
주문업무분류: JJ
주문상태: 접수 ← 접수상태
종목명: 한스바이오메드
주문수량: 12
주문가격: 24600
미체결수량: 12
체결누계금액: 0
원주문번호: 0000000 ← 신규 주문에서는 원주문 번호가 부여되지 않는다.
주문구분: +매수
매매구분: 보통
매도수구분: 2
주문/체결시간: 142741
체결번호:
체결가:
체결량:
현재가: -24500


kiwoom.py-chejan_slot-0094
========== 매수취소주문 : 주문체결에서 접수상태 ======
계좌번호: 8117558311
주문번호: 0102782 ← 매수취소 주문이 새로 들어와서 주문번호가 다시 부여된다.
관리자사번:
종목코드: A042520
주문업무분류: JJ
주문상태: 접수 ← 접수상태
종목명: 한스바이오메드
주문수량: 12
주문가격: 24500
미체결수량: 12
체결누계금액: 0
원주문번호: 0102597 ← 신규매수 주문에 있었던 주문번호가 원주문번호로 들어왔다.
주문구분: 매수취소
```

… 생략 …

kiwoom.py-chejan_slot-0094
========== 매수취소주문 : 주문체결이 접수에서 확인으로 봐뀐 상태 ======
계좌번호: 8117558311
주문번호: 0102782 ← 이전의 매수취소 주문이 접수상태였고 지금은 확인이여서 주문번호는 똑같다.
관리자사번:
종목코드: A042520
주문업무분류: JJ
주문상태: 확인 ← 확인상태
종목명: 한스바이오메드
주문수량: 12
주문가격: 24500
미체결수량: 0
체결누계금액: 0
원주문번호: 0102597
… 생략 …

kiwoom.py-chejan_slot-0094
========== 신규매수주문 : 주문체결에서 미체결클리어 ======
계좌번호: 8117558311
주문번호: 0102597 ← 가장 처음에 했던 신규주문의 주문번호. 다시 출력된 이유는 매수취소를 하면 이전의 주문에서는 미체결수량을 모두 0으로 처리해야 하기 때문이다. 그래야만 미체결관리에서 더 이상 필요 없는 주문을 지울 수 있다. 이러한 이유 때문에 원주문번호에 신규매수주문의 주문번호가 할당된다. 어떤 주문에 대한 취소주문인지 매수취소가 알아야 하기 때문이다.
관리자사번:
종목코드: A042520
주문업무분류: JJ
주문상태: 접수
종목명: 한스바이오메드
주문수량: 12
주문가격: 24600
미체결수량: 0
체결누계금액: 0
원주문번호: 0000000 ← 가장 처음의 신규주문이었기 때문에 원주문번호는 비어있다.
주문구분: +매수
매매구분: 보통
매도수구분: 1
주문/체결시간: 142741
체결번호:

```
체결가:
체결량:
현재가: -24500
(최우선)매도호가: -24550
(최우선)매수호가: -24500
단위체결가:
단위체결량:
당일매매수수료: 0
당일매매세금: 0
거부사유: 0
화면번호: 4989
터미널번호: 0707047
신용구분(실시간 체결용): 00
대출일(실시간 체결용): 00000000
```

주문번호는 파란색 굵은 글씨로 표시했고, 원주문번호는 파란색 글씨로 표시했다. 그리고 흐름을 따라가면서 설명문을 읽을 수 있게 옆에 설명을 해두었으며, 원주문번호 변화에 대한 설명을 자세하게 기재했다.

추가로 '========== 신규매수주문 : 주문체결에서 미체결 클리어 ======' 줄을 보면 미체결 클리어라고 표시된다.

미체결 클리어는 설명 그대로 미체결주문을 깨끗하게 만드는 것이다. 예를 들면 다음과 같은 과정에서 필요하다. 정정 및 취소주문을 넣으면 이전에 넣었던 신규주문은 사라지게 만들어야 한다. 하지만 미체결수량이 남아있어서 취소가 불가능하다. 따라서 정정/취소주문의 원주문번호에 신규주문의 주문번호를 넣는다. 그러면 정정/취소주문의 원래 신규주문이 어떤 것이었는지 원주문번호로 알 수 있다. 그러므로 중도에 원주문번호에 해당하는 주문번호를 가져와서 미체결을 0으로 만들고 지운다.

이어서 예제 코드를 마저 살펴보자.

체결가는 데이터가 없으면 "0"이 아니라 ""과 같이 빈 값으로 반환된다. 그래서 빈 값이면 숫자 0을 할당하도록 구성한다.

```python
chegual_price = self.dynamicCall("GetChejanData(int)", self.realType.REALTYPE['주문체결']['체결
가']) # 출력: 2110  default : ''
if chegual_price == '':
    chegual_price = 0
else:
    chegual_price = int(chegual_price)
```

결과적으로 예제의 변수들을 정리해보면 다음과 같다. 정정/취소 주문을 넣으면 기존의 '주문번호'가 원주문번호에 할당되고, 주문번호는 주문을 넣을 때 부여되는 6자리 번호다. 주문/체결시간은 주문이 체결되는 시각, 체결가는 체결된 가격이다.

다른 변수들은 4.5절에서 살펴본 내용과 같으며, 더 많은 정보는 KOA Studio에서 확인할 수 있다.

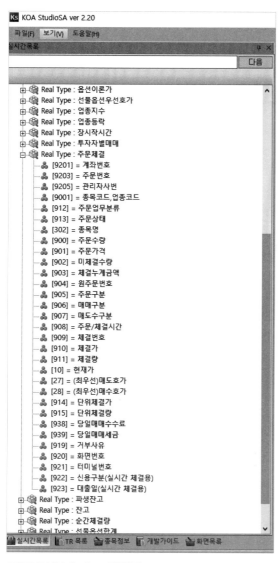

그림 7.12 KOA Studio – 주문체결

그리고 반환한 데이터를 미체결 딕셔너리에 업데이트한다.

```
    … 생략 …


class Kiwoom(QAxWidget):
    … 생략 …


    def chejan_slot(self, sGubun, nItemCnt, sFidList):
        if int(sGubun) == 0: #주문체결
            … 생략 …


            first_buy_price = self.dynamicCall("GetChejanData(int)", self.realType.REALTYPE['주
문체결']['(최우선)매수호가']) # 출력: -6000
            first_buy_price = abs(int(first_buy_price))


            ####### 새로 들어온 주문이면 주문번호 할당
            if order_number not in self.not_account_stock_dict.keys():
                self.not_account_stock_dict.update({order_number: {}})
```

미체결 딕셔너리에 주문번호가 들어있는지 확인하고, 없으면 업데이트한다.

```
if order_number not in self.not_account_stock_dict.keys():
    self.not_account_stock_dict.update({order_number: {}})
```

나머지 데이터도 다음 예제와 같이 업데이트한다.

```
    … 생략 …


class Kiwoom(QAxWidget):
    … 생략 …


    def chejan_slot(self, sGubun, nItemCnt, sFidList):
        if int(sGubun) == 0: #주문체결
            … 생략 …


            ####### 새로 들어온 주문이면 주문번호 할당
            if order_number not in self.not_account_stock_dict.keys():
```

```
                self.not_account_stock_dict.update({order_number: {}})


            self.not_account_stock_dict[order_number].update({"종목코드": sCode})
            self.not_account_stock_dict[order_number].update({"주문번호": order_number})
            self.not_account_stock_dict[order_number].update({"종목명": stock_name})
            self.not_account_stock_dict[order_number].update({"주문상태": order_status})
            self.not_account_stock_dict[order_number].update({"주문수량": order_quan})
            self.not_account_stock_dict[order_number].update({"주문가격": order_price})
            self.not_account_stock_dict[order_number].update({"미체결수량": not_chegual_quan})
            self.not_account_stock_dict[order_number].update({"원주문번호": origin_order_number})
            self.not_account_stock_dict[order_number].update({"주문구분": order_gubun})
            self.not_account_stock_dict[order_number].update({"주문/체결시간": chegual_time_str})
            self.not_account_stock_dict[order_number].update({"체결가": chegual_price})
            self.not_account_stock_dict[order_number].update({"체결량": chegual_quantity})
            self.not_account_stock_dict[order_number].update({"현재가": current_price})
            self.not_account_stock_dict[order_number].update({"(최우선)매도호가": first_sell_price})
            self.not_account_stock_dict[order_number].update({"(최우선)매수호가": first_buy_price})
```

7.5.3. 변경된 잔고내역 데이터 받기

주문체결에서 데이터 처리가 완료되고 주문이 체결되면 잔고 내역이 변경된다. 따라서 sGubun이 "1"인 데이터가 반환된다.

예제 7.28 잔고내역 업데이트하기   kiwoom.py → def chejan_slot()

```
    … 생략 …


class Kiwoom(QAxWidget):
    … 생략 …


    def chejan_slot(self, sGubun, nItemCnt, sFidList):
        if int(sGubun) == 0: #주문체결
            … 생략 …


        elif int(sGubun) == 1: #잔고
            account_num = self.dynamicCall("GetChejanData(int)", self.realType.REALTYPE['잔고']
['계좌번호'])
```

```python
            sCode = self.dynamicCall("GetChejanData(int)", self.realType.REALTYPE['잔고']['종목
코드'])[1:]

            stock_name = self.dynamicCall("GetChejanData(int)", self.realType.REALTYPE['잔고']
['종목명'])
            stock_name = stock_name.strip()

            current_price = self.dynamicCall("GetChejanData(int)", self.realType.REALTYPE['잔
고']['현재가'])
            current_price = abs(int(current_price))

            stock_quan = self.dynamicCall("GetChejanData(int)", self.realType.REALTYPE['잔고']
['보유수량'])
            stock_quan = int(stock_quan)

            like_quan = self.dynamicCall("GetChejanData(int)", self.realType.REALTYPE['잔고']['
주문가능수량'])
            like_quan = int(like_quan)

            buy_price = self.dynamicCall("GetChejanData(int)", self.realType.REALTYPE['잔고']['
매입단가'])
            buy_price = abs(int(buy_price))

            total_buy_price = self.dynamicCall("GetChejanData(int)", self.realType.REALTYPE['잔
고']['총매입가']) # 계좌에 있는 종목의 총매입가
            total_buy_price = int(total_buy_price)

            meme_gubun = self.dynamicCall("GetChejanData(int)", self.realType.REALTYPE['잔고']
['매도매수구분'])
            meme_gubun = self.realType.REALTYPE['매도수구분'][meme_gubun]

            first_sell_price = self.dynamicCall("GetChejanData(int)", self.realType.REALTYPE['
잔고']['(최우선)매도호가'])
            first_sell_price = abs(int(first_sell_price))

            first_buy_price = self.dynamicCall("GetChejanData(int)", self.realType.REALTYPE['잔
고']['(최우선)매수호가'])
            first_buy_price = abs(int(first_buy_price))
```

데이터를 가져올 때는 앞서 살펴본 것과 동일하게 GetChejanData 함수를 사용한다. 보유수량은 주문이 처리되고 보유한 수량이다.

```
stock_quan = self.dynamicCall("GetChejanData(int)", self.realType.REALTYPE['잔고']['보유수량'])
```

주문가능수량은 주문을 넣고 남은 나머지 수량이다.

```
like_quan = self.dynamicCall("GetChejanData(int)", self.realType.REALTYPE['잔고']['주문가능수량'])
```

매입단가는 한 종목에 대해서 다른 가격대로 주문을 했다면 각 주문가격의 평균값이 매입단가가 된다.

```
buy_price = self.dynamicCall("GetChejanData(int)", self.realType.REALTYPE['잔고']['매입단가'])
buy_price = abs(int(buy_price))
```

총 매입가는 현재 종목에 대해서 매입한 총금액이다.

```
total_buy_price = self.dynamicCall("GetChejanData(int)", self.realType.REALTYPE['잔고']['총매입가'])
```

매도매수구분은 매수와 관련된 주문인지 매도와 관련된 주문인지 구분 짓는다. 매수는 "2"로 반환되고, 매도는 "1"로 반환되므로 보기 편하게 self.realType.REALTYPE['매도수구분'][meme_gubun]을 사용해 데이터를 매수, 매도 형태의 스트링으로 변환한다.

```
meme_gubun = self.dynamicCall("GetChejanData(int)", self.realType.REALTYPE['잔고']['매도매수구분'])
meme_gubun = self.realType.REALTYPE['매도수구분'][meme_gubun]
```

최신 잔고 데이터들을 반환받았으면 잔고 딕셔너리에 업데이트한다.

예제 7.29 최신 데이터로 잔고 딕셔너리 업데이트하기   kiwoom.py → def chejan_slot()

```
… 생략 …

class Kiwoom(QAxWidget):
    … 생략 …

    def chejan_slot(self, sGubun, nItemCnt, sFidList):
        if int(sGubun) == 0: #주문체결
            … 생략 …
```

```
elif int(sGubun) == 1: #잔고
    … 생략 …

first_buy_price = self.dynamicCall("GetChejanData(int)", self.realType.REALTYPE['잔
고']['(최우선)매수호가'])
first_buy_price = abs(int(first_buy_price))

if sCode not in self.jango_dict.keys():
    self.jango_dict.update({sCode:{}})

self.jango_dict[sCode].update({"현재가": current_price})
self.jango_dict[sCode].update({"종목코드": sCode})
self.jango_dict[sCode].update({"종목명": stock_name})
self.jango_dict[sCode].update({"보유수량": stock_quan})
self.jango_dict[sCode].update({"주문가능수량": like_quan})
self.jango_dict[sCode].update({"매입단가": buy_price})
self.jango_dict[sCode].update({"총매입가": total_buy_price})
self.jango_dict[sCode].update({"매도매수구분": meme_gubun})
self.jango_dict[sCode].update({"(최우선)매도호가": first_sell_price})
self.jango_dict[sCode].update({"(최우선)매수호가": first_buy_price})

if stock_quan == 0:
    del self.jango_dict[sCode]
```

jango_dict에도 새로운 종목들을 업데이트해야 한다.

```
if sCode not in self.jango_dict.keys():
    self.jango_dict.update({sCode:{}})
```

jango_dict에 종목이 없으면 업데이트한다. 그리고 stock_quan이 0이면 보유수량이 없다는 의미이
다. 그러므로 딕셔너리에서 지운다.

```
if stock_quan == 0:
    del self.jango_dict[sCode]
```

self.jango_dict는 __init__( ) 함수에 선언해 놓는다. 그러면 지금까지 구현한 __init__( ) 함수의 변
수는 다음과 같다.

```
… 생략 …


class Kiwoom(QAxWidget):
    def __init__(self):
        … 생략 …


        ######## 종목 정보 가져오기
        self.portfolio_stock_dict = {}
        self.jango_dict = {}
        #####################


        … 생략 …
```

7.5.4. 서버에서 메시지 받기

지금까지 많은 코드를 구현했는데, 한 가지 의문이 든다. 시그널을 이용해서 키움 증권 서버에 요청하는 작업은 많은데 잘 요청됐는지 실시간 메시지를 받지 않고 있다. 예를 들어, 주문은 잘 들어갔지만, 해당 주문이 체결할 수 없는 거래정지 종목인지, 주문을 넣을 돈이 부족해서 체결되지 않았는지 알 수가 없다.

그래서 여러 가지 경우를 확인하기 위해 다음과 같이 실시간 메시지를 받는 이벤트를 사용한다.

```
… 생략 …


class Kiwoom(QAxWidget):
    … 생략 …


    def event_slots(self):
        self.OnEventConnect.connect(self.login_slot) # 로그인 관련 이벤트
        self.OnReceiveTrData.connect(self.trdata_slot) # 트랜잭션 요청 관련 이벤트
        self.OnReceiveMsg.connect(self.msg_slot)
```

self.OnReceiveMsg.connect 이벤트를 이용해서 요청에 대한 처리 값을 슬롯으로 받는다.

```
··· 생략 ···

class Kiwoom(QAxWidget):
    ··· 생략 ···

    def chejan_slot(self, sGubun, nItemCnt, sFidList):
        ··· 생략 ···

    def msg_slot(self, sScrNo, sRQName, sTrCode, msg):
        print("스크린: %s, 요청이름: %s, tr코드: %s --- %s" %(sScrNo, sRQName, sTrCode, msg))
```

슬롯으로 반환되는 인자는 4개가 있다. sScrNo은 스크린 번호, sRQName은 요청이름, sTrCode은 요청코드, msg은 메시지다.

요청에 대한 정보 값은 print로 확인할 수 있으며, TR 요청 처리 상태 및 실시간 데이터 처리 상태를 확인할 수 있다. 그래서 TR 요청을 하거나 주문을 넣으면 메시지는 다음과 같이 출력된다.

조회 요청에 대한 msg_slot() 메시지 (콘솔창)

```
스크린: 2000, 요청이름: 예수금상세현황요청, tr코드: opw00001 --- [00Z310] 모의투자 조회가 완료되었습니다
스크린: 2000, 요청이름: 계좌평가잔고내역요청, tr코드: opw00018 --- [00Z310] 모의투자 조회가 완료되었습니다
스크린: 6000, 요청이름: 신규매수, tr코드: KOA_NORMAL_BUY_KQ_ORD --- [107066] 매수주문이 완료되었습니다.
```

참고로 'tr코드'라고 출력된 메시지는 정해진 문자가 아니다. 요청된 데이터에 대한 처리 형태를 보여줄 뿐이다.

7.6 장 종료 후의 처리 구성하기

장이 종료된 시점인 3시 30분에는 모든 종목에 대해서 실시간 연결을 끊는다. 그리고 다음 날을 위해 종목 분석에 들어간다.

7.6.1. 실시간 연결 모두 끊기

실시간으로 수신받던 모든 종목의 연결을 끊는다.

예제 7.33 실시간 종목 연결 끊기   kiwoom.py → def realdata_slot()

```
… 생략 …

class Kiwoom(QAxWidget):
    … 생략 …

    def realdata_slot(self, sCode, sRealType, sRealData):
        if sRealType == "장시작시간":
            … 생략 …

            elif value == "4":
                print("3시30분 장 종료")

                for code in self.portfolio_stock_dict.keys():
                    self.dynamicCall("SetRealRemove(QString, QString)", self.portfolio_stock_
dict[code]['스크린번호'], code)

            … 생략 …
```

self.portfolio_stock_dict 딕셔너리에는 실시간 종목들의 정보가 모두 담겨 있다. for 문으로 딕셔너리를 반복하면서 SetRealRemove를 이용해서 연결을 모두 끊는다.

7.6.2. 다음 날을 위한 종목 분석 들어가기

장이 끝나면 다음 날의 거래를 위해 종목 분석에 들어간다.

```python
def realdata_slot(self, sCode, sRealType, sRealData):

    if sRealType == "장시작시간":
        … 생략 …

        elif value == "4":
            print("3시30분 장 종료")

            for code in self.portfolio_stock_dict.keys():
                self.dynamicCall("SetRealRemove(QString, QString)", self.portfolio_stock_
dict[code]['스크린번호'], code)

            QTest.qWait(5000)

            self.file_delete()
            self.calculator_fnc()

    … 생략 …
```

이전의 프로세스 처리들이 안전하게 끝나도록 QTest.qWait(5000) 함수를 사용해서 5초간의 딜레이를
준다.

```python
QTest.qWait(5000)
```

그리고 self.file_delete() 함수를 동작시키고 self.calculator_fnc() 함수를 실행한다.

```python
self.file_delete()
self.calculator_fnc()
```

그러면 self.file_delete() 함수가 어떤 함수인지 알아보자.

```python
    … 생략 …

class Kiwoom(QAxWidget):
```

```
      … 생략 …

   def msg_slot(self, sScrNo, sRQName, sTrCode, msg):
      … 생략 …

   def file_delete(self):
      if os.path.isfile("files/condition_stock.txt"):
         os.remove("files/condition_stock.txt")
```

먼저 파일의 존재 여부를 파악하기 위해서 os.path.isfile( ) 함수를 이용한다. 그리고 파일이 존재하면
해당 파일을 지워준다. 파일을 지우는 이유는 다음 주식 장을 위해 분석된 종목들을 새로운 파일에 저
장하기 위해서다.

삭제가 완료되면 종목분석에 들어간다.

```
self.calculator_fnc()
```

7장에서는 주식 장의 시작과 종료 시점을 확인하는 방법과 장 중에 데이터를 분석하고 거래하는 방법
을 배우고 코드로 구성했다. 그러므로 1초 미만의 단위로 시장에 대응할 수 있게 됐고, 우리가 다른 업
무를 보는 동안에도 컴퓨터가 실시간으로 종목의 상태를 확인하고 주문을 시행할 수 있게 됐다.

7.6.3. 프로그램 종료하기

장이 끝나면 파이썬 프로그램을 계속 실행해 놓을 필요가 없다. 어차피 자정이나 새벽에는 증권사도 점
검 시간일 때가 많아서 프로그램이 종료되지 않고, 자동으로 중지되는 경우가 있다. 그래서 중지되기
전에 프로그램을 미리 종료해보자.

파이썬의 프로세스 처리와 관련된 라이브러리인 'sys'를 임포트 부분에 추가해 불러온다.

예제 7.36 **파이썬의 프로세스 처리와 관련된 sys 라이브러리 임포트**   *kiwoom.py*

```
import os
import sys
from PyQt5.QAxContainer import *
from PyQt5.QtCore import *

   … 생략 …
```

그리고 '장시작시간' 데이터를 받는 함수 중간에 프로그램을 종료하는 exit() 함수를 추가한다

예제 7.37 **프로세스를 종료하는 함수 추가**   kiwoom.py → def realdata_slot()

```
 … 생략 …

class Kiwoom(QAxWidget):
     … 생략 …

    def realdata_slot(self, sCode, sRealType, sRealData):
        if sRealType == "장시작시간":
             … 생략 …

            elif value == "4":
                 … 생략 …

                self.file_delete()
                self.calculator_fnc()

                sys.exit()

         … 생략 …
```

분석이 끝나고 프로그램이 자동으로 종료되게 설정하여 메모리 사용을 절약하고 증권사 점검으로 인해
서 프로세스가 중지되는 문제를 방지할 수 있게 됐다.

문제해결 및 시스템 자동화

대부분 사람은 주식 장이 움직이는 동안에 개인 업무를 보는 경우가 많다. 그래서 장 중에 프로그램이 잘 작동했으며, 오류는 없었는지 체크하려면 데이터의 처리 내역을 기록해야 한다. 이때 사용되는 개념이 로그(Log)이며, 이번 장에서는 파이썬 전용 로그를 구성해보자.

8.1 로깅

유지보수와 데이터 처리가 올바르게 처리되는지 육안으로 확인하려면 프로그램이 동작하는 모든 동작을 수시로 기록하고 보관해야 한다. 이렇게 데이터를 보관하는 형태를 로그라고 부르며, '데이터를 기록한다'는 의미로 로깅(Logging)이라고 부른다.

8.1.1. 로그의 기본 개념

로그에는 기록된 데이터의 중요성을 구분하기 위한 5가지 레벨이 있다.

- Info: 정보의 처리 과정을 의미

- debug: 프로그램의 흐름을 따라 데이터의 상세한 처리를 기록

- warn: 문제가 될 수 있는 부분을 의미

- error: 심각한 에러를 초래할 수 있는 부분을 의미

- critical: 프로그램이 종료될 수 있는 치명적인 에러를 의미

이처럼 5가지 종류로 구분해서 기록하며, 원하는 타입을 필요한 구역에 기재해서 사용한다. 하지만 전문 프로그래머가 아니라면 로그의 종류를 상세하게 구분할 필요는 없고, debug와 error 위주로 사용한다.

8.1.2. 커스텀 로그(Custom Log) 설정하기

이 책을 보는 대다수 독자가 개인일 것이다. 그래서 전문성을 가지고 커스텀 파일을 작성할 필요는 없지만, 정교한 데이터 처리를 위해서 간략하게 배워보자.[1] 커스텀 로그는 복잡할 수 있기 때문에 이해하기 어렵다면 예제 코드에 있는 로그 형태를 그대로 사용하도록 한다.

커스텀 로그는 개인에게 적합한 기록 방법을 만들어서 사용하는 것이다. 커스텀 방식의 로그를 구성하는 것은 난이도가 높은 편이기 때문에 반복적인 학습이 필요하다. 그래도 이해가 되지 않는다면 다른 장을 먼저 학습하고, 코드에 대한 프로세스가 확실히 생겼을 때 커스텀 로그를 구성하길 바란다.

먼저 필요한 파일부터 생성하고 코드를 구현해보자. 커스텀 로그를 만들기 위해 config 폴더에 log_class.py를 생성한다. log_class.py에는 로그와 관련된 파이썬 코드를 작성한다.

그림 8.1 커스텀 로그를 만들기 위한 log_class.py 파일 생성

파일을 생성했으면 커스텀 로그를 생성하는 log_class.py를 구현해보자.

예제 8.1 커스텀 로그 생성   log_class.py

```python
import logging
import datetime


class Logging():
    def __init__(self):
        self.logger = logging.getLogger(__name__)

        format = logging.Formatter("%(asctime)s ¦ %(filename)s ¦ %(lineno)s ¦ %(levelname)s ->
```

---

[1] 로깅은 방대한 개념을 담는다. 자세한 내용은 https://docs.python.org/ko/3/library/logging.html를 참조

```
%(message)s")

        streamHandler = logging.StreamHandler()
        streamHandler.setFormatter(format)
        self.logger.addHandler(streamHandler)

        d_time = datetime.datetime.now()
        d_str = d_time.strftime("%Y-%m-%d")
        fileHandler = logging.FileHandler("log/"+d_str+".log", encoding="utf-8")
        fileHandler.setFormatter(format)
        self.logger.addHandler(fileHandler)

        self.logger.setLevel(level=logging.DEBUG)
```

코드를 한 줄씩 차례대로 확인해보자.

먼저 로깅에 관한 데이터를 설정할 수 있도록 logging 모듈을 임포트해서 라이브러리를 불러온다.

그리고 로깅한 내용을 파일로 저장할 것이다. 이때 파일의 이름은 날짜로 짓기 위해서 현재 날짜를 확인할 수 있는 datetime 라이브러리를 불러온다.

```
import logging
import datetime
```

로깅을 사용하려면 현재 로그가 설정되는 파일을 기준으로 로그를 설정해야 한다. 그래서 __name__ 이라는 기본 변수를 사용해서 로그를 설정하고 config.log_class라는 데이터를 가지고 있다.

```
self.logger = logging.getLogger(__name__)
```

로깅을 사용해 데이터를 저장할 때 저장 문장은 날짜, 파일 이름, 몇 번째 줄, 디버그인지 에러인지 확인, 출력 메시지 등 내용을 자유롭게 할 수 있다.

```
format = logging.Formatter("%(asctime)s | %(filename)s | %(lineno)s | %(levelname)s -> %(message)s")
```

그리고 만들어진 포맷(format) 데이터를 로깅에 업데이트한다. 여기서 StreamHanlder는 데이터를 다룰 수 있는 함수다.

```
streamHandler = logging.StreamHandler()
```

```
streamHandler.setFormatter(format)
self.logger.addHandler(streamHandler)
```

지금까지 설정한 부분은 콘솔창에 출력되는 부분이다. 이어서 파일로도 저장해 영구적으로 데이터를 기록하도록 한다. 이때 datetime 라이브러리를 이용해서 현재 시각을 가져오고 날짜를 문자로 지정하는데 strftime("%Y-%m-%d")을 이용한다. %Y는 4자리 연도이고 %m는 두 자리 월이며 %d는 두 자리 일이다.

```
d_time = datetime.datetime.now()
d_str = d_time.strftime("%Y-%m-%d")
```

FileHandler는 파일로 저장할 때 관리하는 함수이고 저장될 파일 이름을 설정한다. 그리고 한글 문자를 사용할 수 있게 utf-8로 인코딩한다.

```
fileHandler = logging.FileHandler("log/"+d_str+".log", encoding="utf-8"))
```

저장된 파일의 내용은 어떤 문장으로 만들건지도 설정하는데 위에서 만들어 놓은 format으로 업데이트한다. 그리고 로깅 설정에 추가한다.

```
fileHandler.setFormatter(format)
self.logger.addHandler(fileHandler)
```

로깅의 레벨을 설정해 디버깅할지 에러를 잡을지를 정하는데 기본값으로 설정한다. 그러면 디버깅과 에러 등을 이용할 수 있다.

```
self.logger.setLevel(level=logging.DEBUG)
```

마지막으로 설정한 로깅을 사용할 수 있도록 Kiwoom 파일에 임포트하고 log_class를 인스턴스화해서 print로 지정했던 코드들을 모두 self.logger.logging.debug() 형태로 변경한다.

예제 8.2 print로 출력했던 코드들을 로그로 변경

```
import os
from PyQt5.QAxContainer import *
from PyQt5.QtCore import *
from config.errorCode import *
```

```
from PyQt5.QtTest import *
from config.kiwoomType import *
from config.log_class import *    ← 로그 파일 임포트


class Kiwoom(QAxWidget):
    def __init__(self):
        super().__init__()
        self.realType = RealType()
        self.logging = Logging()    ← 로그 인스턴스

        #print("kiwoom() class start. ")
        self.logging.logger.debug("Kiwoom() class start.")    ← 로그 형태로 변경
```

최종적으로 출력해보면 다음과 같이 나온다.

콘솔창에 출력되는 포맷

```
2020-12-20 00:45:30,725 | kiwoom.py | 20 | DEBUG -> Kiwoom() class start.
```

파일에 저장되는 포맷

```
2020-12-20 00:33:24,939 | kiwoom.py | 20 | DEBUG -> Kiwoom() class start.
```

log 폴더에는 파일들이 생성된다.

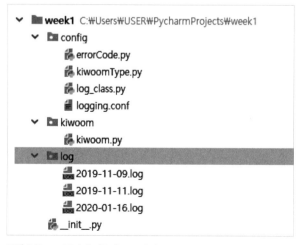

그림 8.2 로그 폴더에 기록된 로그 파일

프로그램 운영 상황을 슬랙 메시지로 받기

자동화 시스템이 동작하는 동안 독자들은 다른 일을 하고 있을 것이다. 따라서 수시로 프로그램을 확인하는 번거로움을 없앨 수 있게 필요한 메시지를 PC나 스마트폰으로 받아보는 방법을 살펴보자.

이 책에서는 코드가 간결하고 다루기 쉬운 슬랙 메시지 앱을 이용하며, 다음 흐름을 따라 설정한다. 참고로 슬랙은 디자인과 기능이 자주 업데이트된다. 그러므로 학습 중에 알 수 없는 에러가 발생한다면 커뮤니티(https://cafe.naver.com/programgarden)[2]에서 문제 사항을 공유하고 함께 개선해 나가길 희망한다.

메시지 송수신을 위해서는 채팅방을 만들어야 한다. https://slack.com/create#email에 접속하고 이메일을 입력한다.

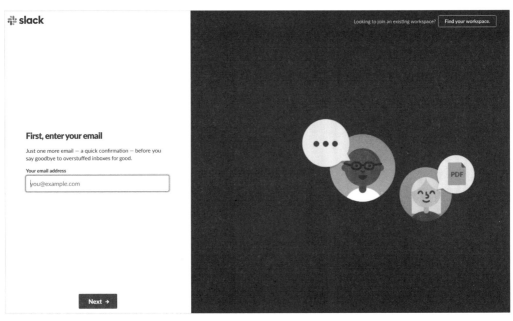

그림 8.3 이메일 인증하기

---

2 텔레그램 메신저로 연동하는 자료도 커뮤니티에 업로드돼 있고 유튜브 '프로그램 동산' 채널에서도 배울 수 있다. https://youtu.be/mlKcW2dT9QQ

다음 그림과 같이 핀번호 6자리를 입력하는 창이 나오면 메일로 전송된 핀번호를 입력한다.

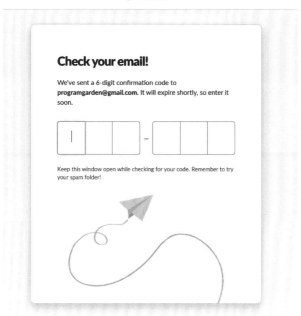

그림 8.4 메일에서 6자리 핀번호 확인 후 입력

다음 페이지로 넘어가면 다음 그림과 같이 'What's the name of your company or team?'이라는 문구가 나온다. 입력창에 회사명 또는 개인의 이름을 작성한다.

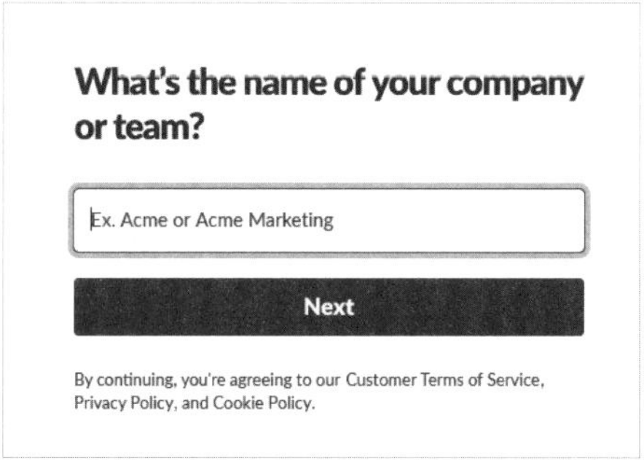

What's the name of your company or team?

Ex. Acme or Acme Marketing

Next

By continuing, you're agreeing to our Customer Terms of Service, Privacy Policy, and Cookie Policy.

그림 8.5 슬랙 프로젝트 이름 입력

프로젝트 이름을 입력하고 나면 채팅방 이름 또는 프로젝트명을 지정하는 화면이 나온다.

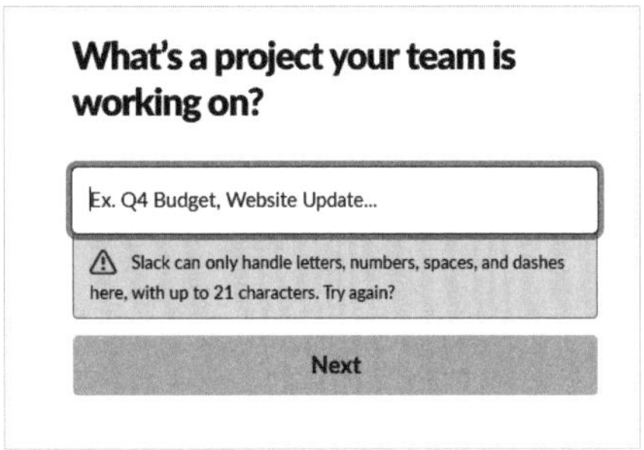

그림 8.6 슬랙 채팅방 이름 입력

경고 메시지를 보면 특수문자는 사용할 수 없고, 글자 수는 21자로 제한된다. 채팅방 이름은 파이썬 코드에서 사용되며, 이 책에서는 'realmessage'로 설정했다. 이어서 [Next] 버튼을 누르면 다음 페이지가 나온다.

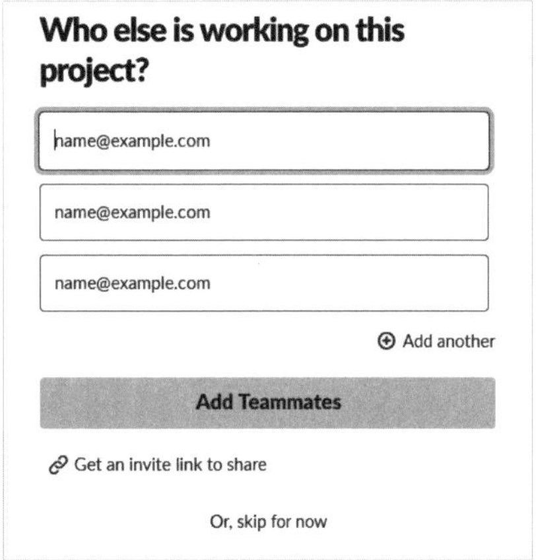

그림 8.7 슬랙 팀원 초대

'Who else is working on this project?'에서는 채팅방을 함께 이용할 다른 사용자를 추가한다. 추가할 다른 사용자가 없으면 맨 밑에 있는 'Or, skip for now'를 클릭한다. 그러면 "Window용 Slack 다운로드(Download Slack for Windows)" 또는 "나중에 브라우저에서 계속(Continue later in your browser)" 선택란이 나온다(슬랙 홈페이지가 업데이트되면 나오지 않을 수도 있다). 이 책에서는 "나중에 브라우저에서 계속"을 선택한다. 그리고 나면 새로 생성된 슬랙 공간으로 넘어간다.

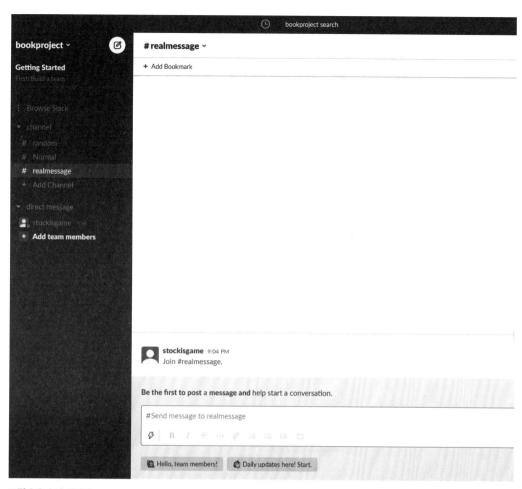

그림 8.8 슬랙 채팅방

왼쪽에 있는 Channels 카테고리에 [#채팅방이름]과 같이 채널 목록을 볼 수 있다. 이 이름은 파이썬 코드에서 사용될 이름이다. #realmessage를 클릭하면 그림 8.8과 같은 화면이 나온다(이 부분도 슬랙 업데이트에 따라 화면 모양이 다를 수 있다).

이제 이 채팅방에 올라온 메시지를 모바일에서도 받아볼 수 있게 설정해야 한다. 다음 과정을 따라 해보자.

왼쪽 위의 [bookproject]를 클릭하고 [Preferences]를 클릭한다.

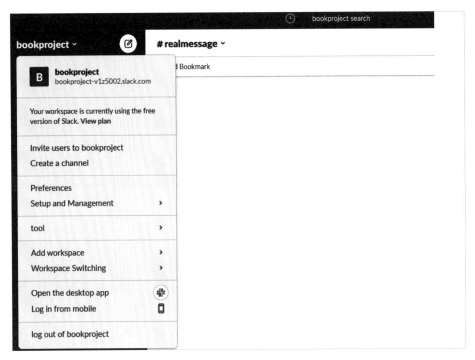

그림 8.9 슬랙 채팅방의 설정 메뉴

다음 그림과 같은 팝업창
화면이 나오면 다른 모바일
장치에서도 메시지를 수신
받기 위해 [Use different
settings for different
mobile devices]를 선택
한다. 이 메뉴에서 모든 메
시지를 받기 위해 [all new
messages]를 선택한다.

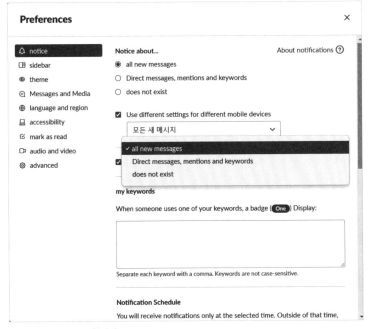

그림 8.10 슬랙 알람 활성화

그리고 아래에 내려가다 보면 다음 그림과 같은 설정창이 보인다. 데스크톱에 슬랙이 실행돼 있다면 모바일로도 받을 것인지 선택하는 메뉴다. [Immediately even when active]를 선택해야만 모바일로도 메시지를 즉시 받아볼 수 있다.

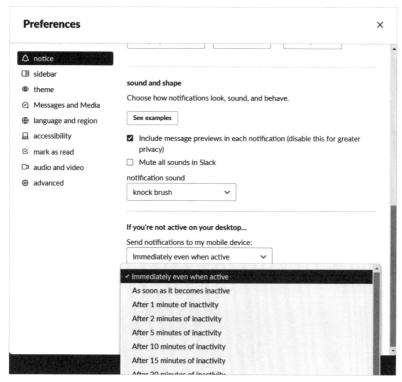

그림 8.11 슬랙 알람 사용 권한 허용하기

마지막으로 모바일 기기에서도 슬랙 앱을 설치한다. 슬랙 앱은 앱스토어, 플레이 스토어에 모두 있으며, 내려받은 다음 로그인하면 채팅방으로 들어갈 수 있다. 모바일에서는 특별히 설정해야 할 부분은 없다. 이어서 파이썬에서 슬랙으로 메시지를 보내려면 슬랙에 접근하기 위한 암호를 알아야 하는데, 이러한 암호를 가리켜 '토큰'이라고 한다. 토큰을 생성하려면 방금 생성한 슬랙 채팅방을 켜놓은 상태로 진행한다. 슬랙 채팅방이 열려 있는 상태에서 토큰을 생성하기 위해서다.

브라우저에서 슬랙 API 페이지[3]에 접속한다. 그러면 [Create an App] 버튼이 보인다. 이 책에서는 프로그램에서 슬랙으로 메시지를 보내기 위해 슬랙 앱(App)을 이용하겠다.

---

3   슬랙 API 페이지: https://api.slack.com/apps

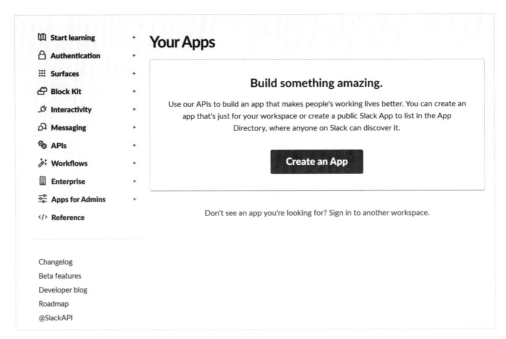

그림 8.12 슬랙 앱 만들기

기본 권한을 설정하는 [From scratch]를 선택한다.

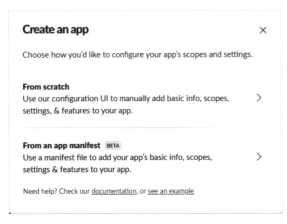

그림 8.13 기본 권한 선택

손가락 하나 까딱하지 않는 주식 거래 시스템 구축

앱 이름을 입력하고 연결하려는 슬랙 채팅방을 선택한 후 [Create App]을 클릭해서 앱을 생성한다.

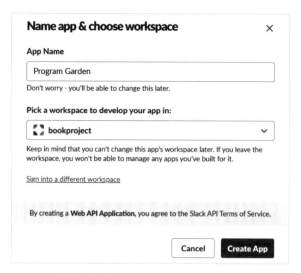

그림 8.14 슬랙 앱 정보 입력

그러면 앱의 기능을 설정하는 각종 옵션을 볼 수 있다.

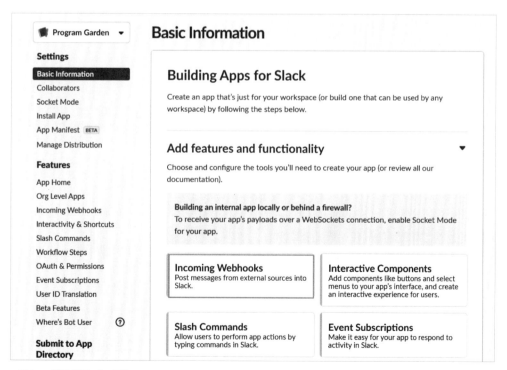

그림 8.15 앱의 각종 기능 모음

지금 상태로는 메시지를 받기 위한 토큰을 생성할 수 없다. 외부에서 채팅방에 접근하는 것은 보안에 큰 위협이 되기 때문에 외부에서 접근할 때는 권한에 제한을 둬서 특정 부분만 다룰 수 있게 한다. 이렇게 해서 보안을 강화할 수 있다.

권한 설정은 [OAuth & Permissions]에서 처리하므로 [OAuth & Permissions] 메뉴를 눌러 이동한 후 하단의 [Scopes] 구역으로 이동한다. [Bot User OAuth Token] 옵션을 이용해 권한을 설정한다. [Add an OAuth Scope]를 클릭해서 'chat:write' 옵션을 선택한다.

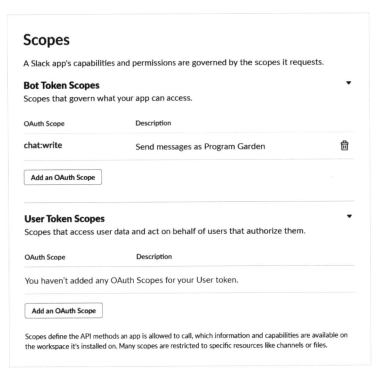

그림 8.16 채팅 권한 활성화

그런 다음, 상단으로 올라가면 [OAuth Tokens for Your Workspace] 항목 하단의 [Install to Workspace]를 클릭해 토큰을 생성하고 [Allow]를 선택해 완료한다.

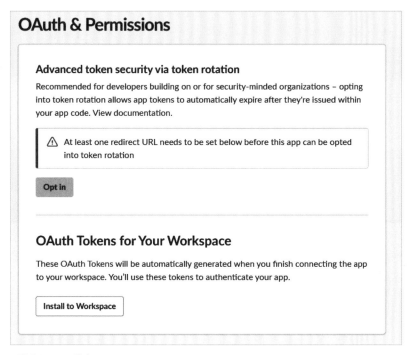

그림 8.17 토큰 생성

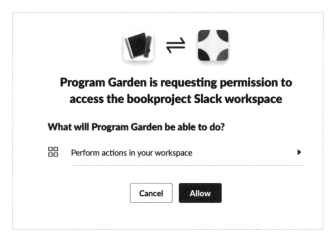

그림 8.18 토큰 생성 허가

그림 채팅방 접근 권한이 부여된 채로 생성된 토큰을 볼 수 있다. 이 토큰은 채팅방 접근 암호여서 각자 다른 값으로 생성된다.

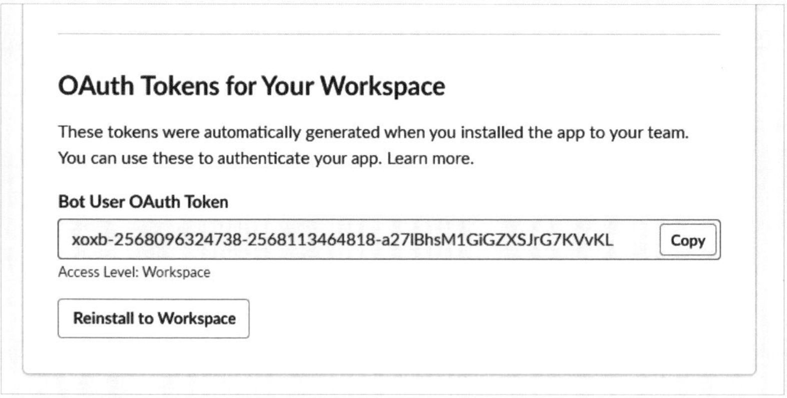

OAuth Tokens for Your Workspace
These tokens were automatically generated when you installed the app to your team. You can use these to authenticate your app. Learn more.
Bot User OAuth Token
xoxb-2568096324738-2568113464818-a27lBhsM1GiGZXSJrG7KVvKL
Copy
Access Level: Workspace
Reinstall to Workspace

그림 8.19 생성된 토큰

앞에서 생성한 토큰은 파이썬 슬랙 코드에서 사용한다. 이어서 앞에서 만든 앱을 채팅방에 추가해야 한다. 채팅방 오른쪽 상단의 프로필을 클릭한다(맨 위 프로필 말고 채팅방에 위치한 하단 프로필이다). 그러면 팝업창이 열리고, 팝업창 상단의 integrated[통합] 설정 메뉴를 클릭한다. 중간에 [앱] 메뉴에서 [앱 추가]를 클릭한다.

#realmessage
Get notifications for all messages
call initiation
information
member One
integrated
Settings
워크플로 유료 기능
고객님의 팀에 고유한 작업과 프로세스를 자동화하세요. 코딩은 필요하지 않습니다.
업그레이드 옵션 보기
앱
보고서 가져오기, 통화 시작, 티켓 제출 등을 위해 필요한 도구를 이 채널에 가져오세요.
앱 추가
이 채널에 이메일 보내기 유료 기능
이 채널에 있는 수신 이메일을 포스트하는 이메일 주소를 가져오세요.
업그레이드 옵션 보기

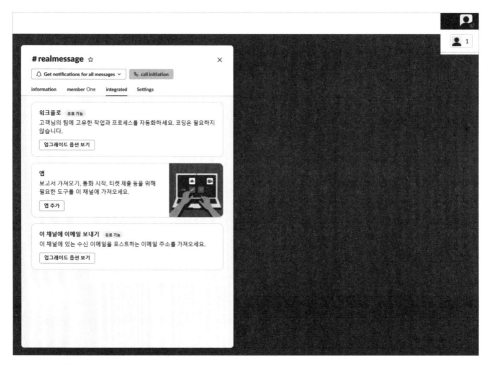

그림 8.20 채팅방에 앱 추가

이동한 페이지에서 방금 전에 생성한 'Program Garden' 앱이 보인다. [추가]를 클릭하면 채팅방에 앱이 추가된다.

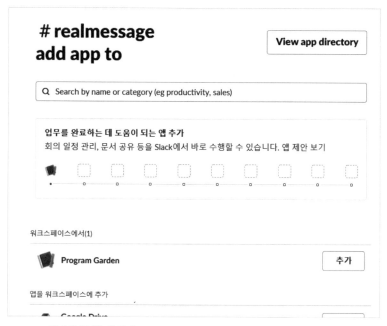

그림 8.21 앞에서 생성한 앱 선택

그러고 나서 채팅방을 새로고침하면 'Program Garden'님과 함께 참여했다는 메시지가 나타난다(슬랙홈페이지가 업데이트되면 나타나지 않을 수도 있다).

그림 8.22 Program Garden과 참여

이로써 채팅방과 앱 설정은 모두 끝났다. 지금부터는 코드를 작성해 채팅방에 메시지를 보내보자.

다음 그림과 같이 config 폴더에 slack.py 파일을 생성한다.

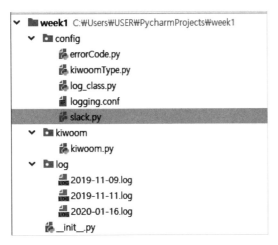

그림 8.23 slack.py 파일 생성

다음과 같이 MyMsg 클래스를 구현한다. 그리고 첫 알람 메시지를 받기까지 몇 분 정도 소요된다(이후에는 빠르게 받아볼 수 있다).

예제 8.3 MyMsg 클래스   slack.py

```python
import requests


class MyMsg():
    def send_msg(self, msg=""):
        response = requests.post(
            'https://slack.com/api/chat.postMessage',
            headers={
                'Authorization': 'Bearer '+'토큰 복사하기'
            },
            data={
                'channel':'#realmessage',
                'text':msg
            }
        )
        print(response)


MyMsg().send_msg(msg="슬랙으로 전송하기")
```

requests 라이브러리는 기본적으로 설치돼 있지만 실행 중에 requests 관련 에러가 발생한다면 pip install requests로 설치를 진행한다.

requests 라이브러리에는 post[4] 함수가 있다. post 함수에 슬랙 주소를 입력하고 body 형태의 data에 채팅방과 메시지를 삽입해 전송한다.

```
data={
        'channel':'#realmessage',
        'text':msg
    }
```

headers에 접근 권한을 설정하는데 이전에 만든 토큰을 넣으면 된다. 위 코드에서 '토큰 복사하기' 부분에 아래처럼 토큰을 넣는다. 데이터가 모두 딕셔너리 형태로 구성돼 있다는 점에 유의하자.

```
headers={
        'Authorization': 'Bearer ' + 'xoxb-2568096324738-2568113464818-a27lBhsM1GiGZXS-JrG7KVvKL'            },
```

Bearer는 토큰을 넣을 때 사용하는 명령어이며, 이 명령어 옆에 한 칸 띄어쓰기하고 하고 토큰을 붙여 넣는다. 마지막으로 print(response)를 실행했을 때 '〈Response [200]〉'으로 출력되면 요청이 정상적으로 이뤄진 것이다.

코드를 실행한 후 확인해보면 최종적으로 메시지가 수신된 것을 볼 수 있다. 만약 알람창이 나타나지 않는다면 않는다면 슬랙 브라우저에서 이전에 접속했던 [Preferences] 메뉴로 들어가서 하단의 [Allow notifications]의 시간대를 변경하면 된다. 슬랙은 업무에서 사용되는 메신저라서 업무 시간 외에는 알람이 안 오도록 설정되기 때문에 직접 바꿔야 한다.

그림 8.24 앞의 코드를 통해 전송된 슬랙 메시지

---

4   데이터 전송 방식에는 GET 방식과 POST 방식이 있다. GET 방식은 우리가 사이트에 접속할 때 http://사이트.com?데이터=100처럼 물음표(?) 옆에 데이터가 들어가는 방식이다. 즉, 접속하려는 사이트의 URL에 데이터도 함께 보낼 때 사용한다. GET 방식의 단점은 이러한 데이터 노출로 보안에 취약하고 전송 데이터의 크기 제한이 있다는 것이다. 반면 POST 방식은 URL에 데이터를 노출하지 않고 body 부분에 담아서 전송한다. 그리고 데이터 크기에 제한이 없어서 큰 데이터를 전송하는 데 사용된다.

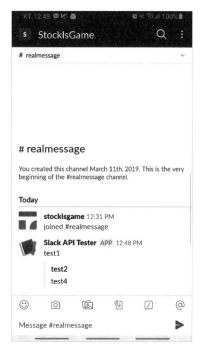

그림 8.25 슬랙 앱에서 메시지 수신

이어서 kiwoom 클래스에서 지금까지 구현한 MyMsg 클래스를 임포트하고, 메시지를 보내고자 하는 부분에서 다음과 같은 코드를 추가한다.

예제 8.4 슬랙에 메시지 전송하기   kiwoom.py

```python
import os
import sys
from PyQt5.QAxContainer import *
from PyQt5.QtCore import *
from config.errorCode import *
from PyQt5.QtTest import *
from config.kiwoomType import *
from config.log_class import *
from config.slack import *    ← 추가


class Kiwoom(QAxWidget):
    def __init__(self):
        super().__init__()
```

```
        self.realType = RealType()
        self.logging = Logging()
        self.myMsg = MyMsg() #슬랙 동작   ← 추가

        # print("Kiwoom() class start.")
        self.logging.logger.debug("Kiwoom() class start.")



        … 생략 …



        #실시간 수신 관련 함수
        self.dynamicCall("SetRealReg(QString, QString, QString, QString)", self.screen_start_
    stop_real, '', self.realType.REALTYPE['장시작시간']['장운영구분'], "0")

        for code in self.portfolio_stock_dict.keys():
            screen_num = self.portfolio_stock_dict[code]['스크린번호']
            fids = self.realType.REALTYPE['주식체결']['체결시간']
            self.dynamicCall("SetRealReg(QString, QString, QString, QString)", screen_num,
    code, fids, "1")

        self.myMsg.send_msg(msg="주식 자동화 프로그램 동작")   ← 추가
```

예제 8.4에 추가한 코드를 기반으로 원하는 부분에서 메시지를 보내도록 작성하거나 예제 코드를 참고하기 바란다.

8.3 프로그램 실행 파일 만들기

파이참에서 작성한 파이썬 파일을 실행시키는 방법은 여러 가지다. 가장 많이 알려진 방식은 컴파일 (compile)[5] 형식으로 만들어서 사용하는 것이다. 이 방식은 다른 컴퓨터에서도 사용해야 하거나 외부에 공유해야 할 때는 유용하지만, 코드를 수정할 때마다 컴파일 작업을 거쳐야 하는 번거로움이 있다.

---

5 컴파일 방식: 단적으로 설명하자면 스마트폰에 앱을 설치한 다음 아이콘을 터치하면 프로그램이 실행되는 방식이다. 작성한 코드를 먼저 읽어들이고 프로그램을 실행한다. 따라서 아이콘으로 만드는 과정에서 파이썬의 코드들을 컴파일 형식으로 변환하는 작업이 필요하다.

팀 협업에서는 중요하지만, 개인의 컴퓨터에 두고 사용하는 프로그램에는 시간을 소비하게 된다. 그래서 이 책에서는 번거로운 과정을 거치지 않고 수정한 파이썬 파일을 바로 실행해 볼 수 있는 배치 파일[6] 방식을 사용한다.

8.3.1. 파이썬 프로그램의 배치 파일 생성

__init__.py 파일이 있는 경로인 week1 폴더에 파일을 생성한다. 파일명은 kiwoomStart.bat으로 한다.

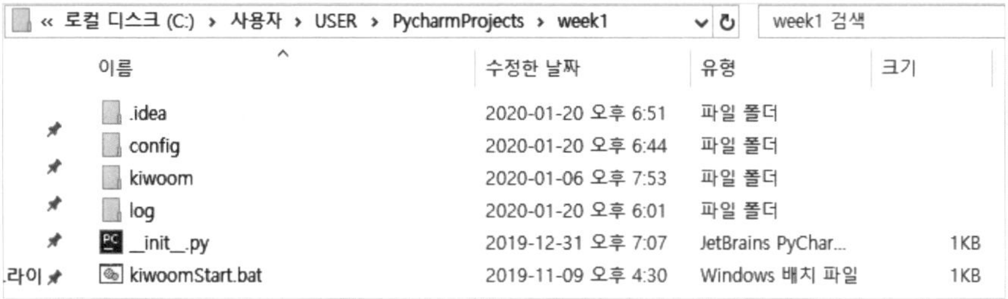
« 로컬 디스크 (C:) › 사용자 › USER › PycharmProjects › week1
week1 검색
이름
수정한 날짜
유형
크기
.idea
2020-01-20 오후 6:51
파일 폴더
config
2020-01-20 오후 6:44
파일 폴더
kiwoom
2020-01-06 오후 7:53
파일 폴더
log
2020-01-20 오후 6:01
파일 폴더
__init__.py
2019-12-31 오후 7:07
JetBrains PyChar...
1KB
kiwoomStart.bat
2019-11-09 오후 4:30
Windows 배치 파일
1KB

그림 8.26 배치 파일 생성

.bat은 배치 파일의 확장자다. 생성한 파일을 메모장으로 열고 다음과 같이 내용을 편집한다.

예제 8.5 kiwoomStart 배치 파일 편집 kiwoomStart.bat

```
@ECHO ON
title Kiwoom Start

cd C:\Users\USER\PycharmProjects\week1

call activate py37_32
python __init__.py

cmd.exe
```

위 예제는 배치파일의 내용이며 프로그램을 실행하는 로직이다. 차례대로 역할을 살펴보자.

'@ECHO ON'은 터미널(cmd)에 명령어가 표시되게 활성화한다. 'title Kiwoom Start'에는 터미널의 타이틀 이름을 정한다.

6 배치 파일 방식: 프로그램을 실행할 때 필요한 로직을 미리 설정하여 수행하는 파일. 용량이 적고 가독성이 좋으며 코드를 수정하기가 쉽다.

'cd C:₩Users₩USER₩PycharmProjects₩week1'으로 해당 경로까지 이동한다. 'call activate py37_32'은 아나콘다의 가상환경을 실행한다. 'python __init__.py'은 파이썬 파일을 실행한다. 'cmd.exe'는 터미널(cmd)을 실행하고 작업을 수행한다.

방대한 데이터를 다룰 때 배치 파일이 자주 사용되는데, 이 책에서는 파이썬 파일을 실행하는 용도로만 사용하기 때문에 예제 8.5 정도로만 작성해서 사용한다.

8.3.2. 배치 파일이 자동으로 실행되게 만들기

이전 절에서 작성한 kiwoomStart.bat만 실행해도 파이썬의 환경이 자동으로 설정되고 동작해야 한다. 하지만 의도했던 것과 다르게 import path 에러가 발생한다.

에러가 발생하는 이유는 배치 파일로 실행한 __init__.py 파일만 실행되고, __init__ 파일이 임포트하고 있는 다른 패키지들은 경로가 없는 것으로 인식되기 때문이다. 따라서 __init__ 파일만 실행해도 다른 패키지는 자동으로 읽어지게 만들어야 한다.

예제 8.6 파일의 경로 파싱   __init__.py

```python
import sys
sys.path.append("C:/Users/USER/PycharmProjects/week1/")  ← 추가

from kiwoom.kiwoom import *
from PyQt5.QtWidgets import *

class Main():
    def __init__(self):
        print("Main() start")

        self.app = QApplication(sys.argv)
        self.kiwoom = Kiwoom()
        self.app.exec_()


if __name__ == "__main__":
    Main()
```

예제 3.1에서 추가한 import sys를 첫 줄로 옮긴다. 그리고 패키지 경로를 파싱해서 코드에서 인식하도록 해준다.

```
sys.path.append("C:/Users/USER/PycharmProjects/week1/")
```

위 코드와 같이 __init__.py를 포함하는 전체 경로를 넣어준다. 그러면 __init__.py 파일이 실행되면서 포함하고 있는 패키지들을 자동으로 불러오게 된다.

배치 파일을 다시 실행해 보면 다음과 같이 에러 없이 정상적으로 잘 실행되는 모습을 볼 수 있다.

그림 8.27 배치 파일 실행 결과

이제 코드를 수정할 때마다 따로 컴파일 과정을 거치지 않고 배치 파일을 실행하는 것만으로 프로그램이 동작하는 모습을 볼 수 있다.

8.4 프로그램 자동 실행 설정

이번 장까지 학습을 마쳤다면 박수를 보낸다. 복잡한 알고리즘에 대한 모든 개념과 코드를 습득했고, 키움 API를 활용한 코드 구현은 막힘 없이 풀어나갈 수 있을 것이다.

코드를 작성하는 모든 작업은 완료했다. 이제부터는 지금까지 구현한 코드를 자동으로 실행하는 방법을 살펴보자. 다행히도 프로그램을 자동으로 실행하는 기능은 윈도우 환경에서 제공하기 때문에 추가로 코드를 작성하지 않아도 된다.

다음 그림과 같이 윈도우 탐색에서 '작업 스케줄러'를 검색한 다음 실행한다.

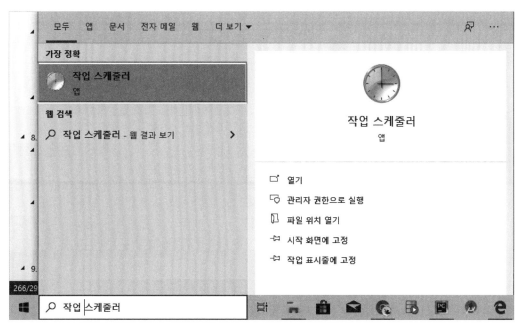

그림 8.28 윈도우 탐색에서 작업 스케줄러 실행

작업 스케줄러 창의 가운데에 있는 목록이 자동으로 실행되는 목록이다. 여기에 지금까지 만든 파이썬 파일을 실행하도록 설정한다. 오른쪽에 있는 [작업] 영역에서 [작업 만들기...]를 클릭한다.

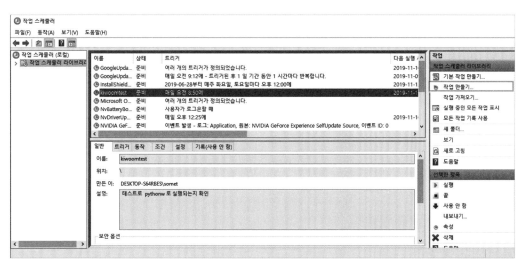

그림 8.29 작업 스케줄러

그러면 다음과 같이 새 작업 만들기 창이 나온다.

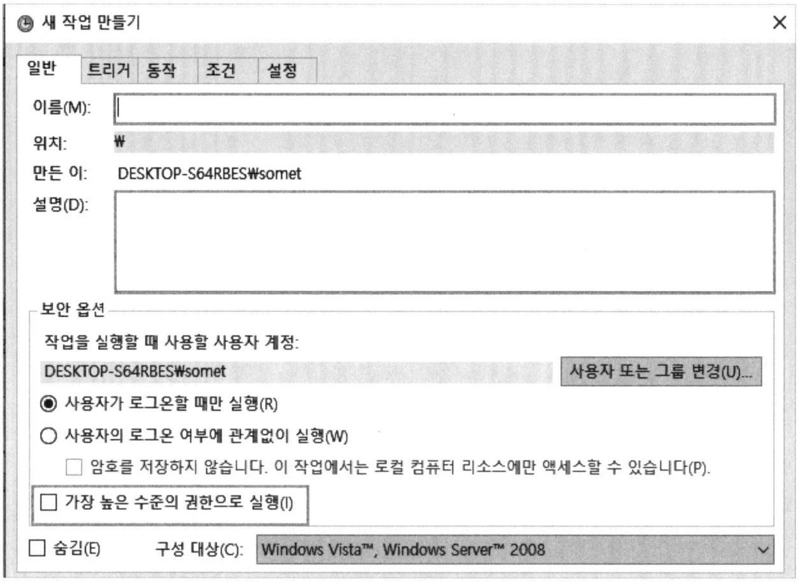

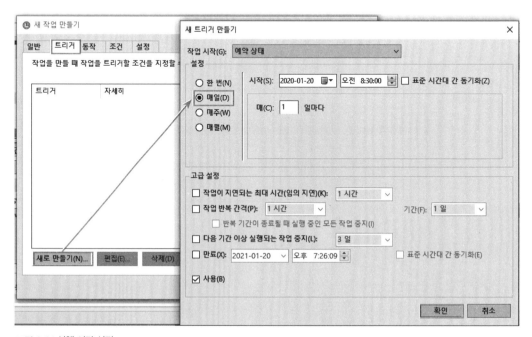

그림 8.30 새 작업 만들기

이름(M)과 설명(D)에 원하는 제목과 설명을 입력한다. 그리고 아래에 있는 [가장 높은 수준의 권한으로 실행]을 선택한다. 이 설정은 키움 API를 실행할 때마다 나왔던 보안창을 자동으로 수락해준다.

이어서 [트리거] 탭을 클릭한다.

그림 8.31 실행 시각 설정

[트리거] 탭에서는 프로그램을 실행할 시각을 설정한다. [새로 만들기] 버튼을 클릭하면 새 트리거를 만들 수 있고, 다른 옵션들은 변경하지 않는다. 매일(D)을 선택하고 원하는 시간대를 설정한 다음 [확인] 버튼을 누르면 트리거가 추가된다.

이어서 [동작] 탭을 클릭한다.

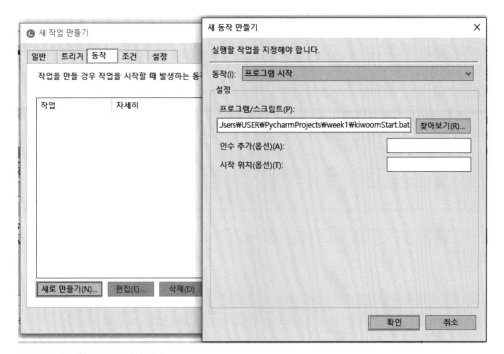

그림 8.32 실행할 프로그램 파일 지정

[동작] 탭에서는 실행할 파일을 지정한다. 마찬가지로 [새로 만들기] 버튼을 클릭하면 새로운 동작을 만들 수 있다. 프로그램/스크립트(p) 입력란에 8.3.1절에서 만든 배치파일 경로를 입력하고 [확인] 버튼을 누른다.

마지막으로 [설정] 탭으로 넘어가면 아래쪽에 [새 인스턴스 실행 안 함] 선택창이 있다. 만약 실행하려는 배치 파일 프로그램이 동작 중이면 추가로 실행하지 않는다는 옵션이다. 우리는 프로그램이 실행 중이여도 추가 실행이 가능하도록 [인스턴스를 병렬로 실행]을 선택한다.

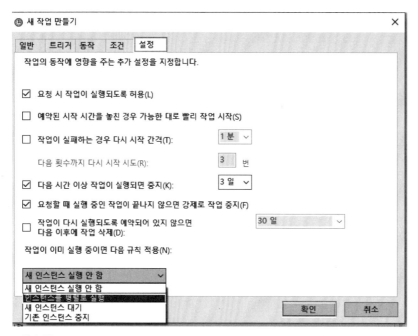

그림 8.33 프로세스가 병렬로 실행되게 설정

그리고 [확인] 버튼을 누른다. 나머지도 모두 [확인] 버튼을 누르고 끝낸다.

작업 스케줄러 리스트에 새로 생성된 스케줄러가 보일 것이다. 만약 방금 생성한 스케줄러를 바로 실행해서 확인해 보고 싶다면 오른쪽 영역에서 [선택한 항목] – [실행]을 클릭하면 된다.

그림 8.34 생성한 스케줄러 바로 실행하기

8.5 컴퓨터가 자동으로 켜지게 만들기

데스크톱에서는 컴퓨터가 자동으로 켜지게 설정할 수 있다. 하지만 노트북에서는 아직은 불가능하다.

데스크톱에는 메인보드가 내장돼 있으며, 최근에 출시된 메인보드는 전기코드를 뽑지 않는 이상 계속 동작한다. 그래서 메인보드 설정에서 컴퓨터가 자동으로 켜지는 시각을 설정하면 된다. 다만 메인보드의 제조사마다 설정 방법이 다르기 때문에 메인보드 모델에 맞는 설정 방법을 검색 포털에서 검색해야한다.

기본적인 과정은 다음과 같다.

컴퓨터를 부팅하고 [DEL] 키를 눌러서 바이오스 설정 메뉴로 들어간다.

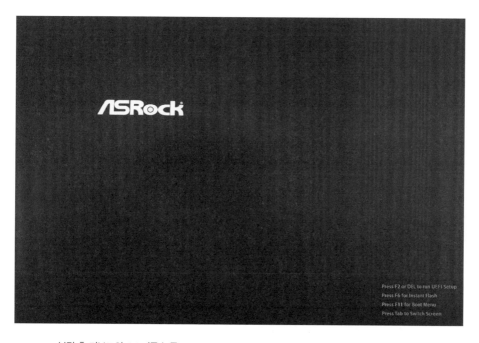

그림 8.35 부팅 후 키보드의 del 키를 누름

다음은 del키를 누른 후 바이오스 설정 메뉴에 진입한 모습이다. 그리고 상단 메뉴 [고급]에서 [ACPI 구성] 폴더를 선택한다.

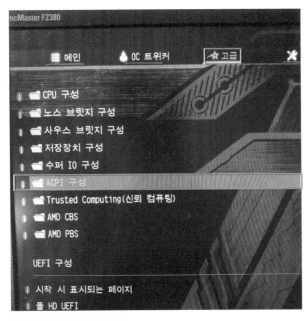

그림 8.36 바이오스 설정 메뉴

[ACPI 구성] 폴더에 진입하면 [RTC 알람 전원 켜기] 선택창이 보인다. 컴퓨터를 몇 시에 자동으로 부팅할지 설정하는 창이다.

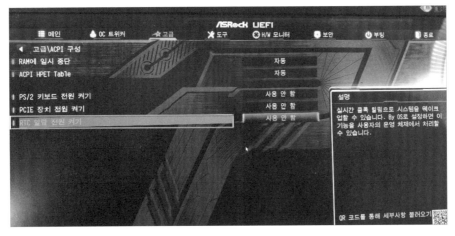

그림 8.37 ACPI 구성 폴더 진입

초기에는 '사용 안 함'으로 선택돼 있다. 그래서 키보드의 엔터 또는 마우스로 클릭해서 '사용'으로 변경한다.

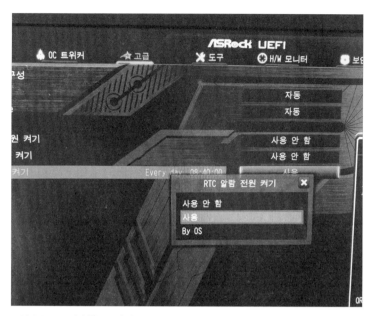

그림 8.38 RTC '사용'으로 변경

그러면 몇 시에 자동으로 부팅할 것인지 선택하는 창이 나온다. 달력은 'Every day'로 선택해서 매일 부팅되도록 하고 시각은 8시 40분으로 맞춘다. 꼭 8시 40분이 아니여도 된다. 각자가 원하는 시각으로 맞춘다. 그리고 '확인'을 누른다.

그림 8.39 자동 부팅할 시각 설정하기

시간이 모두 설정되었으면 [종료]탭으로 넘어가서 [변경내용 저장 후 종료]를 선택한다.

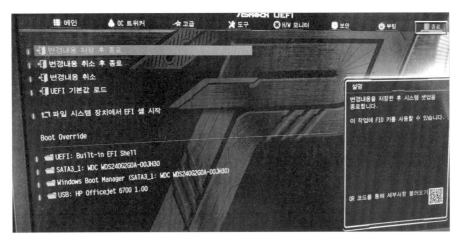

그림 8.44 변경내용 저장 후 종료하기

그리고 확인창이 뜨면 '예'를 클릭해서 종료한다.

그림 8.40 변경내용 저장 후 셋업 종료

위 과정대로 설정하면 정해진 시간에 컴퓨터가 부팅된다. 주의할 점은 절대 코드를 뽑아놓으면 안 된다는 것이다. 전기는 항상 흘러야만 메인보드가 동작한다.

조건검색 활용과
알고리즘 흐름도

9.1 파이썬에서 조건검색 활용하기

조건검색이란 증권사 HTS에서 제공하는 종목을 분석하는 도구다. 다른 말로 '조건식'이라고도 부른다. 많은 사람이 조건검색을 이용해 원하는 종목을 필터링하고 거래를 한다. 그래서 HTS의 조건검색을 이용해서 거래를 하는 투자자가 많으며, 수익 확률이 높은 조건식은 현금으로 거래되기도 한다.

하지만 지금까지 이 책을 진행하면서 조건검색에 대해서는 배우지 않았다. 그 이유는 조건검색으로는 구현할 수 없는 다양한 패턴들을 코드로 구현할 수 있으며, 조건검색 자체도 코드로 구현된 것이기 때문이다. 그래도 조건검색을 사용하는 투자자가 많기 때문에 이번 장에서는 파이썬 코드에서 조건검색을 사용하는 방법을 살펴보겠다.

9.1.1. 조건검색에 필요한 함수 확인하기

조건검색 코딩에 들어가기에 앞서서 KOA Studio에서 어떤 함수가 있는지 확인해보자.

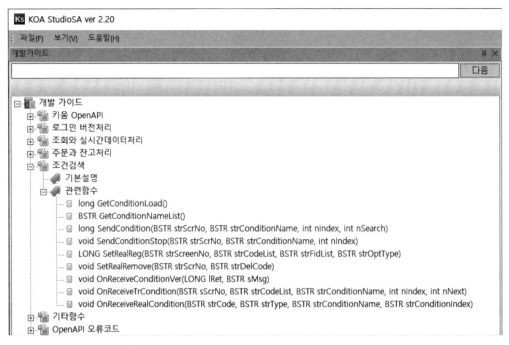

그림 9.1 KOA Studio – 조건검색

이 책에서 살펴볼 조건검색과 관련된 함수는 다음과 같다.

- GetConditionLoad(): HTS에 만들어놓은 조건식을 가져오기 위해 서버에 요청하는 함수다.

- GetConditionNameList(): 조건식 리스트를 가져오는 함수다.

- SendCondition(): 조건식을 가지고 증권 서버에 한 번 요청해서 조건식에 해당하는 종목들을 받아올 것인지, 장 중에 조건식에 부합하는 종목들이 발생하면 실시간으로 해당 종목을 받을 것인지 지정하는 함수다.

- SendConditionStop(): 조건식 중에서 원하는 조건의 검색을 중단한다.

- OnReceiveConditionVer(): 사용자 조건검색요청에 요청을 받는 슬롯을 지정하는 이벤트이다.

- OnReceiveTrCondition(): 조건검색 요청으로 전달되는 종목 리스트를 받는다.

- OnReceiveRealCondition(): 실시간으로 조건에 부합하는 종목들을 편입시키거나 이탈시킨다.

위 함수들은 모두 시그널과 이벤트 슬롯을 가지고 있으며, 지금까지 살펴봤던 코드들과 똑같은 방법으로 구현하면 된다.

9.1.2. 조건식을 위한 이벤트 모음

키움 HTS에서 조건식 창을 열면 만들 수 있는 조건들이 나온다. 범위지정, 시세분석 등 여러 가지 조건을 위한 지표들과 수치들이 있으며, 필요로하는 알고리즘을 구성해서 만든다.

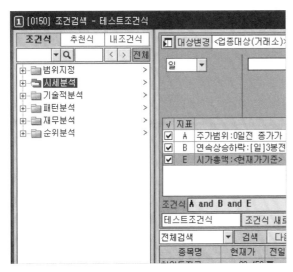

그림 9.2 조건식 만들기 리스트 모음

조건검색을 만든 다음 저장을 하면 다음과 같이 [내조건식]에 저장된다.

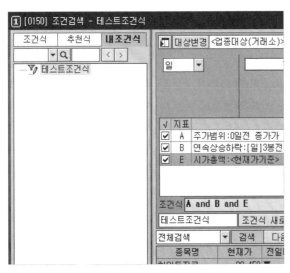

그림 9.3 저장된 조건식

'테스트조건식'이라고 이름을 지정했고 파이썬 코딩에서도 똑같은 이름으로 받아진다. 그러면 지금까지 만든 조건식을 코드에서 어떻게 구성하는지 차례대로 배워보자.

이번 장에서 살펴볼 예제 코드는 condition_sample 폴더에 들어있고, 나머지 파일들은 지금까지 살펴본 키움 API의 코드와 동일하다. 따라서 kiwoom.py를 제외하고 나머지 파일들은 이전까지 배운 내용을 복사해서 실습한다.

condition_sample이라는 프로젝트 폴더를 새로 생성했고 폴더와 파일의 형태는 그림 9.4와 같다. 지금까지 배운 파일 형태에서 변한 건 없다.

그림 9.4 폴더와 파일 구성

그리고 예제 9.1은 기존에 살펴본 kiwoom.py 코드를 변경해 조건식을 사용하도록 구현한 코드다. 우선 전체 코드를 살펴보고, 자세한 내용은 예제 9.2부터 다시 설명한다.

예제 9.1 조건식 예제를 살펴보기 위해 새로 생성한 kiwoom.py   kiwoom.py

```
import os
from PyQt5.QAxContainer import *
from PyQt5.QtCore import *

… 생략 …

class Kiwoom(QAxWidget):
```

```python
def __init__(self):
    super().__init__()

    … 생략 …

    ######## 초기 셋팅 함수들 바로 실행
    self.get_ocx_instance() #Ocx 방식을 파이썬에 사용할 수 있게 변환해 주는 함수 실행
    self.event_slots() #키움과 연결하기 위한 signal / slot 모음 함수 실행
    self.signal_login_commConnect() #로그인 시도 함수 실행

    self.condition_event_slot()
    self.condition_signal()
    #######################################

def get_ocx_instance(self):
    self.setControl("KHOPENAPI.KHOpenAPICtrl.1")

… 생략 …

#조건식 이벤트 모음
def condition_event_slot(self): ← 조건검색을 위한 이벤트 추가
    self.OnReceiveConditionVer.connect(self.condition_slot)
    self.OnReceiveTrCondition.connect(self.condition_tr_slot)
    self.OnReceiveRealCondition.connect(self.condition_real_slot)

# 어떤 조건식이 있는지 확인
def condition_slot(self, lRet, sMsg):
    self.logging.logger.debug("호출 성공 여부 %s, 호출결과 메시지 %s" % (lRet, sMsg))

    condition_name_list = self.dynamicCall("GetConditionNameList()")
    self.logging.logger.debug("HTS의 조건식 이름 가져오기 %s" % condition_name_list)

    condition_name_list = condition_name_list.split(";")[:-1]

    for unit_condition in condition_name_list:
        index = unit_condition.split("^")[0]
        index = int(index)
        condition_name = unit_condition.split("^")[1]
```

```python
            self.logging.logger.debug("조건식 분리 번호: %s, 이름: %s" % (index, condition_name))

            ok  = self.dynamicCall("SendCondition(QString, QString, int, int)", "0156", condi-
tion_name, index, 1) #조회요청 + 실시간 조회
            self.logging.logger.debug("조회 성공여부 %s " % ok)




    # 조건식 로딩 하기
    def condition_signal(self): ← HTS의 조건식 요청하기
        self.dynamicCall("GetConditionLoad()")

    # 나의 조건식에 해당하는 종목코드 받기 ← 나의 조건식 받기
    def condition_tr_slot(self, sScrNo, strCodeList, strConditionName, index, nNext):
        self.logging.logger.debug("화면번호: %s, 종목코드 리스트: %s, 조건식 이름: %s, 조건식
인덱스: %s, 연속조회: %s" % (sScrNo, strCodeList, strConditionName, index, nNext))

        code_list = strCodeList.split(";")[:-1]
        self.logging.logger.debug("코드 종목 \n %s" % code_list)

    # 조건식 실시간으로 받기 ← 조건에 부합하는 종목코드 실시간으로 받기
    def condition_real_slot(self, strCode, strType, strConditionName, strConditionIndex):
        self.logging.logger.debug("종목코드: %s, 이벤트종류: %s, 조건식이름: %s, 조건명인덱스:
%s" % (strCode, strType, strConditionName, strConditionIndex))

        if strType == "I":
            self.logging.logger.debug("종목코드: %s, 종목편입: %s" % (strCode, strType))

        elif strType == "D":
            self.logging.logger.debug("종목코드: %s, 종목이탈: %s" % (strCode, strType))
```

로그인까지는 이전에 배운 내용과 같고, 조건식을 위한 이벤트와 슬롯 그리고 실시간 슬롯 구역을 새로
추가했다. 새로 추가한 코드를 하나씩 자세히 살펴보자.

다음 예제는 9.1.1 절에서 설명했던 이벤트들이다.

```python
#조건식 이벤트 모음
def condition_event_slot(self):
    self.OnReceiveConditionVer.connect(self.condition_slot)
    self.OnReceiveTrCondition.connect(self.condition_tr_slot)
    self.OnReceiveRealCondition.connect(self.condition_real_slot)
```

우선 조건검색을 사용하기 위해서 서버에 요청한다. 이때 다음 이벤트를 사용한다.

```python
self.OnReceiveConditionVer.connect(self.condition_slot)
```

위 이벤트도 KOA Studio에 설명돼 있다.

OnReceiveConditionVer 이벤트 설명 (KOA Studio)

```
[OnReceiveConditionVer() 이벤트]

OnReceiveConditionVer(
   LONG lRet, // 호출 성공 여부, 1: 성공, 나머지 실패
   BSTR sMsg  // 호출 결과 메시지
)
사용자 조건식요청에 대한 응답을 서버에서 수신하면 호출되는 이벤트입니다.
```

OnReceiveConditionVer 이벤트는 요청에 대한 결괏값으로 슬롯에 IRet과 sMsg 변수를 반환한다. IRet은 조건검색을 요청할 때 정상적으로 요청됐으면 1을 반환하고, 그 외에 결괏값들은 모두 실패를 의미한다. sMsg는 조건검색 호출이 정상적으로 처리됐는지 알려주는 메시지다.

그래서 OnReceiveConditionVer에 연결된 self.condition_slot 슬롯은 다음과 같다.

```python
# 어떤 조건식이 있는지 확인
def condition_slot(self, lRet, sMsg):
    self.logging.logger.debug("호출 성공 여부 %s, 호출 결과 메시지 %s" % (lRet, sMsg))

    condition_name_list = self.dynamicCall("GetConditionNameList()")
    self.logging.logger.debug("HTS의 조건식 이름 가져오기 %s" % condition_name_list)
```

```python
        condition_name_list = condition_name_list.split(";")[:-1]

        for unit_condition in condition_name_list:
            index = unit_condition.split("^")[0]
            index = int(index)
            condition_name = unit_condition.split("^")[1]

            self.logging.logger.debug("조건식 분리 번호: %s, 이름: %s" % (index, condition_name))

            ok  = self.dynamicCall("SendCondition(QString, QString, int, int)", "0156", condition_
name, index, 0) #조회요청
            self.logging.logger.debug("조회 성공여부 %s " % ok)
            ok = self.dynamicCall("SendCondition(QString, QString, int, int)", "0156", condition_
name, index, 1) #실시간조회
            self.logging.logger.debug("조회와 실시간 성공여부 %s " % ok)
```

코드를 한 줄씩 살펴보자.

GetConditionNameList는 이름 그대로 HTS의 조건식 이름을 반환한다.

```python
condition_name_list = self.dynamicCall("GetConditionNameList()")
self.logging.logger.debug("HTS의 조건식 이름 가져오기 %s" % condition_name_list)
```

결과를 로그로 출력해보면 다음과 같이 특수문자가 붙어서 나온다.

조건식을 슬롯에서 받았을 때의 형태 (콘솔창)

```
004^테스트조건식;
```

004는 조건명의 인덱스로, 조건명의 id라고 간주하면 된다. 그리고 ^는 인덱스와 조건명을 구분하기 위해서 연결해 놓은 특수문자이고, '테스트조건식'은 HTS에 저장된 조건식의 이름이다. 마지막으로 ; 는 조건식이 여러 개일 때 ;을 기준으로 이어서 나온다.

따라서 반환받은 결과를 리스트로 분리해야 한다. ;을 기준으로 코드를 분리하고, 마지막에 있는 빈 요소를 제거하기 위해 [:-1]을 붙여주었다.

```python
condition_name_list = condition_name_list.split(";")[:-1]
```

이어서 반복문을 반복하면서 조건식을 하나씩 꺼내온다. 그리고 조건식 번호를 가져오기 위해 split 함수를 이용해 "^"을 기준으로 나눈다.

```python
for unit_condition in condition_name_list:
    index = unit_condition.split("^")[0]
    index = int(index)
    condition_name = unit_condition.split("^")[1]

    self.logging.logger.debug("조건식 분리 번호: %s, 이름: %s" % (index, condition_name))
```

unit_condition.split("^")[0]에는 조건식의 인덱스가 담기며, [1]에는 조건명이 담긴다. 그래서 이를 출력한 결과는 다음과 같다.

최종적으로 분리된 조건식 (콘솔창)

```
조건식 분리 번호: 4, 이름: 테스트조건식
```

이렇게 구한 결괏값을 이용해 조건검색 조회 요청을 한다.

```python
ok = self.dynamicCall("SendCondition(QString, QString, int, int)", "0156", condition_name, index, 0) #조회요청
self.logging.logger.debug("조회 성공여부 %s " % ok)
ok = self.dynamicCall("SendCondition(QString, QString, int, int)", "0156", condition_name, index, 1) #실시간조회
self.logging.logger.debug("조회와 실시간 성공여부 %s " % ok)
```

SendCondition 함수가 2번 사용됐지만, 실제로는 둘 중의 하나만 사용한다. 다음 절에서 두 함수의 차이점을 살펴보자.

9.1.3. 조건검색 단일 조회 요청하기

이전 절에서 조건검색 조회 요청을 하는 코드를 살펴봤다. 그중 첫 번째 요청을 자세히 살펴보자.

```python
self.dynamicCall("SendCondition(QString, QString, int, int)", "0156", condition_name, index, 0)
```

0156은 화면번호로 이전까지 배웠던 스크린 번호이다. 여기에는 임의의 4자리 숫자의 문자열을 넣는다. condition_name은 조건이름이고 index는 조건의 인덱스다. 마지막으로 0은 조건에 부합하는 종목 리스트를 받겠다는 요청이다. 이 코드를 실행하면 그림 9.5와 같은 기능을 한다.

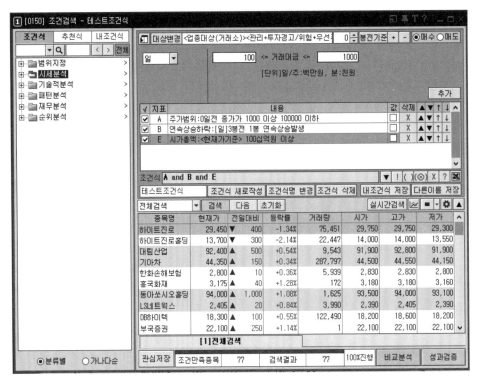

그림 9.5 조건검색 종목 리스트 요청 결과

조건검색에 부합하는 종목들이 아래쪽에 리스트로 표시된다. 코드에서도 슬롯으로 똑같은 결과를 받을 수 있다. 예제 9.2에서 OnReceiveTrCondition.connect(self.condition_tr_slot) 이벤트가 같은 역할을 하며, 슬롯에 해당하는 condition_tr_slot 부분을 보자.

예제 9.4 조건에 해당하는 종목코드 받기   kiwoom.py → def condition_tr_slot()

```
# 나의 조건식에 해당하는 종목코드 받기
def condition_tr_slot(self, sScrNo, strCodeList, strConditionName, index, nNext):
    self.logging.logger.debug("화면번호: %s, 종목코드 리스트: %s, 조건식 이름: %s, 조건식
인덱스: %s, 연속조회: %s" % (sScrNo, strCodeList, strConditionName, index, nNext))

    code_list = strCodeList.split(";")[:-1]
    self.logging.logger.debug("코드 종목 \n %s" % code_list)
```

OnReceiveTrCondition을 KOA Studio에서 살펴보면 다음과 같이 설명돼 있다.

OnReceiveTrCondition 이벤트 설명 (KOA Studio)

```
OnReceiveTrCondition(
  BSTR sScrNo,    // 화면번호
  BSTR strCodeList,   // 종목코드 리스트
  BSTR strConditionName,    // 조건식 이름
  int nIndex,   // 조건명 인덱스
  int nNext   // 연속조회 여부
)
  조건검색 요청으로 검색된 종목코드 리스트를 전달하는 이벤트입니다.
  종목코드 리스트는 각 종목코드가 ';'로 구분되서 전달됩니다.
```

각 인자를 살펴보면 다음과 같다. sScrNo는 SendCondition에서 요청했던 화면번호이고, strCodeList는 조건에 해당하는 종목들의 리스트이다. 출력 결과는 029300;390402;와 같은 형식으로 출력된다. 그리고 strConditionName은 SendCondition에서 요청했던 조건식 이름, nIndex는 SendCondition에서 요청했던 조건식 인덱스다.

마지막으로 nNext는 연속조회 여부를 의미하며 "2"이면 조회할 데이터가 더 있다는 뜻이고, "0"이면 조회할 데이터가 더 이상 없다는 뜻이다. 테스트 결과에서는 한 번의 조회로 모든 종목리스트가 받아와졌으며, nNext는 "2"가 반환됐다.

이어서 가져온 종목리스트를 분리하고, 분리된 종목을 활용하면 된다.

```
code_list = strCodeList.split(";")[:-1]
self.logging.logger.debug("코드 종목 \n %s" % code_list)
```

9.1.4. 조건검색 실시간으로 사용하기

이번 절에서는 조건검색에 해당하는 종목을 실시간으로 가져와 보자. 이전에 배웠던 realdata_slot( ) 처럼 말이다.

실시간 검색은 9.1.3 절에서 살펴본 코드에서 변수 하나만 바꾸면 된다.

```
self.dynamicCall("SendCondition(QString, QString, int, int)", "0156", condition_name, index, 1)
#실시간 조회
```

위 코드에서 마지막에 숫자를 1로 변경해 요청하고 있다. 단순히 요청만 하고 끝내는 TR 요청은 0을 전달했지만, 1은 요청도 하고 실시간으로도 조건검색을 하겠다는 의미다. 실시간에 대한 이벤트는 예제 9.2에서 확인하자.

```
self.OnReceiveRealCondition.connect(self.condition_real_slot)
```

이름 중간에 Real이 붙어 있어서 실시간에 관한 이벤트임을 알 수 있고, 출력된 종목정보는 self.condition_real_slot에서 반환받는다.

예제 9.5 실시간 종목 데이터를 받기 위한 슬롯   kiwoom.py → def condition_real_slot()

```python
# 조건식 실시간으로 받기
def condition_real_slot(self, strCode, strType, strConditionName, strConditionIndex):
    self.logging.logger.debug("종목코드: %s, 이벤트종류: %s, 조건식이름: %s, 조건명인덱스:
%s" % (strCode, strType, strConditionName, strConditionIndex))

    if strType == "I":
        self.logging.logger.debug("종목코드: %s, 종목편입: %s" % (strCode, strType))

    elif strType == "D":
        self.logging.logger.debug("종목코드: %s, 종목이탈: %s" % (strCode, strType))
```

OnReceiveRealCondition을 KOA Studio에서 살펴보면 다음과 같이 설명돼 있다.

OnReceiveRealCondition 이벤트 설명 (KOA Studio)

```
OnReceiveRealCondition(
  BSTR strCode,    // 종목코드
  BSTR strType,    // 이벤트 종류, "I":종목편입, "D", 종목이탈
  BSTR strConditionName,    // 조건식 이름
  BSTR strConditionIndex    // 조건명 인덱스
)
실시간 조건검색 요청으로 신규종목이 편입되거나 기존 종목이 이탈될 때마다 호출됩니다.
```

각 인자를 확인해보면 다음과 같다. strCode는 조건검색에 실시간으로 부합하는 종목코드이고, strType은 조건검색에 부합하면 편입돼 있다가 조건검색에 부합하지 않으면 이탈돼서 지워진다. 그리고 strConditionName은 조건식의 이름, strConditionIndex는 조건식의 인덱스다.

그래서 실시간으로 주시하고 있던 조건식에 부합하는 종목이 나타나면 슬롯으로 편입(=들어온다)된다. 그리고 조건검색에 편입됐던 종목이 조건검색에서 벗어나게 되면 이탈됐다고 슬롯에 전달된다.

실시간 조건검색에 부합하면 strType == "I" 조건문에 걸려서 어떤 리스트가 들어왔는지 알 수 있다. 반대로 이탈되면 strType == "D" 조건문에 걸려서 어떤 종목이 조건문에서 이탈했는지 알 수 있다.

```
if strType == "I":
    self.logging.logger.debug("종목코드: %s, 종목편입: %s" % (strCode, strType))
```

실시간 조건 검색에 부합하면 다음과 같이 출력된다.

▶ 종목코드: 026940, 종목편입: I

```
elif strType == "D":
    self.logging.logger.debug("종목코드: %s, 종목이탈: %s" % (strCode, strType))
```

실시간 조건 검색에 이탈하면 다음과 같이 출력된다.

▶ 종목코드: 026940, 종목이탈: D

위 과정으로 조건식도 기존의 키움 API를 이용하는 방법과 다르지 않음을 알 수 있으며, 조건검색을 활용하여 더 정교한 알고리즘을 구성할 수 있다.

알고리즘 흐름도의 전체 모습 확인

8장까지 학습하면서 많은 함수를 만들고 살펴봤기 때문에 헷갈릴 수 있다. 이번 절에서는 각 함수의 특징과 연결성을 파악하고, 함수의 전체적인 흐름을 살펴보겠다.

9.2.1. 구간별 함수 흐름도 파악하기

다음 그림에 있는 함수들은 코드 전체적으로 영향을 미치거나 영향을 받는 함수다.

그림 9.6 전역으로 사용하는 함수

get_ocx_instance( )는 API와 관련된 KHOPENAPI.KHOpenAPICtrl.1 레지스트리 파일을 인스턴스화 하는 함수다. stop_screen_cancel( )은 스크린 번호의 연결을 끊는 함수를 포함하고 있으며, 그 함수는 DisconnectRealData이다. msg_slot( )은 키움에 요청하는 정보에 대한 처리 결과를 받는 메시지 슬롯이다.

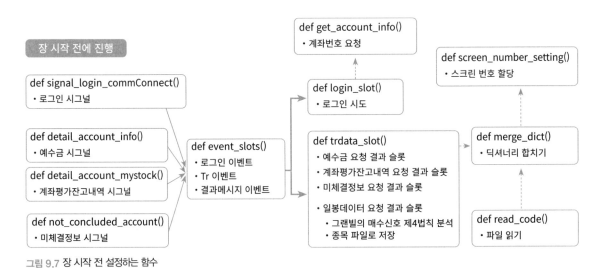

그림 9.7 장 시작 전 설정하는 함수

그림 9.7은 주식 장이 시작되기 전에 진행되는 사항이며, 포함된 함수들을 살펴보자.

def event_slots()	요청과 슬롯을 이어주는 이벤트를 모아두고 다음과 같은 함수들을 포함	
	OnEventConnect	로그인과 관련된 이벤트
	OnReceiveTrData	TR 요청과 관련된 이벤트
	OnReceiveMsg	각종 요청에 대한 처리 결과 메시지와 관련된 이벤트
def trdata_slot()	TR 요청에 대한 결괏값을 받으며 해당 코드는 다음과 같은 함수들을 포함	
	GetCommData	TR 요청의 결괏값에서 원하는 정보를 요청
	GetMasterCodeName	종목명을 요청하는 함수
def login_slot()	로그인이 정상적으로 이뤄졌는지 받는 슬롯	
def get_account_info()	내 정보를 요청하는 함수	
	GetLoginInfo	내 증권 계정과 관련된 정보를 반환
def signal_login_commConnect()	로그인을 요청하는 시그널 함수를 포함	
	CommConnect	로그인을 요청
def detail_account_info()	예수금 정보를 요청하는 시그널 함수를 포함	
	SetInputValue	TR 요청에 필요한 데이터를 입력
	CommRqData	TR 번호를 작성하여 어떤 TR 요청인지 구분
def detail_account_mystock()	계좌에 보유 중인 종목들의 정보 요청 시그널을 담당	
	SetInputValue	TR 요청에 필요한 데이터를 입력
	CommRqData	계좌평가잔고내역 TR 번호를 입력
def not_concluded_account()	미체결인 종목들의 정보 요청 시그널을 담당	
	SetInputValue	인적사항을 작성
	CommRqData	미체결정보 TR 요청 번호를 입력
def merge_dict()	종목코드를 가지고 있는 모든 딕셔너리를 합침	
def screen_number_setting()	종목마다 스크린 번호를 부여	
def read_code()	전날 분석해서 필터링해둔 종목들을 저장한 파일을 불러오고, 딕셔너리에 업데이트	

다음은 장이 시작되면 실행되는 함수들이다.

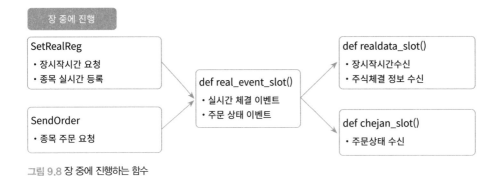

그림 9.8 장 중에 진행하는 함수

그림 9.8을 참고해서 장 중에 진행되는 함수들을 살펴보자.

SetRealReg	종목의 데이터를 실시간으로 받기 위한 요청 시그널	
SendOrder	종목 주문을 넣기 위한 함수를 담당	
def real_event_slots()	실시간과 관련된 이벤트 모음	
	OnReceiveRealData	실시간으로 수신하기 위한 이벤트
	OnReceiveChejanData	주문 넣은 종목의 체결상태를 실시간으로 확인하는 이벤트
def realdata_slot()	실시간으로 변화하는 종목의 데이터를 반환	
	GetCommRealData	실시간으로 수신된 데이터로부터 원하는 정보를 요청
	SendOrder	실시간 조건에 부합하는 종목을 매매 요청
def chejan_slot()	주문을 넣은 종목의 체결정보를 반환	
	GetChejanData	종목의 주문데이터 중 원하는 데이터를 요청

그림 9.9는 주식 장이 끝난 후에 진행되는 함수들이다.

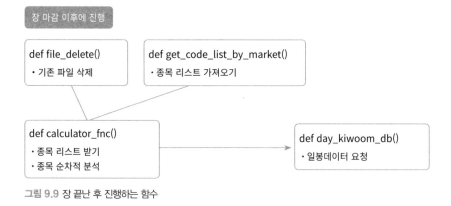

그림 9.9 장 끝난 후 진행하는 함수

def file_delete()	이전에 저장해 놓은 파일을 삭제	
def get_code_list_by_market()	종목코드 리스트 요청하는 함수 포함	
	GetCodeListByMarket	종목코드 리스트 요청 함수
def calculator_fnc()	종목 분석을 실행하는 용도의 함수	
def day_kiwoom_db()	종목의 일봉 데이터 요청을 담당	
	SetInputValue	TR 요청에 필요한 데이터 입력
	CommRqData	일봉데이터 TR 요청 번호를 입력

9.2.2. 전체 도면 확인

다음 그림은 구역별 함수 흐름의 전체 도면이다.

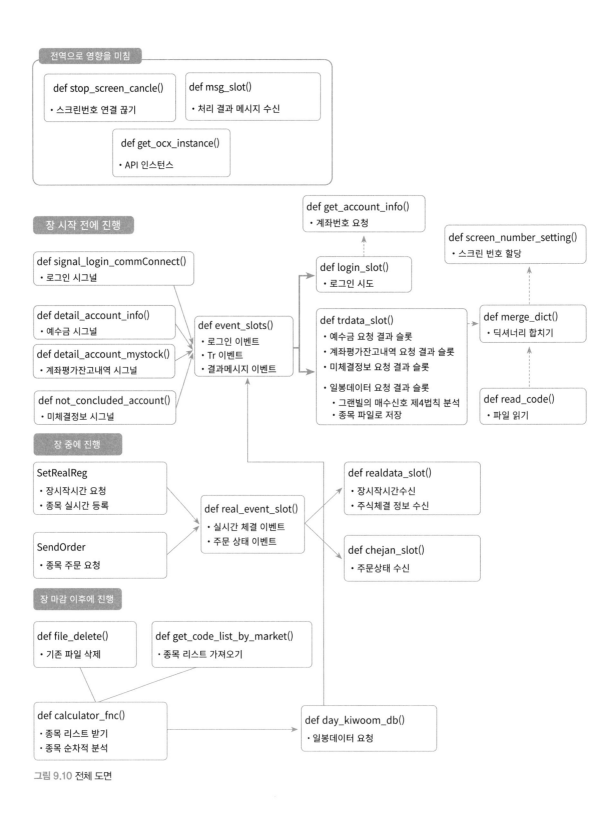

전역으로 영향을 미침

def stop_screen_cancle()
• 스크린번호 연결 끊기

def msg_slot()
• 처리 결과 메시지 수신

def get_ocx_instance()
• API 인스턴스

장 시작 전에 진행

def signal_login_commConnect()
• 로그인 시그널

def detail_account_info()
• 예수금 시그널

def detail_account_mystock()
• 계좌평가잔고내역 시그널

def not_concluded_account()
• 미체결정보 시그널

def event_slots()
• 로그인 이벤트
• Tr 이벤트
• 결과메시지 이벤트

def get_account_info()
• 계좌번호 요청

def login_slot()
• 로그인 시도

def trdata_slot()
• 예수금 요청 결과 슬롯
• 계좌평가잔고내역 요청 결과 슬롯
• 미체결정보 요청 결과 슬롯
• 일봉데이터 요청 결과 슬롯
   • 그랜빌의 매수신호 제4법칙 분석
   • 종목 파일로 저장

def screen_number_setting()
• 스크린 번호 할당

def merge_dict()
• 딕셔너리 합치기

def read_code()
• 파일 읽기

장 중에 진행

SetRealReg
• 장시작시간 요청
• 종목 실시간 등록

SendOrder
• 종목 주문 요청

def real_event_slot()
• 실시간 체결 이벤트
• 주문 상태 이벤트

def realdata_slot()
• 장시작시간수신
• 주식체결 정보 수신

def chejan_slot()
• 주문상태 수신

장 마감 이후에 진행

def file_delete()
• 기존 파일 삭제

def get_code_list_by_market()
• 종목 리스트 가져오기

def calculator_fnc()
• 종목 리스트 받기
• 종목 순차적 분석

def day_kiwoom_db()
• 일봉데이터 요청

그림 9.10 전체 도면

연습 문제 풀이

이번 장에서는 이 책의 2장인 '파이썬 기초 배우기'에 수록된 문제의 답과 풀이 과정을 설명한다. 이번 장은 꼭 스스로 문제를 풀어본 후에 해답을 살펴보길 바란다.

문제 1) 변수 만들기와 출력하기 해답 (basic_v1_problem.py)

```
stock_name = "키움증권"
stock_price = 3900
stock_percent = 3.8
print("주식이름 : %s, 가격 : %s원, 등락율 : %s" % (stock_name, stock_price, stock_percent))
```

print 함수와 변수를 이용해 다음과 같은 방법으로 출력한다.

```
print("주식이름 : %s, 가격 : %s원, 등락율 : %s" % (stock_name, stock_price, stock_percent))
```

주의해야 할 점은 '%' 기호를 중심으로 왼쪽에 있는 %s의 개수와 오른쪽에 있는 데이터의 개수가 일치해야 한다는 것이다. 만약 개수가 일치하지 않으면 Type과 관련된 에러가 발생한다. 자세한 내용은 2.2.1절을 참고한다.

문제 2) % 출력하기 해답 (basic_v1_problem.py)

```
print("등락율 : %s %%" % stock_percent)
print("등락율 : %s %s" % (stock_percent, "%"))
```

간단한 포매팅을 익힐 수 있는 예제다. '%'를 출력하는 방법은 두 가지가 있으며 원하는 형태를 사용하면 된다.

문제 3) 3일 후의 주가 비교하기 해답 (basic_v2_problem.py)

```
kakao_price = 1000
kiwoom_price = 500

for i in range(0, 3):
    kakao_price += 500
    kiwoom_price += 1000

if kakao_price > kiwoom_price:
    print("카카오가 더 높다")
elif kakao_price < kiwoom_price:
    print("키움이 더 높다")
elif kakao_price == kiwoom_price:
    print("키움과 카카오가 같다")
```

먼저 변수 2개를 생성한다. 하나는 카카오톡의 현재가이고, 다른 하나는 키움의 현재가이다.

```
kakao_price = 1000
kiwoom_price = 500
```

3일 동안 똑같이 주가가 올랐으므로 반복문을 세 번 반복해야 한다. 세 번 반복하기 위해 range 함수를 이용해 범위를 0부터 2까지 만들었다. 반복문에서는 각 변수에 500과 1000을 더해준다. 'kakao_price += 500'은 'kakao_price = kakao_price + 500'을 줄여서 쓴 표현이다.

```
for i in range(0, 3):
    kakao_price += 500
    kiwoom_price += 1000
```

for 문을 반복하고 난 다음 가격을 비교할 수 있게 for 문 아래에 if 문을 작성했다. 부등호 기호로 누가 더 높은지 확인하고 있으며, 최종적으로 '키움이 더 높다'고 출력되는 결과를 볼 수 있다.

```python
if kakao_price > kiwoom_price:
    print("카카오가 더 높다")
elif kakao_price < kiwoom_price:
    print("키움이 더 높다")
elif kakao_price == kiwoom_price:
    print("키움과 카카오가 같다")
```

문제 4) 구구단 출력하기 해답 (basic_v2_problem.py)

```python
for i in range(1, 10):
    for j in range(1, 10):
        result = i * j
        print("%s x %s = %s" % (i, j, result))
```

바깥쪽 for 문은 1부터 9까지 반복한다. 그리고 안쪽에 있는 for 문도 1부터 9까지 반복한다. 그러면 바깥쪽 for 문의 i가 1일 동안 안쪽에 있는 for 문은 1부터 9까지 출력한다. 이 과정을 반복한 결과는 다음과 같다.

구구단 출력하기 실행 결과 (콘솔창)

```
1 x 1 = 1
1 x 2 = 2
1 x 3 = 3
1 x 4 = 4
1 x 5 = 5
1 x 6 = 6
1 x 7 = 7
1 x 8 = 8
1 x 9 = 9
2 x 1 = 2
2 x 2 = 4
2 x 3 = 6
2 x 4 = 8
```

```
… 생략 …

9 x 3 = 27
9 x 4 = 36
9 x 5 = 45
9 x 6 = 54
9 x 7 = 63
9 x 8 = 72
9 x 9 = 81
```

문제 5) 딕셔너리에 있는 데이터의 총합 구하기 (basic_v3_problem.py)

```python
a_dict = {"키움증권" : 5000, "카카오" : 3000, "네이버" : 2000}
a_plus = 0
for val in a_dict.keys():
    a_plus = a_plus + a_dict[val]    # a_plus += a_dict[val] 형태와 같다
    print("종목 : %s, 가격: %s " % (val, a_dict[val]))
    print("더한값 %s " % a_plus)
```

딕셔너리에 있는 데이터에 접근하고, 단순히 계산하는 방법이다. 실행 결과는 다음과 같다.

딕셔너리에 있는 데이터의 총합 구하기 실행 결과 (콘솔창)

```
종목 : 키움증권, 가격: 5000
더한값 5000
종목 : 카카오, 가격: 3000
더한값 8000
종목 : 네이버, 가격: 2000
더한값 10000
```

문제 6) 예수금으로 주식을 매매하고, 남은 금액 출력하기 (basic_v3_problem.py)

```python
a_dict = {"키움증권": 5000, "카카오": 3000, "네이버": 2000}
my_account = 111000
for val in a_dict.keys():
    if val == "키움증권":
        my_account = my_account - a_dict[val] * 5
    elif val == "카카오":
```

```
        my_account -= a_dict[val] * 2
    elif val == "네이버":
        my_account -= a_dict[val] * 5

print("남은 금액 : %s " % my_account)
```

먼저 for 문에서 if 문을 이용해 어떤 종목인지 구분하고 있다.

```
    if val == "키움증권":
    elif val == "카카오":
    elif val == "네이버":
```

각 조건문에서 원하는 만큼 구매하면 되므로 가격에서 임의의 숫자를 곱한다.

```
    if val == "키움증권":
        my_account = my_account - a_dict[val] * 5
    elif val == "카카오":
        my_account -= a_dict[val] * 2
    elif val == "네이버":
        my_account -= a_dict[val] * 5
```

실행 결과는 다음과 같다.

예수금으로 주식을 매매하고, 남은 금액 출력하기 실행 결과 (콘솔창)

```
'남은 금액 : 70000'
```

문제 7) 종목이 특정 가격이 됐을 때 다른 종목 추가하기 (basic_v3_problem.py)

```
a_dict = {"키움증권" : 5000, "카카오" : 3000, "네이버" : 2000}
ee_bool = True
while ee_bool:
    a_dict['키움증권'] = a_dict['키움증권'] + 1000

    if a_dict['키움증권'] == 10000:
        a_dict.update({"이베스트증권" : 5000})
        break

print(a_dict)
```

while 문을 활용해 과정을 구성했다. 키움 증권의 가격이 10000이 됐을 때 딕셔너리에 새로운 데이터를 추가하고, break 문을 이용해 while 문을 벗어나도록 구성한다.

실행 결과는 다음과 같다.

종목이 특정 가격이 됐을 때 다른 종목 추가하기 실행 결과 (콘솔창)

```
{'키움증권': 10000, '카카오': 3000, '네이버': 2000, '이베스트증권': 5000}
```

문제 8) 딕셔너리에 있는 종목 중에서 5,000원 이하인 종목 출력하기 (basic_v4_problem.py)

```python
class Condition():
    def sell_filtering(self, my_dict):
        for key in my_dict.keys():
            if 5000 >= my_dict[key]:
                print("종목 %s, 가격 %s" % (key, my_dict[key]))

class Kiwoom():
    def __init__(self):
        self.my_dict = {"네이버":6000, "애플":15000, "다음":3000, "넷플릭스":5000, "구글":100000, "삼성":3000, "LG":1000, "키움":500, "호랑":8000, "셀트리온":8500, "코난":6050, "컬링":1000, "하이원":3200}

        condition = Condition()
        condition.sell_filtering(self.my_dict)

Kiwoom()
```

Condition( ) 클래스와 Kiwoom( ) 클래스가 있다. 우선 5,000원 이하인 종목만 추출하는 Condition( ) 클래스를 확인하자.

```python
class Condition():
    def sell_filtering(self, my_dict):
```

먼저 Condition( ) 클래스를 만들고, Condition 클래스에 def sell_filtering(self, my_dict): 함수를 만든다. 그리고 데이터를 전달받는 부분에 my_dict라는 변수명을 만들어 놓는다. 해당 변수는 Kiwoom( ) 클래스에서 데이터를 전달받을 때 사용한다.

그리고 for 문을 반복하면서 my_dict 딕셔너리에서 데이터를 하나씩 꺼내온다.

```
for key in my_dict.keys():
    if 5000 >= my_dict[key]:
        print(key)
```

꺼내온 데이터를 if 문을 이용해 5,000원보다 낮은지 비교하고, 5,000원보다 낮으면 출력한다. 생각보다 단순한 과정으로 원하는 종목을 출력할 수 있다.

이번에는 Kiwoom( ) 클래스를 어떻게 구성하는지 살펴보자. __init__ 부분에 문제에 나온 딕셔너리 샘플을 넣었다.

```
class Kiwoom():
    def __init__(self):
        self.my_dict = {"네이버":6000, "애플":15000, "다음":3000, "넷플릭스":5000, "구
글":100000, "삼성":3000, "LG":1000, "키움":500, "호랑":8000, "셀트리온":8500, "코난":6050, "컬
링":1000, "하이원":3200}
```

그리고 Condition 클래스를 인스턴스화 한다.

```
condition = Condition()
condition.sell_filtering(self.my_dict)
```

클래스를 변수로 만들어주고(인스턴스화=객체화) Condition( ) 클래스에 있는 sell_filtering 함수에 self.my_dict 딕셔너리를 호출한다.

최종석으로 가장 마지막에 Kiwoom( ) 클래스를 작성해서 클래스가 동작하게 만든다. 결과는 다음과 같다.

딕셔너리에 있는 종목 중에서 5,000원 이하인 종목 출력하기 실행 결과 (콘솔창)

```
다음
넷플릭스
삼성
LG
키움
컬링
하이원
```

문제 9) 외국인 보유량이 많은 종목의 보유량 줄이기 (basic_v4_problem.py)

```python
class Condition():
    def sell_filtering(self, my_dict):
        for key in my_dict.keys():
            if key == "넷플릭스":
                my_dict[key].update({'보유량':int(my_dict[key]['보유량']/2)})

            elif key == "애플":
                my_dict[key].update({'보유량':int(my_dict[key]['보유량']/2)})

            elif key == "구글":
                my_dict[key].update({'보유량':int(my_dict[key]['보유량']/2)})

        return my_dict

class Kiwoom():
    def __init__(self):
        self.my_dict = {'네이버':{'현재가':3000, '보유량':100}, '애플':{'현재가':10000, '보유량':200},  '다음':{'현재가':4000, '보유량':50}, '넷플릭스':{'현재가':7000, '보유량':200}, '구글':{'현재가':13000, '보유량':30}}

        condition = Condition()
        result = condition.sell_filtering(self.my_dict)
        print(result)

Kiwoom()
```

문제 9는 문제 8의 확장 버전이다. 딕셔너리를 업데이트하는 부분과 return 문을 이용해 데이터를 반환해 주는 부분이 추가됐다. Condition() 클래스의 sell_filtering() 함수를 보자.

```python
def sell_filtering(self, my_dict):
    for key in my_dict.keys():
        if key == "넷플릭스":
            my_dict[key].update({'보유량':int(my_dict[key]['보유량']/2)})

        elif key == "애플":
            my_dict[key].update({'보유량':int(my_dict[key]['보유량']/2)})
```

```
        elif key == "구글":
            my_dict[key].update({'보유량':int(my_dict[key]['보유량']/2)})

    return my_dict
```

위 코드에서 받아온 딕셔너리의 종목명을 각각 확인한다. 그리고 종목명에 해당하면 보유량을 반으로 줄인다.

```
 my_dict[key].update({'보유량':int(my_dict[key]['보유량']/2)})
```

위와 같은 형태에서 반으로 줄인 보유량을 다시 업데이트한다. 그리고 for 문이 끝나면 return 문을 이용해 딕셔너리를 반환한다. 이번에는 딕셔너리를 반환받는 부분을 보자.

```
 condition = Condition()
 result = condition.sell_filtering(self.my_dict)
 print(result)
```

위 코드는 Kiwoom( ) 클래스의 일부분이다. result = condition.sell_filtering(self.my_dict) 형태를 이용해서 반환된 데이터를 받도록 변수를 지정했다. 그러면 최종적으로 필터링된 딕셔너리가 출력된다.

외국인 보유량이 많은 종목의 보유량 줄이기 실행 결과 (콘솔창)

```
{'네이버': {'현재가': 3000, '보유량': 100}, '애플': {'현재가': 10000, '보유량': 100}, '다음':
{'현재가': 4000, '보유량': 50}, '넷플릭스': {'현재가': 7000, '보유량': 100}, '구글': {'현재
가': 13000, '보유량': 15}}
```

이로써 모든 문제의 풀이가 끝났다. 지금까지의 문제를 잘 해결했다면 앞으로 진행할 실전 코딩을 학습하자.

328

찾아보기

기호

:	45
[	56
]	56
{	60
}	60
%	43
+매수	154
+매수정정	154
==	45
〉	46
〉=	46
−매도	154
−매도정정	154
(최우선)매도호가	226, 231, 235
(최우선)매수호가	226
(base)	94
@ECHO ON	290
.exec_()	108
.exit()	107
__init__	76, 97
__init__()	104
__init__.py	97

번호

24시간 자동	3
24시간 주식매매 자동화 구축하기	2
24시간 주식매매 자동화 구축하기 재생 목록	2
32비트	7
64비트	7
64−Bit Graphical Intstaller	8
600	168, 178

A

abs()	225
Abstraction	65
ACCNO	112

A

account_list.split	113
account_num	250
account_stock_dict	195, 198
ACPI 구성	298
activate	94
activate py37_32	94
Add	27
all_stock_dict	196, 198
and	48
append	57
append()	178
a_test	198

B

basic_1week	32
bat	290
Bearer	287
bin 폴더	17
body	287
Boolean	38
bottom_stock_price	182
break	49, 184

C

calculator_fnc	160
calculator_fnc()	161
calcul_data	178
call	291
Callback Queue	89
cd	291
check_price	182
chejan_slot	249
chejan_slot()	249, 250
Class	65
cmd	13, 290
cmd.exe	291
CommConnect()	102, 109

CommRqData 115, 178
Community 버전 16
compile 289
conda 14
condition_name 309
condition_sample 304
condition_stock.txt 192
condition_tr_slot 310
config 214
config 폴더 106
connect 104
console 88
copy() 198, 237
critical 269
CRUD 89

D

data 287
data.append(반환값) 177
debug 269
Delete 33
del self.not_account_stock_dict[order_num] 239
detail_account_info_event_loop 142
detail_account_mystock() 128
Dictionary 54
Directory 31
DisconnectRealData 220, 314
DisconnectRealData(String) 124
dynamicCall 115, 130
dynamicCall() 109

E

ELW종목 253
Encapsulation 65
enumerate 59
err_code 105, 106
error 269

errorCode 107
errorCode.py 106
ETN종목 253
event_slots 120
event_slots() 104
Every day 299
exec_() 97, 109
Existing interpreter 28
exit() 268

F

FID 229, 235
FID 딕셔너리 253
files 폴더 192
float 38
for 48
Function 65

G

GET 방식 287
get_account_info() 112
GetChejanData 251, 261
get_code_list_by_market() 160
GetCodeListByMarket 159
GetComData 169
GetCommData 123, 130
GetCommDataEx 168, 177
GetCommDate 218
GetConditionLoad() 302
GetConditionNameList 308
GetConditionNameList() 302
GetLoginInfo(QString) 112
GetMasterCodeName 191
get_ocx_instance() 98, 314
GetRepeatCnt 151, 175
GetRepeatCnt() 135

H

headers	287
HHMMSS	224
HTS	2, 225

I

if	44
import path	291
in	48
Index	57
Info	269
Inheritance	65
install	95
int()	123
int(deposit)	123
integer	38
lRet	307

J

jango_dict	262
J. E. Granville	171

K

keys	61
KHOPENAPI.KHOpenAPICtrl.1	99, 314
kimoom.py	107
Kiwoom() 클래스	79, 80
kiwoom 파일	79
kiwoom.py	117
kiwoomStart.bat	290, 291
Kiwoom TR signal / slot 연결	100
kiwoomType.py	214, 253
KOA 스튜디오	84
KOA Studio	84, 105, 115, 230, 311, 312

L

List	54
Log	269
Logging	269
long nErrCode	105
lstrip('−')	154
lstrip('+')	154

M

Main()	80
moving_average_price_prev	184
msg	264
msg_slot()	314
multi thread	87
MyMsg 클래스	286

N

nErrCode	103
New environment using	28
nIndex	311
nItemCnt	249
nNext	311
None	61
nOrderType	235
not_account_stock_dict	195, 198
not_concluded_account	157
not_concluded_account()	149
nPrice	235
nQty	235

O

Object−Oriented Programming	65
ocx	98
OCX(OLE Custom eXtension)	99
On−balance volume(OBV)	171
OnEventConnect	102, 105

OnEventConnect()   102, 105
OnReceiveChejanData   249
OnReceiveConditionVer   307
OnReceiveConditionVer()   302
OnReceiveConditionVer 이벤트 설명   307
OnReceiveRealCondition   312
OnReceiveRealCondition()   302
OnReceiveRealData   207, 229
OnReceiveTrCondition   311
OnReceiveTrCondition()   302
OnReceiveTrCondition.connect(self.condition_tr_slot)   310
OnReceiveTrData   120, 121
OOP   65
Open API+   98
OpenAPI 링크   83
opt00001   114
opt10081   165
opt100081   114
OPW00001   114
opw00018   123
or   48
order_gubun   154
order_num   239
order_success   235
os.path.exists   193
os.path.exists("파일경로")   193
os.path.isfile()   267

P

pass_success   180, 188
pip   95
Polymorphism   65
portfolio_stock_dict   195, 198
POST 방식   287
post 함수   287
prev_price   184, 186
price_top_moving   184, 186

processes running   95
Project Interpreter   26
Project: week1   26
pycharm64.exe   20
PyQt5   84, 91
PyQt5.QtWidgets   97
Python Package   31

Q

QApplication   97, 108
QAxContainer   98
QAxWidget   98
QAxWidget.__init__()   98
QEventLoop   91, 131
QString   160
QTest   166
QTest.qWait   166
QTest.qWait(5000)   266
QTest.qWait(ms)   157
QTimer.singleShot   157, 166
QTimer().SingleShot(int msc, slot)   167
QTimer.singleShot(ms, [함수])   157
QtWidgets   97
qWait   166

R

range   48
read_code()   194
Real   312
realdata_slot   229, 251
realdata_slot()   311
real_event_slot   208, 249
RealType   211, 229, 230
Registry   99
requests   287
RTC 알람 전원 켜기   298

S

sAccNo	235
sample_dict	198
sCode	235, 251
screen number	120
screen_number_setting()	200
screen_overwrite	200
Select Python Interpreter	28
self.account_stock_dict	245
self.account_stock_dict[sCode]	245
self.calculator_event_loop.exit()	191
self.calculator_fnc()	266
self.calcul_data	178, 179, 191
self.calcul_data[0][6]	182
self.calcul_data[0][7]	182
self.calcul_data[:120]	180
self.condition_real_slot	312
self.condition_slot	307
self.detail_account_info_event_loop	144
self.dynamicCall()	112
self.file_delete()	266
self.jango_dict	232, 242, 243, 245
self.login_event_loop	105, 107
self.login_event_loop.exit()	108
self.login_slot	104
self.not_account_stock_dict	236, 237
self.portfolio_stock_dict	194, 265
self.realType.REALTYPE	253
self.realType.REALTYPE['매도수구분'][meme_gubun]	261
self.screen_meme_stock	199
self.screen_my_info	120
self.screen_start_stop_real	213
self.stop_screen_cancel	124
self.use_money	232
SendCondition	311
SendCondition()	302
SendConditionStop()	302
SendOrder	234, 235, 239
setControl	99
setControl()	98
SetInputValue	115, 150
setRealReg	207, 223, 229
SetRealReg	212, 213, 216
SetRealRemove	221, 265
Settings	26
sFidList	249
sGubun	249, 259
sHogaGb	235
signal_login_commConnect()	104
sleep()	166
sMsg	307
sOrgOrderNo	235
split()	194
sPrevNext	119, 121, 122, 178
sRealType	224
sRecordName	121, 122
sRQName	121, 122, 150, 235, 264
sScNo	121
sScreenNo	235
sScrNo	122, 264, 311
stack	88
stock_name	251
stop_screen_cancel()	314
strCode	312
sTrCode	121, 122, 150, 264
strCodeList	311
strConditionIndex	312
strConditionName	311, 312
string	38
strip()	153
strType	312
strType == "D"	313
strType == "I"	313
Successfully	95

super().__init__()	76, 98
sys	97, 193
sys.argv	97
System-specific parameters and functions	97

T

Terminal	93
timer()	88, 89, 166
TR 목록	114
Tr코드	122
trdata_slot	124, 131
trdata_slot()	167
Tuple	54

U

unit_condition.split("^")[0]	309
untitiled	25
update	64
use_money	123

W

warn	269
WebAPI	89
WebAPI 프레임워크	89
week1	25, 31
week1 폴더	78
while	51, 184

Y

YYYYMMDD	165

ㄱ

가상환경	94
개발가이드	102, 120, 121, 234
객체지향언어	65
거래대금	182
거래량	182, 226
계좌번호	4, 116, 117, 120, 235
계좌 정보	101
계좌 정보 가져오기	101
계좌평가 잔고내역	140
계좌평가잔고내역	129, 131, 151, 242
고가	182, 226
곱셈	41
과거데이터추가조회	164
관리자 권한으로 실행	13, 20
권한	280
권한 설정	282
그랜빌	171
그랜빌의 매수법칙	171
그랜빌의 매수 신호 4법칙	100
그랜빌의 매수 신호 제 4법칙	171
그랜빌의 매수신호 제 4법칙	4, 5
기본 환경	94

ㄴ

나눗셈	41
나눗셈의 나머지	41
날짜	182
내조건식	303
누적거래량	226

ㄷ

다중 쓰레드	87
다형성	65
덧셈	41
데이터 정보 저장하기	5
동시성	85

동시호가란	158
등락율	226
딕셔너리	54, 287

ㄹ

라이브러리	4
레지스트리	99
로그	269
로그인 버전처리	102
로깅	269
리스트	54

ㅁ

매도주문	242
매도주문이 가능한 수량	243
매도호가	230
매도호가1	231
매도호가2	231
매도호가3	231
매도호가10	231
매매가능수량	137
매수금액	137
매수 요청	92
매수주문	231, 236
매수취소	239, 245
매입가	245
매입가격	245
매입금액	137
매입된 금액	130
멀티 쓰레드	87
메시지	264
메시지 받기	5
명령 프롬프트	13
모멘텀	171
모의투자의 공통 비밀번호	116
미체결수량	152
미체결 요청	150
미체결 종목	192, 195
미체결 클리어	256
밀리초	166

ㅂ

반복문	44
배치 파일	290
변경내용 저장 후 종료	300
보유 주식 종목	4
부모	75
블로킹(Blocking)	108
비밀번호	117, 120
비밀번호입력매체구분	117, 120
비어(empty)	90
뺄셈	41

ㅅ

상속	65, 74
새 인스턴스 실행 안 함	295
샘플 코드	2
소괄호	66
속도	223
수량	232, 235
수익률 현황	137
수천 개의 주식 종목을 분석	3
스크린 번호	120, 122, 198, 264
슬랙	274
슬롯	91, 100, 101
시가	182, 226
시간 간격	156
시그널	91, 100, 101
시장가	231, 241
신규매도	245
신규매수	245
실시간 거래	4
실시간 정보	223
실시간 주시	100
실시간 타입	229
싱글 쓰레드	87
쓰레드	86

ㅇ

아나콘다	6
아나콘다 환경	7
업무 공간	88
연속조회	164, 311
예수금	4, 92
예수금상세현황	114
예수금상세현황요청	114, 120, 122
예제 코드 주소	2
요청이름	122, 264
운동량	171
운영체제	7
원주문번호	253
유튜브	2
이동평균선	171
이벤트	91, 100, 101
이벤트 루프	85, 87, 91
이벤트.connect(슬롯)	104
이익 금액	130
이탈	313
인덱스	57
인스턴스를 병렬로 실행	295
일봉데이터	91
임포트(import)	79

ㅈ

자동 로그인	4
자동으로 프로그램을 실행	5
자동화 알고리즘	2
자식	75
작업	293
작업 만들기	293
잔고	241, 249, 259
장내 종목	160
장내주식	253
장시간 외 호가시간	100
장 시작	100
장시작시간	224
장운영구분	224

장 종료	100
저가	182, 226
전일대비	226
정정주문	253
정정/취소 주문	257
제어문	44
조건검색	2, 301
조건검색식	5
조건문	44
조건식	301
조건식의 이름	312
조건식의 인덱스	312
조건식 이름	311
조건식 인덱스	311
조건의 인덱스	309
조건이름	309
조회구분	117, 120
조회와 실시간 데이터처리	120, 121
종목리스트	311
종목별예수금현황	114
종목 분석	161
종목코드	235
주문가능수량	243
주문과 잔고처리	234
주문구분	152
주문번호	152, 155, 253
주문상태	152
주문수량	152, 239
주문용스크린번호	235
주문체결	249
주문/체결시간	257
주문취소	236
주문타입	235
주식 거래 자동화 시스템	4
주식일봉차트조회요청	165
주식 자동 매매 프로그램	100
주식체결	211, 224
증권사 API	4, 6
지정가	231, 232, 235

ㅊ

체결량	152
체결시간	224
체결정보	223
초기화	70
총수익률	130
총평가손익금액	130
추상화	65

ㅋ

캡슐화	65
커스텀 로그(Custom Log)	270
컴파일	289
컴퓨터의 사양	8
코드번호	175
코스닥 종목	159, 160
코스닥 종목 약 1,300개를 분석하고 저장	4
콘솔	88
콜론	66
콜백 큐 공간	89
큰따옴표	40
클래스	65
키움증권	7
키움 API	80, 82
키움 Open API+	82

ㅌ

탭(TAB)	45
터미널	290
테스트조건식	304
튜플	54
트랜잭션	115, 120

ㅍ

파생잔고	249
파이썬 스크립트	97
편입	313
포트폴리오	171

포트폴리오 분석	100
포트폴리오 조건	192
프로그램 동산	2
프로그램 동산 유튜브 주소	2
프로그램/스크립트(p)	295
프로필	284

ㅎ

현재가	137, 182, 224